LO QUE EL MODELO
SE LLEVÓ

TODO LO QUE PERDIMOS EN LA DÉCADA GANADA

Nicolás Lucca

LO QUE EL MODELO SE LLEVÓ

Todo lo que perdimos en la Década Ganada

Sudamericana

Lucca, Nicolás
Lo que el Modelo se llevó - 1ª ed. - Buenos Aires : Sudamericana, 2015.
352 p. ; 23x16 cm. (Investigación Periodística)

ISBN 978-950-07-5313-5

1. Investigación Periodística. I. Título
CDD 070.4

IMPRESO EN LA ARGENTINA

Queda hecho el depósito
que previene la ley 11.723.
© 2015, Random House Mondadori S.A.
Humberto I 555, Buenos Aires.

www.megustaleer.com.ar

ISBN 978-950-07-5313-5

Esta edición de 4.000 ejemplares
se terminó de imprimir en Printing Books S.A.,
Mario Bravo 835, Avellaneda, Buenos Aires,
en el mes de julio de 2015.

A Bruno (someday... one day)

PRÓLOGO

por Juan José Campanella

Buenos Aires, domingo 3 de mayo de 2015

Hace semanas que debería haber escrito este prólogo. Mi amigo Nicolás Lucca me dijo que era un honor para él que lo hiciera. Agregó que, por supuesto, me mandaba el libro primero, para que yo estuviera seguro de hacerlo.

Le respondí que no lo necesitaba, ya que sabía muy bien lo que escribía, conocía bien su estilo. Pero ante todo sabía que era mi deber hacerlo. Porque por sobre todas las cosas, por sobre mi admiración por él, escribir este prólogo es una manera de darle las gracias.

Ya que éste es un libro de historia, no viene mal hacer un poco de historia personal. Un aspecto que el libro no comenta y que quizás no haya quedado registrado en la historia de lo que fue la década (y un poco más) kirchnerista es la muerte del humor político. Cabe mencionar que una de las primeras publicaciones de la Joven Argentina fue *El Mosquito*, una revista de humor político.

El humor politico, reírnos de los gobernantes, de los poderosos, es parte fundacional de nuestra idiosincrasia. Y aun en otros gobiernos democráticos que intentaron suprimir el género, los humoristas no dudaron en usar su

9

nombre y apellido. Todavía tengo toda la colección de lo que fue, para mí, la primera gran revista de humor político, *Satiricón*, prohibida dos veces por el gobierno de Isabel Perón, hasta que cerró, declamando en su última portada: "El Demonio nos gobierna". Pero esos humoristas no tuvieron que esconderse bajo un seudónimo, y pocos años más tarde, en 1978, en plena dictadura, publicaron lo que sería un ejemplo de humor político, un pilar de la resistencia, la revista *Humor Registrado* (de la cual, dicho sea de paso, tengo casi toda la colección). El hecho de que esta revista haya perdido potencia y lectores durante el gobierno de Alfonsín, cuando no se necesitaba una dosis de coraje para burlarse ya que reinaba una libertad de expresión absoluta, es quizás la prueba de que el humor debe ser transgresor, tener una pizca de prohibido y mucho de incorrecto. Indudablemente, el humor oficialista no es humor, es mera burla. El humor necesita que el gobierno lo persiga.

La década kirchnerista encontró un rulo legal a esa máxima. No lo prohibió, sino que hizo algo mucho peor, y que surtió efecto. A aquellos que osaban reírse o criticar se los hizo víctimas del aparato estatal de comunicación, con escraches, burlas y escarnio social. El gobierno que no sacó a un solo pobre de una sola villa comenzó a tildar a los opositores de fascistas, amigos de la Dictadura, neoliberales, mala gente, pobres tipos o simples empleados al servicio del archienemigo de la República, el diario *Clarín*. Reconozcamos que durante un tiempo fueron eficaces. Se callaron muchas voces, so pena de ser acusadas por compañeros y amigos de torturadores y explotadores. Algún que otro intelectual intentó sugerir incluso que era ilegal e insultante imitar a la Presidenta. A nosotros, que nos criamos viendo las imitaciones de *Telecómicos*.

Pero, repito, fueron eficaces. Los cómicos se callaron, se dedicaron a hacer musicales, chistes de loros y suegras. Durante un tiempo, triunfó el silencio.

Y llegó Twitter.

No sé cuándo empezó Nicolás a escribir. Sé el año en que yo lo descubrí: 2011. Ese año saqué mi cuenta de Twitter. La saqué porque había un tipo que se hacía pasar por mí, ofreciendo a suculentas modelos papeles en improbables películas. Más allá de mi propia experiencia en Twitter, descubrí que el humor político no había desaparecido, sino que se había escondido y operaba desde la clandestinidad. Lo que el aparato estatal había intentado acallar surgía con fuerza en Twitter. Entre los numerosos nombres, descubro "Relato del Presente" y su blog.

¡¿Cómo iba a imaginarme que alguien pudiera decir lo que yo pensaba, con el tono en que lo pensaba, pero con una información detallada y un manejo del texto muy superior al mío?! (De hecho, me encantaría si Nicolás reescribiera este prólogo.)

En el blog "Relato del Presente" podía ver expresado en palabras contundentes, fuertes, transgresoras, pero a la vez muy graciosas, con un sentido de la música de nuestra lengua poco usual, todo lo que pensaba, lo que me pasaba. Desnudaba la mentira oficial sin ningún tipo de freno ni represión. En la "década ganada", la expresión crítica debía ser anónima.

El blog "Relato del Presente" —que espero se recopile entero pronto— pasó a ser mi compañero y uno de los soportes en estos años gris oscuro. Me convertí en un evangelista del blog, retuiteándolo y recomendándolo a amigos. Hasta que un día recibí un mensaje directo de Nicolás en Twitter. Nos juntamos a tomar un café y mi sorpresa al ver a un joven de —por entonces— 31 años, fue mayúscula. Esa experiencia, ese léxico, ese dominio del lenguaje y del humor no eran habituales en alguien de su edad. Lo eran hace décadas, ya no.

Desde entonces me cuento entre sus amigos. Le agradezco profundamente haber puesto en palabras tantos sentimientos. Haber decodificado la mentira constante y la hipocresía absoluta.

Este libro nos cuenta la década y sus inventos con esa voz, con ese humor, pero a la vez esa pasión y esa contundencia. Los que no conocen "Relato del Presente" tienen ahora el placer de conocer a Nicolás Lucca, el hombre detrás del blog, que hoy, en el fin de ciclo, puede decir su nombre y apellido.

Muchas gracias por este libro y por todos estos años de expresar con nuestra voz lo que muchos pensábamos y no sabíamos, no queríamos o no podíamos decir.

Bienvenidos al Modelo

"Hay otro país, hay otro relato diferente
del que nos quieren convencer."

CRISTINA FERNÁNDEZ DE KIRCHNER, agosto de 2008

Cuando me propusieron hacer este libro, dije que sí sin pensarlo ni medio segundo. Sentado en la London de Perú y Avenida de Mayo, quien sería mi editor me preguntó si creía que el kirchnerismo se agotaba con el mandato de Cristina, a lo cual dije que sí y que no. El kirchnerismo como ente puede que desaparezca gracias al culto hiperpersonalista construido por Néstor Kirchner y su esposa. Ellos así lo quisieron y el plan de sucederse uno a otro —que quedó trunco por factores biológicos— lo dejó claro. Ahora, como forma de vida, el kirchnerismo podrá cambiar de nombre, pero seguirá vivo por mucho tiempo. Podrán venir otros colores partidarios, críticos ex kirchneristas o liberales culposos con discurso de centroizquierda, pero la huella que nos dejan doce años, seis meses y quince días no podrá borrarse fácilmente. Principalmente, porque el germen del kirchnerismo existió antes de su llegada y el abono con el que se fortaleció estaba a la vista de todos: en Argentina siempre hay que echarle la culpa a otro. Y en esto el kirchnerismo tiene tres posgrados, dos maestrías y varios doctorados.

A lo largo de este libro verán que, para hablar de lo que nos dejan los gobiernos de Néstor y Cristina Kirchner, es inevitable repasar algunos hechos básicos, para recordar cómo reaccionó la sociedad, cómo lo hicieron los políticos... y cómo nos olvidamos. Algunas cosas se nos escapan porque la vorágine de la realidad nos pasa por arriba. El kirchnerismo ha conseguido que aquello que en noviembre de 2004 nos parecía escandaloso, en diciembre del mismo año fuese visto como una fiesta de 15 en comparación con las nuevas cosas que ya estaban haciendo. En el afán de marcar la agenda, cuando no había con qué, apelaron al escándalo disfrazado de ataque mediático, o de grupos concentrados de poder —como si un partido en el gobierno no lo fuera—, o de intereses enquistados en una sociedad que debía cambiar su idiosincrasia para adaptarse a los nuevos tiempos, o sea para no ver el choreo descomunal que se escondió detrás de cada obra pública, de cada plan, de cada acto administrativo que fue presentado como la liberación de Argel.

Todos sabemos que el kirchnerismo no llegó solo, sino que fue apadrinado por un sujeto al que despreciarían dos años más tarde acusándolo, casualmente, de ser "El Padrino". Sin embargo, el modus operandi del kirchnerismo no nació de un repollo. Buena parte de su forma de gobernar ya la había demostrado Néstor Kirchner en Santa Cruz. Pero como sólo tenía el 8% del conocimiento del electorado a la hora de candidatearse, dicho antecedente pasó casi inadvertido. La división de la sociedad podrá haber sido impulsada por el kirchnerismo amparado en teorías de filósofos que analizaban desde Inglaterra los devenires políticos de un país que habían abandonado hacía cuarenta años. Pero la confrontación inevitable de todos los estamentos de la sociedad, y dentro de cada uno de ellos entre sus miembros, existió siempre. El kirchnerismo la llevó al extremo, pero el combustible que utilizaron fue nuestro resentimiento, surgido de nuestras historias, de nuestros parámetros mentales, de nuestras ideologías y de lo que nuestros líderes hicieron en nombre de ellas. De allí que tuvimos que acostumbrarnos a escuchar ataques del kirchnerismo fundamentados en críticas al radicalismo, al peronismo de los noventa, al peronismo de los setenta —sólo el que gobernaba—, al neoliberalismo que los hizo ricos, a las dictaduras, a la clase alta, a la clase media, a los productores agropecuarios y a los industriales. Del mismo modo los vimos conformar gabinetes con menemistas, acordar elecciones con radicales, aliarse con el sindicalismo peronista de los setenta, levantarla en pala gracias a los "agrogarcas", recibir en despachos y actos por cadena nacional a industriales amigos, ascender a algunos militares que no pasarían el test de la blancura de Lesa Humanidad y encolumnar el 90% de sus medidas económicas a que la clase media —o *clase mierda*, si es que justo se les dio por salir a manifestarse en contra del Gobierno— no perdiera su poder adquisitivo, del cual sacaban el bruto de los impuestos con los que mantuvieron buena parte de la joda de subsidios y planes sociales.

Pero esta sociedad dividida no es producto del kirchnerismo, sino que el kirchnerismo es producto de una sociedad que aceptó cualquier cosa porque, con dejar de cambiar un presidente cada quince minutos, ya imaginaba un negoción. También ayudaba el temor a la ausencia política que se reclamaba, cuando vieron que no se podía gobernar un país con asambleas barriales y que el Estado no es una reunión de consorcio. Y además contribuyó el hecho de que no existiera una buena oferta en el mercado de presidentes. Decir que Néstor Kirchner era lo mejorcito de la góndola es un exceso, incluso si nos paramos en el contexto de 2003; era el desconocido entre los malos conocidos. Curiosamente, la gestión que dice habernos devuelto la discusión política surgió del desinterés político, del cansancio del "que se vayan todos" y de la apatía generalizada frente a la clase dirigente.

En 1999, conocí a Carlos Menem de pura casualidad. Un policía amigo estaba de guardia y me invitó a recorrer partes de la Rosada restringidas al público. Entre mates amargos charlamos de cosas que no recuerdo, aunque seguramente me encontraba intrigado por el preocupante paisaje carente de vida humana de una tarde dominical en Balcarce 50. Con menos cosas para hacer que Máximo sin videojuegos, acepté la oferta de ver esos lugares que estaban fuera de los circuitos turísticos. El paseo duró poco. A minutos de haber empezado a caminar, una puerta se abre y mi humanidad de metro noventa se llevó puesta a un tipo petiso y menudito. Mi primer encuentro con Menem casi termina en magnicidio. Luego de las disculpas del caso, el presidente saluda a mi amigo por su nombre de pila. Este detalle podría no llamar la atención, si no fuera por el dato de que mi amigo se encontraba cumpliendo recién su tercera guardia y que ni su hijo sabía su nombre de pila. Me vino a la mente una infinidad de mitos urbanos sobre la memoria/carisma de Menem, protagonizados por tipos a los que había visto en algún pueblo en 1987, para cruzárselos diez años después y preguntarles por la salud de sus madres, de quienes también sabía sus nombres.

Con el tiempo me di cuenta de que Menem, contrariamente a lo que todos afirmaban, no era un presidente carismático, sino una persona profundamente memoriosa y metódica para sus relaciones sociales. Mi silencio ante su presencia no obedecía al magnetismo de un ser con un don sobrenatural para hipnotizar masas, sino al hecho de estar frente al tipo más poderoso del país, el primer presidente que iba en vías de terminar su mandato desde que Alvear le entregó la banda a Yrigoyen. Y el tipo más puteado del momento.

No era carisma, era el método, la planificación para dejar huella en el otro a través del aprovechamiento del defecto más antiguo que posee el hombre: la necesidad de ser escuchado. Su forma de saludar consistía en esperar a que alguien introdujera al interlocutor, entonces daba la mano, miraba a los ojos y repetía el nombre. El interlocutor quedaba encantado por la cordialidad, mientras el Turco aplicaba la más básica de las técnicas de memoria visual.

Del magnetismo de Néstor no hace falta hablar mucho, dado que se hizo remera recién después de su muerte. El encanto popular pasaba por la facilidad que tenía la gente de tocarlo cuando se metía en los tumultos. A Néstor le encantaba estar entre los que iban a escucharlo. Y a la gente le encantaba verlo porque, convengamos, no siempre se tiene al tipo más poderoso del país al alcance de la mano. La cantidad de veces que Kirchner volvió loca a su custodia es directamente proporcional a la cantidad de actos que llevó a cabo. Cristina, en cambio, es un caso bien distinto.

Muchas veces me he preguntado si Cristina es una mujer carismática. Néstor construyó su imagen desde la visual ratona: mocasines que caminaban solos, sacos cruzados de diez años de antigüedad y varios talles más grandes, que usaba inexplicablemente abiertos, y una cabellera que no veía un peine desde la primavera de 1965. Su mensaje no apuntaba al "no me caliento por las apariencias", sino a que se puede ser tremendamente rico y aparentar ser un croto. Todo un signo del país que vendría, con números de bonanza y una visual de miseria somalí.

Cristina, en cambio, aprendió a construir su imagen desde la adolescencia, cuando movió cielo y tierra para poder entrar en el Jockey Club platense. Su necesidad de ser aceptada por un mundo que le permitiera dejar atrás una infancia molesta la llevó a desarrollar un espíritu cautivante, en el que la sonrisa encantadora y el ataque verbal injustificado conviven sin mayores problemas. O sí, cuando de la sonrisa pasa al ataque sin aviso. Pero allí el problema pasa a ser del resto, dado que ella lo toma como algo natural, justo y necesario.

Al igual que todos nosotros, hizo lo que tuvo a su alcance con la esperanza de ser aceptada por el otro. Sólo que en su caso parece no saber cuál es ese otro. Así es que a lo largo de su vida se comportó de un modo un tanto errático en cuanto a las relaciones y hasta pudo bajar de un helicóptero con ropa de diseñador parisino para decir que sabe lo que es una inundación porque cuando era chica vivió una, mientras los habitantes de la ciudad de La Plata la miraban y se acariciaban las branquias.

Al momento de construir una imagen, todos ocultamos algo. En la primera cita, nadie dice que ronca, que se pone pantalones sólo para salir de casa y que, si no tuviera que ver gente, probablemente se bañaría recién cuando los dedos se quedan pegados al cuero cabelludo. Obviamente, nadie revela con cuántas parejas estuvo antes, ni que fue el gordito boludo del curso, ni que se pasaba horas viendo la imagen violeta del canal Venus a la espera de la aparición de una teta o símil. Queremos vender la casa, es obvio que vamos a tapar con cuadritos los agujeros de las paredes. Sin embargo, ante esta realidad conviene prestar atención, mucha atención, a la hora de decidir en qué se va a mentir, qué se va a ocultar. Principalmente, porque habrá que mantenerlo oculto para siempre. En este último ítem, la Presi falló. Como cuando dijo que a ella todo le cuesta el doble por ser mujer: jamás en su vida peleó una interna ni tuvo que negociar un lugar en la lista de legisladores armada por su marido gobernador.

Quizás el caso más paradigmático ocurrió cuando se le dio por explicar su jugoso patrimonio —sólo el declarado— aduciendo que siempre fue una abogada exitosa, aunque no exista un solo expediente en el que se haya presentado como patrocinante de nadie. La construcción de la historia chocó con su ego y se equivocó. Podría haber dicho que su marido fue un abogado exitoso antes de ser político, pero no quería quedar relegada a mera heredera. Cuando las cosas empezaron a fallar *denserio*, la construcción de la imagen de Cristina a nadie le importó. Desde entonces, la Presi puede mostrar un recibo de sueldo de 2.600 pesos de un gendarme para enojarse con las provincias que piden la intervención de uniformados mal pagos, como si el sueldo lo cobraran vendiendo La Solidaria en los peajes y no les fuera pagado por el Estado presidido por esa mandataria enojada. O puede golpear una cacerola mientras festeja en Plaza de Mayo los treinta años de esa democracia que no puede evitar los saqueos ni las muertes, y ninguno de sus seguidores se avergüenza.

Carisma. Carisma puro. Esa extraña fuerza natural que genera encandilamiento por la mina que te vuelve loco y a la que le perdonás cualquier cosa. Queda embarazada del portero, te dice que la culpa es de la farmacia que no tenía preservativos, escrachás a la farmacia y te afiliás al kirchnerismo. Un montón de personas con traumas de abandono no resueltos vieron en Cristina la figura de la madre protectora. Cuando dice cosas inentendibles, las repiten aunque no tengan la más puta idea de lo que se está diciendo. Cuando dice burradas, a reírse que es una jodona bárbara. Y todavía quedan varios en la justificación perpetua, casualmente todos los que se sumaron cuando al circo le empezaron a crecer los enanos. Si eso no es carisma, no sé qué es.

La masa de gente que se pueda juntar para un acto al aire libre no cuenta. Muchos van por guita, por la lista de los planes, o porque les garantizaron un viaje ida y vuelta al centro. Varios irían igual si en lugar de Cristina estuviera Karina Jelinek. No es que van porque está la presidente, sino porque hay alguien famoso al alcance de la mano. Sin embargo, algo que Menem nunca pudo conseguir —aunque, convengamos, ni se calentó— es una buena cantidad de militantes ultradefensores en aparente estado orfanizado, aunque no pertenezcan a ninguna agrupación. Cristina sí pudo. Las nuevas tecnologías de comunicación informal ayudaron bastante.

Lo podemos percibir cada vez que una pendeja aburrida nos refriega el valor de la militancia, confundiendo la actividad partidaria no rentada con poner "Soy K" en la biografía de Twitter, o una foto del Nestornauta en su muro de Facebook. También lo podemos encontrar en cada hombre al borde de la prostatitis que se hace el pendejo revolucionario y cuenta cómo combatió a la dictadura colándose en los partidos del Mundial 78. Los primeros siguen en la misma porque prefieren pelotudear a madurar. Creen que están arreglando el mundo con la militancia de conseguir un proyector para pasar la película de Néstor en la Villa 31 y afirman que estamos mejor que nadie. Si quisieran abandonar la casa de sus padres, o dejar de alquilar, y vieran que no califican para ninguna línea de crédito hipotecario, se afiliarían al partido de Biondini. O pedirían la expropiación de los bancos, da igual. Los segundos se mantienen firmes porque se cansaron de perder y porque es más fácil adherir al discurso de que el kirchnerismo hizo lo que pudo con el desastre de los anteriores, que reconocer que miraron para otro lado el resto de su vida, cuando gobernaban los anteriores. También existe la posibilidad de que se encuentren por primera vez con gente poderosa que aparenta que escucha las gansadas que tienen para decir. Porque el discurso antipoder cobra más valor cuando el poderoso te felicita.

Cada vez que Cristina tuvo que ausentarse por cuestiones médicas, el kirchnerismo se convirtió en un muestrario de ofertas de segunda mano en el outlet de fin de temporada de La Salada. Y la prueba la podemos apreciar en los argumentos maravillosos de algunos funcionarios. A todos les falta algo para completar el combo de una exposición de Cristina, pero lo intentan.

La muchachada transitó los años kirchneristas entre la negación consciente y la defensa de lo indefendible, así se estuvieran contradiciendo a sí mismos. Del mismo modo que ni se enteraron de la existencia de Ricardo Jaime, no les calienta lo que pueda pasar con Lázaro Báez. Cualquier cosa que suceda de ahora en más, será porque a Cristina no le dejaron profundizar El Modelo. La culpa, obviamente, no será de los que nunca cuestionaron nada, sino de los que no se animaron a tener un país mejor, donde la dignidad se mide en planes sociales, la democracia es someter al que perdió, y en el que todo, absolutamente todo, se soluciona con más militancia.

Cuando bauticé a mi sitio como "Relato del Presente", lo hice después de días de tener el primer texto terminado y el portal aún sin nombre. Y Cristina me dio la mano necesaria cuando, en uno de sus tantos ataques de verborrea, afirmó que "hay otro país, hay otro relato diferente del que nos quieren convencer". Puede que lo hayan dicho varios, pero en mi caso era la segunda vez que escuchaba la palabra "relato" relacionada al kirchnerismo. La primera había sido un mes antes, cuando en el blog "Artepolítica" leí una entrada en la que afirmaban que "el kirchnerismo, desde sus inicios, se caracterizó por un relato épico-confrontativo". Obviamente, el texto aludía a la necesidad de aceptar esa realidad y llevarla adelante. Sin embargo, cuando la Presi utilizó la palabra "relato" lo hizo de un modo particular: lo que ellos hacían era la realidad, los que contábamos la realidad que percibíamos, ficcionábamos un relato. Magia pura, blog bautizado, y a escribir se ha dicho.

Nada puede resumir mejor al kirchnerismo que la confrontación entre relato y realidad, se usara tanto desde el oficialismo como desde la resistencia quejosa que efectuamos durante una década de oposición fragmentada. Para el oficialismo, era real todo lo que el Gobierno dijera. Incluso, muchas veces dio la impresión que hasta Néstor y Cristina se creían la mentira. Es la mejor forma de que un chamuyo sea creíble: naturalizarlo.

Cuando Néstor asumió su mandato el 25 de mayo de 2003, juró no dejar sus convicciones en las puertas de la Casa Rosada. Nadie puede decir que no cumplió, sobre todo si vemos el estado en que dejó la provincia de Santa Cruz. Heredó de la gestión interina de Eduardo Duhalde el equipo económico comandado por Roberto Lavagna y Guillermo Nielsen y a varios funcionarios de la talla de Carlos Tomada, Ginés González García y Aníbal Fernández. La pesada herencia recibida del Gobierno anterior dejó como saldo un dólar flotante alrededor de los $ 2,90; un superávit fiscal de 14 mil millones de dólares; los sueldos y jubilaciones licuados por el congelamiento del gasto público; una inflación del 3,2% anual medida por un Indec aún confiable, y la desocupación en franco descenso. Para tranquilidad del nuevo gobierno, el costo político de la devaluación y el default ya había sido pagado por otros, y gracias a que todo se comparaba con el caos de 2001/2002, los números no podían arrojar otros resultados que no fueran positivos.

Al toque de asumir, Néstor promovió la conformación de una comisión de enjuiciamiento para remover buena parte de la Corte Suprema de Justicia. "Debemos recuperar el correcto funcionamiento de la seguridad jurídica para terminar con las extorsiones y las presiones", decía el Estadista por aquellos días. Comandada por la exitosa abogada, la comisión limpió a buena parte de la Corte y la reemplazó por figuras nuevas, de larga trayectoria que, en el caso de Eugenio Zaffaroni, incluía a la última dictadura. Podríamos considerar a Don Eugenio el primero de los cientos de casos en los que el factor "cómplice del genocidio" no se aplicaría para los propios, aunque tuvieran más sustento que los ajenos.

Si bien Néstor prometió plebiscitar toda medida controvertida, combatir la inseguridad y traje a rayas para los grandes evasores, pronto caería en la cuenta de que era más fácil decir que se hacía todo eso mientras se buscaban culpables ante la falta de resultados. En materia de Defensa, se comprometió a reestructurar las Fuerzas Armadas "con gente de probada idoneidad y capacidad y, también, de confianza", pero el presupuesto alcanzó para José Pampuro y Nilda Garré.

Las fuerzas de seguridad también debían ser revisadas. Comenzaron por rajar al Comisario General Roberto Giacomino, bajo la acusación de favorecer a empresas amigas en licitaciones para la remodelación del hospital de la Policía Federal. Algo que, con el paso de los años, podríamos definir como la forma de vida del Gobierno.

Todo ello pasaba mientras Néstor le tomaba el gustito al rol de paladín de la lucha contra la represión del Estado, pero de la década del 70. Ordenó bajar los cuadros de Jorge Videla y Reynaldo Bignone de los muros del Colegio Militar de la Nación y, si bien no encontró caja de seguridad alguna detrás de los mismos, pidió "perdón en nombre del Estado Argentino que calló durante veinte años las atrocidades cometidas".

Económicamente le iba bien. Con 33 millones de toneladas de producción de soja en precio récord internacional, no paraba de entrar guita a las arcas de la Nación. Los números eran imposibles de mejorar, los resultados, en cambio, estaban lejos de brillar y el hambre afectaba a 1,4 millones de argentinos. En el plano cultural, Jorge Lanata estaba en la tele —acompañado por Adolfo Castelo, Gisella Marziotta, Martín Caparrós y Reynaldo Sietecase— y competía contra *Fútbol de Primera*, Héctor Magnetto era visitante frecuente de Olivos y de Papel Prensa nadie sabía nada.

Un país un poquito distinto al que relata la épica militante, pero claro, no había militantes. Algunos dirán que los números del kirchnerismo hablan por sí solos al ser comparados con el 2001. Otros creemos que comparar contra la nada, siempre será positivo. Es fácil y traicionero, pero obviamente, efectivo. Aún faltaba para que naciera la palabra "relato" como sinónimo del verso gubernamental —acepción que aún no entiendo cómo no fue incluida en el diccionario de la RAE—, pero podemos asegurar que fue aplicado desde el primer día, desde la primera acción de gobierno, desde el primer "sí, juro". El relato siempre estuvo, sólo que tardamos en comprenderlo.

El relato se maximizó en tiempos de campaña. En 2005, la primera dama tenía domicilio en Río Gallegos y ocupaba su banca de senadora por la provincia de Santa Cruz, pero se presentó como candidata por Buenos Aires, enfrentó a Chiche Duhalde —a quien la Señora de Kirchner acusó de ser portadora de apellido— y ganó. Por aquel entonces, a Roberto Lavagna se le ocurrió contar ante la Cámara Argentina de la Construcción que hubo al menos diez casos de *kirchnereo* por sobreprecios en obras públicas. El estadista de mirada distinta acusó recibo y dijo que "la obra pública no es un gasto, sino una inversión", aunque no quedó muy en claro cuál parte del sobreprecio iba a invertir, ni en qué.

Una perlita que pinta de cuerpo entero la diferencia entre lo que se hizo, se hace, se dijo y se dice, tuvo lugar cuando, en las elecciones de 2005, el Jefe de Gabinete Alberto Fernández consiguió que Eduardo Lorenzo Borocotó, diputado electo por el PRO, abandonara el partido y se aliara al kirchnerismo antes de asumir su banca. Poco importó que Borocotó haya sido aliado político de Luis Patti en los noventa y de Domingo Cavallo más tarde. Después de todo, Alberto Fernández también lo fue y nadie se ponía mal por ello. En la presentación de Borocotó, el barrilete cósmico del Jefe de Gabinete enfatizó que no hubo ningún ofrecimiento a cambio del pase. Un cable de inteligencia lo desmentiría tiempo más tarde. Y ya que hablamos de Patti, lo de Borocotó pasaría a segundo plano, dado que la hipocresía es contagiosa: el ex subcomisario de la bonaerense, y exinterventor de la provincia de Catamarca durante el gobierno de Carlos Menem fue electo diputado, pero se vio impedido de asumir debido a las razones morales que impuso el oficialismo, con Miguel Bonasso a la cabeza, a quien nadie cuestionó por sus razones morales. En su lugar asumió Dante Camaño, que no terminó de sentarse en su banca y ya era oficialista.

Ese dogma incuestionable e imposible de definir que han bautizado como El Modelo no existió como tal desde los inicios del kirchnerismo. Fue Cristina la que, al momento de asumir su primera presidencia, nos revoleó por la cabeza la definición que iría adaptándose y modificándose con el paso de los años desde el "modelo de crecimiento e inclusión con base en matriz diversificada y producción con valor agregado" hasta el modelo de crecimiento patrimonial e inclusión de funcionarios con base en matriz de dibujo de estadísticas, impresión de billetes y enfardado de euros.

La década kirchnerista ha transcurrido en una permanente independencia entre lo que se dice, lo que se hace y el cómo se hace. Kirchner, que había asumido su mandato sin poder de urnas, tuvo que construirlo sobre la marcha. La fascinación por los poderosos acercó a varios, al resto se lo pudo adornar con discurso, presupuesto y, cuando no, con algún que otro cargo. La costumbre de maltratar a los que apoyan no es un invento de Cristina. Señalar culpables entre las tropas y soltarles la mano ante una tragedia, tampoco. Encontrar corruptelas ajenas en aquel que se interpone en el choreo propio, menos.

Buen ejemplo de la sarasa extrema se dio cuando en medio del conflicto con el campo por la 125 el Gobierno organizó el "Encuentro por la Convivencia y el Diálogo", una excusa para llenar la Plaza de Mayo con el objeto de juntar fuerzas para imponer el discurso único y aniquilar el diálogo. Fue entonces cuando pudimos ver el parto de una costumbre que se repetiría hasta nuestros días: la afirmación de que nunca en la historia hubo tantos ataques contra un gobierno recién asumido. Arturo Illia no cuenta, su tocayo Frondizi, menos, a pesar de los sesenta y pico de planteos militares.

El relato hasta llegó a internacionalizarse. Así es que muchos creyeron real que un perseguido político venezolano logró romper con las cadenas del imperialismo y el pueblo lo llevó en andas a la presidencia para que la justicia llegue, finalmente, hasta los que menos tienen a través de la lucha bolivariana. La confrontación con los libros de historia dirían que una revolución socialista está mal parida si se la denomina con el apellido de uno de los primeros pensadores liberales que vio Sudamérica, pero ésos son detalles que pasan a un segundo plano frente a la realidad de la Patria Grande, ese gran sueño de Simón Bolívar, del cual se desprende que soñaba con el liberalismo de la racionalización de las duchas, la persecución política, el encarcelamiento de opositores, la matanza de manifestantes y el alargue de la Navidad por decreto.

El relato vale más que la realidad, está claro. Sólo así se entiende que gastemos guita en pagar una entrada al cine para divertirnos en ver cómo se resuelven con onda las mismas situaciones que nos desgastan en la vida cotidiana. Contar las cosas de otro modo sirve cuando hay un compromiso de engaño, un contrato en el que el cineasta y los actores aceptan mentir aparentando ser quienes no son, y nosotros aceptamos que nos mientan. El kirchnerismo funcionó de manera similar, sólo que resultó ser una película clase B en un proyector del centro de jubilados del barrio El Progreso.

Cabe aclarar que el relato no es lo que los diferenció de otros gobiernos, dado que todos, en mayor o menor medida, han contado su versión de las cosas, bastante distinta a la que planteaba la oposición. Sin embargo, en su espíritu extremista y maximizador, el kirchnerismo ha llevado el chamuyo al extremo. Del mismo modo, tampoco se diferenciaron en eso del choreo. No jodamos: acá se robó siempre y si no lo hizo el presidente, lo hicieron los que lo rodeaban. Pero el kirchnerismo jerarquizó el choreo, lo convirtió en un arte y lo llevó a política de Estado.

Hemos visto funcionarios honestos, boludos, corruptos, inteligentes, corruptos boludos, corruptos inteligentes, honestos boludos y honestos porque no les salió otra cosa. Estos últimos forman parte de un grupo interesante, aquel que es honesto porque no se enteró/no supo cómo chorear. Faltó a clases justo ese día y nunca entendió cómo llevarse la torta, la bandeja y, si pinta, a la camarera que la trae a la mesa. La explicación de por qué se chorea aun cuando ya se tiene todo es bastante simple: son coleccionistas de guita. Al billete lo ven como un objeto al que hay que admirar. He conocido tipos que, como quien charla del clima, afirman que acomodan sus dólares por modelo, número de serie o Estado emisor. Les gusta verlos, olerlos, tocarlos, saber que están ahí. De esa base para arriba, el resto sigue el mismo patrón.

El fondo de gastos comunes —"la cajita", para los gomías— es un estándar de la administración que abarca desde un destacamento policial en Carmen de Patagones hasta la mismísima Presidencia. Un mecanismo dispuesto desde que el mundo existe para que cada dependencia del Estado tenga dinero en efectivo para gastos diarios y ordinarios. Lógicamente, no incluye una cena de camaradería de la promoción '87 del turno mañana mercantil, pero todo se dibuja si se tienen los comercios amigos correspondientes. Ciento cincuenta resmas de hojas y cartuchos de tinta para una repartición que no tiene impresoras, o noventa y dos bidones de agua para el dispenser de una oficina con tres personas, todo vale mientras el proveedor amigo nos dibuje la factura a cambio del pago de IVA. El negocio es redondo, dado que el buen hombre podrá usar ese IVA facturado para vender sin ticket esas ciento cincuenta resmas que no le dieron a nadie. La caja chica no es sólo un agujero por el que se van millones y millones todos los meses sin mayor control que el de las facturas truchas, sino que es el pilar de todo el resto, el entrenamiento básico, las inferiores que hay que pasar para poder chorear en primera.

La hermana boba de la caja chica es la locación de servicios, un mecanismo que el Estado usa para negrear —contratar sin aguinaldo ni vacaciones pagas a personas para que hagan el mismo trabajo que podría hacer un Planta Permanente con todos los beneficios de la ley—, pero que también utiliza como si se tratara de una obligación para hacer más billetines. Es la perfección de lo que antiguamente llamábamos ñoqui, un tipo que es contratado para que no trabaje y, al cobrar la contraprestación por el servicio que no realizó, separe la guita del monotributo y entregue el resto a la persona indicada. Es el mecanismo favorito para satisfacer a los militantes de menor rango, pero también viene joya para hacer plata. Un área que necesita de quince empleados, cuenta con diez de planta permanente. Toman a los cinco que faltan, se les paga el monto equivalente a un salario mínimo y se contrata a otros quince por mucha guita. No van nunca. Saquen la cuenta de cuánta se desvía por mes y multipliquen hasta el infinito de reparticiones públicas.

Robar con la licitación directa ya es jugar en la reserva. Es algo más suculento que la caja chica, aunque opera casi del mismo modo, dado que funciona para comprar de forma rápida pero por montos muy superiores. Al igual que la cajita feliz, se pueden dejar por escrito que se compraron quinientas computadoras; si se recibieron sandías, no pasa nada. La mayor escala también aplica a los proveedores, que están registrados en un padrón y son felices por tener un socio que los ayude a blanquear.

La licitación a secas ya es un precalentamiento para entrar al partido. Es el mecanismo más entretenido, dado que conlleva tantos pasos a cumplir que el funcionario siente que realmente ganó el dinero por el empeño que le puso al choreo. Gracias a que Cristina hizo una cadena nacional por cada paso, todos pudimos comprender el mecanismo de la licitación: primero se hace el anuncio de la obra que se desea llevar a cabo, se reciben las ofertas y se elige al ganador tomando como parámetros menor costo, mayor beneficio o ambos. En el día a día, esta Disneylandia que nos pinta la ley es un poco diferente, y antes de hacer el anuncio ya se arregló con uno o con todos los oferentes. Las aperturas de sobres para demostrar transparencia son para la tribuna. Es como que la profesora nos pase las respuestas del examen y luego lo rindamos delante de todos. Si no se pudo arreglar para que los perdedores presupuesten más que aquel que debe ganar, se le pide al garantizado ganador que le agregue beneficios a su oferta para justificar el mayor costo. Beneficios que nadie comprobará y, si alguien se anima, no faltará quien pueda explicar su ausencia con el aumento de costos de las paritarias y la inflación. Como ejemplo podemos poner que la inmensa mayoría de las obras públicas que ha llevado el kirchnerismo adelante las han ganado siempre los mismos: Electroingeniería, CPC (Cristóbal López) o Austral Construcciones (Lázaro Báez).

Por eso tardaron tanto en llamar a licitación para la red 4G de celulares: porque no había negocio para propios y amigos, no existía una posibilidad cierta de hacer una gran fiesta y, obviamente, porque las compañías están tan entongadas que acá podemos llegar a comunicarnos con palomas mensajeras sin que a ningún funcionario le caliente.

Tras la sobrefacturación, obviamente, aparece el retorno, ese porcentaje hermoso que excede al costo de la obra y que oficia de mecanismo polimodal en el choreo de los últimos años: los subsidios. Todas las modalidades descriptas precedentemente no llevan el *copyright* del kirchnerismo y aún no entiendo cómo no fueron declaradas patrimonio cultural de la clase dirigente argentina, dado que no reconocen afiliación partidaria ni época histórica.

De más está decir que el subsidio y las empresas con mayoría estatal —o, directamente, empresas del Estado— tampoco son inventos del modelo de redistribución de culpas con crecimiento marginal. Sin embargo, por la proximidad del ejemplo, viene joya. El sistema de subsidios que vivimos hoy en día proviene de la eternización de una medida adoptada tras la devaluación de enero de 2002. El aumento de costos de los prestadores de servicios —transporte, energía, etcétera— obligaba a la suba proporcional de los importes a cobrar, los cuales debían ser pagados en su mayoría por asalariados que perdieron dos tercios de su poder adquisitivo de un día para el otro. Ante este panorama, aparecieron los subsidios para completar la diferencia de guita entre lo pagado y el costo del servicio.

La idea —y esto se puede encontrar en el Boletín Oficial— era que los mismos fueran disminuyendo con el paso del tiempo, el aumento de los salarios y la recuperación del consumo. Pero con los años el consumo se transformó en el Alá del fundamentalismo nacional y los subsidios crecieron a la par de la inflación. La calidad cayó por razones obvias: los subsidios son para mantener el servicio, no para mejorarlo ni ampliarlo.

Esto último no se vio reflejado en los números y se pagaron subsidios que alcanzarían para tener un tren transoceánico hasta la base Marambio. Así, lo que se originó como un tecnicismo para compensar la diferencia entre costos e ingresos, devino en mecanismo para lucrar con la diferencia entre subsidios y costos. Los resultados los podemos ver cuando nos cortan la luz en las cuatro estaciones, cuando las fábricas tienen que dejar de producir para que un ama de casa de Balvanera pueda prender la cocina y cuando los trenes le hacen competencia a las funerarias.

Las empresas del Estado quedaron para lo último, dado que es lo máximo a lo que puede aspirar un delincuente que se precie. Es ganar un Mundial y consagrarse en primera. El primer puesto en la consideración no es en vano, ya que dentro de una empresa del Estado está todo: caja chica hasta para pagar las putas, licitaciones para tirar al techo y subsidios para mantener un precio tentador para los consumidores financiados por personas que nunca podrán disfrutarlo.

El hambre queda en evidencia cuando se chusmea qué pasó con el tendido eléctrico Pico Truncado-Puerto

Madryn, en el cual se denunció un sobreprecio del 400%. O sea, en una obra se pagó lo que deberían haber salido cuatro obras del mismo tipo. Esta clase de maniobras también explica por qué siguieron choreando a pesar de amasar la que no podrán gastar en cincuenta vidas. Primero, porque les gusta acumular guita. Segundo, porque si a la siguiente obra se paga lo que corresponde —o un sobreprecio menor— alguien se daría cuenta de que, en la anterior, se choreó y fuerte. La glotonería de billetines se les prorroga por el cagazo a que vuelva el anonimato el cual relacionan, indefectiblemente, con la malaria.

De ahí la necesidad de permanecer en el poder en segundas líneas, de saltar de un bando al otro sin tapujos, de acomodarse a último momento con quien tenga chances de llegar. Porque para el coleccionista de guita tener que desprenderse de una sola moneda para pagar un chicle les da la misma sensación de quien vende la tele para bancar el alquiler. Sensación de empobrecerse. Y en el medio, en cambio, queda nuestra sensación, esa que nos dice que cuando con nuestro sueldo pagamos un café, en realidad estamos pagando el nuestro y el del funcionario, que de tan patriota se merece no gastar su salario astronómico. Después de todo, vivir de la ajena es un trabajo arduo.

Entre los elementos que caracterizaron los años kirchneristas figura la puesta del humor político en vías de la extinción. Y eso contribuye al recalentamiento del termómetro social. Tuviste un día de mierda, te pasaron mil cosas por acción u omisión del Estado, la única sesión de sexo que te tocó te la brindó la AFIP y ni siquiera te invitó a cenar antes, llegaste a tu casa y te encontraste con una cadena nacional a la hora de la cena. Si no se cuenta a mano con algo que relaje, se explota. Cuando empecé a escribir sobre política, lo tomé desde un punto natural: si ellos no nos toman en serio, ¿por qué habría que ser serios con ellos?

Creo que no hay nada más lejano de la impunidad que el humor político. Es mucho más difícil reírse de lo que debería dar bronca que describirlo y punto. En mi caso, nunca creí que lo mío fuera gracioso, sino que decir las cosas como son puede llegar a causar gracia. Nada más que eso. Cuando a la tilinguería política se le quita la solemnidad que los políticos pretenden imponerle, queda la pasta base: personas incapaces de ganarse el mango honestamente fuera de la función pública, pedantes que presentan meros actos administrativos como si se tratara de la refundación de la Patria y tipos con una vida tan vacía que no tienen nada fuera de la política. Y eso causa gracia.

Mientras vayan pasando las páginas, verán que la ultramilitancia es un invento de factoría tardía, que la no represión de la protesta social apareció un poquito tarde, que El Modelo fue una estrategia de marketing cuya fórmula secreta radicó en la improvisación y el viraje permanente de discurso y accionar, y que, si no recordamos todo lo que nos ha pasado, no es por falta de memoria, sino por sobreabundancia de escándalos. Lo más relevante es que dentro de unos años se nos cagarán de risa.

Cuando tengamos que explicar que un gordo impresentable que no pasaría el primer filtro de un preocupacional fue el principal orador de un acto onanista en el que 10 mil monotributistas, 10 mil desesperados por pegar un contrato y 20 mil arriados del country 31 de Retiro aplaudieron lo que querían escuchar, nos pondrán un chaleco de fuerza y nos despacharán con la renovación número 137 del documento de identidad entre los dientes.

Por suerte, la prueba será suficiente y no tendremos que relatar doce años y medio en los que los opositores se hicieron oficialistas, los oficialistas encabezaron la oposición y los progres votaron peronistas. Veinticinco semestres en los que las inauguraciones de terrenos baldíos fueron presentadas como reformas fundacionales, en los que cualquier error fue culpa ajena y cualquier trámite de gestión de gobierno debió ser agradecida como si se tratara de una dádiva. Ciento cincuenta meses en los cuales fuimos testigos de cómo se *kirchnerearon* hasta las cucharitas plásticas de café, mientras nosotros —por solidaridad del gremio— éramos tratados de quejosos por ser víctimas de algún que otro robo, de alguna que otra paliza, de algún que otro corchazo. 654 semanas y media en las que nos mostraron una partuza de la que no nos dejaron participar y en los que tuvimos que explicar cada cosa que dijimos, por qué la dijimos y desde dónde la dijimos.

En lo que a mí respecta, viví el kirhnerismo de un modo extraño porque fue parte de la casi totalidad de mi vida cívica. Desde que nací fui misionero, junior de colonia de vacaciones, portuario, canillita, tarjetero, músico ocasional, empleado judicial y consultor. Nunca dejé de leer ni de escribir desde que aprendí a los cuatro. Contaba con cinco cuando se produjo el primer levantamiento carapintada y seis cuando aprendí qué significaba hiperinflación. El día de mi cumpleaños número siete lo pasé encerrado por el copamiento de La Tablada. Tenía diez cuando voló la embajada de Israel, doce cuando explotó la AMIA, y cumplía quince cuando mataron al fotógrafo José Luis Cabezas. A mis 17 se estrelló el avión de LAPA y el estallido de diciembre de 2001 me encontró con 19 años y trabajando en el Poder Judicial.

Desde los 21 cambié tres veces de juzgado, me fui del Poder Judicial, me casé, tuve un hijo, me divorcié, tuve cuatro laburos más, muchas veces de a dos, y finalmente me dediqué a lo que decía que quería hacer cuando me preguntaban a los seis años: periodismo. Cambié muchísimo y lo único que no cambió es el Gobierno. Sí, un tercio de mi vida y casi la totalidad de mi adultez, me gobernaron los mismos tipos y conviví con los mismos nabos que creyeron que la rebeldía de la juventud consiste en ser sumiso y obediente a los caprichos de Presidencia. Sin cuestionar, sin pensar. Soy católico apostólico romano. Me bautizaron en la parroquia de San Nicolás de Bari. Hice la primaria en un colegio de curas jesuitas y la secundaria en uno lasallano. Voy a misa cuando lo creo necesario, comulgo a pesar de estar divorciado y me confieso sólo con mi psicóloga. A veces, culpa de leer tanto, creer en Dios me asusta. Y a veces, darme cuenta de que no estoy creyendo me preocupa.

Creo en lo que hago, en lo que veo y en lo que siento. Creo en mis amigos, incluso a los que no veo tanto como quisiera. Creo en mi único hijo, que fue concebido por obra y gracia del matrimonio frustrado. Creo en la comunión del hombre, creo que ningún pibe nace chorro ni kirchnerista. Pero, por sobre todas las cosas, creo en el valor de la vida y la libertad. Y al mismo nivel, porque de nada me sirve ser libre si estoy muerto, ni considero que se le pueda llamar vida a lo que hacemos sin libertad. Y si bien la mayoría de los derechos terminan donde empiezan los del otro, hay uno que no se discute y no tiene límites: el derecho a la vida no termina en el derecho del otro a creer algo distinto.

Me tomé con humor las desgracias, me preocupé de más por boludeces y, si bien procuré apelar al olvido selectivo, nunca pude aplicarlo. Con todo lo que recuerdo, me cuesta entender cómo muchos de los que vivieron estos mismos años se olvidaron de todo. Quizás la pasen mejor. Quizás por eso se sorprendan de lo que vivimos en la última etapa de la gestión de Cristina. Y quizás por ello, dentro de un tiempo, seremos pocos los que recordemos que hubo un Gobierno que, amparado en ideologías caducas y la lucha por la Patria frente a los molinos de viento, transcurrió sus años con la corrupción más pornográfica, la gestión más improvisada y la impunidad más calamitosa. Pero eso sí, con democracia.

Por eso me causa gracia y me voy a seguir riendo del kirchnerismo y de cualquiera en el futuro que demuestre que no se imagina la vida sin la eternidad de un padre adoptivo perpetuo que lo cuide, en lugar de buscar un sentido mientras el gobernante se dedica tan sólo a cumplir con su rol de administrador temporal del Estado. Porque ahí nace todo fundamentalismo: en el miedo a ser libres.

La Capital del Modelo

> "Hay que hacerlo rápido porque si no,
> viene la próxima formación y nos lleva puestos."
> Cristina Fernández de Kirchner, Presidente,
> animadora de fiestas, casamientos, bautismos, bar-mitzvá
> y velorios. 21 de julio de 2014, durante la inauguración
> de trenes nuevos para la línea Sarmiento

En Venezuela muere un presidente y en Argentina decretan tres días de duelo. En un boliche de Once se calcinan 194 personas y el mismo país tiene permiso para acongojarse dos días, no más. En una estación de tren una formación no se entera de que el recorrido no llega al río y mueren 51 personas: dos días de duelo. Juan Gelman muere en México, de viejo, y en Argentina se ordena un duelo de tres días. El grueso de la gente se pregunta si el que murió es el creador de la mayonesa, pero el duelo está igual. Nueve personas pierden la vida en cumplimiento de su deber y se decretan dos días de duelo. Otras catorce perecen en similares condiciones en Catamarca y nadie manda ni una corona de flores. El socio del difunto que se pone mimoso con la viuda, el hijo que clava la sucesión mientras los hermanos

37

ni llegaron del sepelio, el primo boga que se presenta en el velorio antes que el difunto. Pocas veces quedan tan plasmadas las verdaderas intenciones de alguien que cuando vemos sus reacciones frente a las desgracias. Y el Gobierno nunca reacciona bien frente a una desgracia, porque nunca sabe si está implicado o no.

Con dos tragedias separadas por siete años, un mes y veintitrés días, el barrio de Once ha sumado otros factores que hacen de su paisaje una pintura que resume el espíritu que ha dominado al modelo kirchnerista. No es la ausencia, es la presencia cómplice. Circular por sus calles es imposible, la abundancia de puestos callejeros clandestinos, vendiendo mercadería ilegal, sin pagar impuestos ni probando su procedencia, se da con la custodia de la Policía Federal Argentina, cuya comisaría séptima se encuentra a pocos metros de la Estación terminal y sus efectivos circulan por la Avenida Pueyrredón sin preguntarse, jamás, si lo que están viendo no es la comisión permanente de un delito.

Cuando el gobierno de Néstor Kirchner cumplía diecinueve meses, y mientras el país estaba sumergido en la caravana de brindis por fin de año, en un recital mal organizado en un boliche mal habilitado, ocurre una tragedia que compite por el podio de desastres porteños, junto con el atentado a la AMIA, la Puerta 12 del River-Boca del '68 y el palo de LAPA. Una banda que hacía de la pirotecnia parte de su cultura recitalera daba un concierto en el nuevo emprendimiento del empresario más exitoso de la historia del under porteño. El boliche no cumplía con los requerimientos ni para ser habilitado como cabina telefónica. Los policías, los inspectores del Gobierno de la Ciudad, los bomberos, todos habían sido adornados para mirar para otro lado. Tiran una bengala, tiran dos, tiran tres. Una de ellas impacta en las mediasombras inflamables utilizadas para aminorar el sonido y se desata un incendio atroz en un lugar con un sistema de emergencias inexistente. 194 muertos y cientos de heridos físicos fueron el resultado de la desidia de la corrupción estatal, la soberbia empresarial y la cultura del aguante del rock chabón. La tragedia de República de Cromañón es uno de esos hechos que quedan tan marcados en la retina que uno recuerda qué estaba haciendo al momento de ocurrir. En lo particular, fueron tantas las cosas que me pasaron ese día que es difícil no recordarlo.

A todos, en mayor o menor medida, nos afectó la tragedia de Cromañón. Frente a los que estuvieron, mejor no intentar dimensionar el trauma que les quedó. Al resto nos pegó también, por empatía frente al horror de perder a un hijo, a un amigo, a un hermano o el reflejo instintivo de saber que pudimos haber sido nosotros las víctimas, dado que todos hemos estado alguna vez en un lugar que percibimos como una bomba de tiempo, y no nos importó.

En mi caso, luego de años de trabajar en la justicia —algunos de ellos en el fuero penal del Poder Judicial de la Provincia de Buenos Aires, otros en la Justicia Federal— quería irme a cualquier otro lado. A través de uno de esos contactos que se hace en el momento menos pensado, me surgió la posibilidad de entrar como administrativo legal en la Dirección General de Guardia Urbana del Gobierno de la Ciudad, un engendro que impulsaba Ibarra para dar la sensación de que había más seguridad. Errores en la agenda de no sé quién generaron tal confusión que terminé en la entrevista laboral equivocada. Algo supuse cuando me encontré con una cola de personas en la cual yo era el único que llevaba corbata. Algunos de ellos estaban en bermudas. Eran aspirantes a Guardias Urbanos, o como fueran a llamarse. Percibiendo que había alguna suerte de error, traté de dar con algún empleado del Gobierno. La búsqueda era difícil: Aníbal Ibarra había firmado un convenio con la AMIA para la búsqueda y selección de personal a integrar un organismo público para el cual la AMIA no estaba capacitada, entre otras cosas, por no haber sido nunca un organismo de gobierno.

Finalmente di con la única mujer que daba el perfil de empleada púbica y con experiencia. Era la única tomando mate con bizcochos en una jornada de diciembre con 30 grados de temperatura a las nueve de la mañana. Le expliqué el error cometido y luego de pegar una llamada, me pidió que aguardara un minuto. Pasado el minuto y cuarenta y cinco más, me enviaron a la dirección correcta. Allí me encontré con otros dos aspirantes a mi mismo cargo. Ninguno de los dos llevaba corbata. No es que tenga algo en contra de la informalidad, pero el macrismo todavía estaba lejos de llegar al poder y siempre me pareció un acto de interés ir medianamente disfrazado de persona a una entrevista laboral. La entrevista era grupal y me tocó ser el primero en hablar: nombre, apellido, edad, experiencia laboral y por qué quería dejar mi anterior laburo. Luego de explicarles que me había cansado un poco de la inestabilidad de ser un contratado y trabajar con narcos y falsificadores, le tocó el turno al que estaba sentado a mi derecha. Quería un sueldo fijo para no depender más de los porcentajes que le dejaban las ventas de cosméticos puerta a puerta. Con los ojos a punto de salírseme de las órbitas, noté que la entrevistadora ni se mosqueaba. Después entendí que era porque siempre puede empeorar. El tercer aspirante contó que, luego de ejercer como payaso en una estación de subte, quería pegar un buen laburo para limpiarse de los vicios. La mujer hizo salir a los otros dos aspirantes y, cuando más confiado me encontraba, me explicó que me encontraba "sobrecalificado" para el puesto y que no quedaba. Puteando a todo el sistema me volví a mi casa pensando en que un payaso fumapaco tenía más aptitudes para trabajar en legales que un ex empleado judicial. Casi llegando a mi hogar en Villa Devoto, el celular me obligó a volver al centro para una nueva entrevista: me querían en la Dirección de Prevención del Delito. Fue tan grande la satisfacción que hasta me olvidé del payaso drogón.

Entrada la noche, en la casa de quien por entonces era mi novia, le propuse matrimonio. Mientras brindaba, sonó el teléfono. Era mi hermano quien me pedía que prendiera urgentemente la tele. "Once — Incendio en Boliche — Al menos catorce muertos". Temblé. Y todavía faltaban 180 vidas más. Obviamente, me quedé sin laburo por unos meses. Y obviamente, mi matrimonio duró solo un puñado de años.

Dependiendo de a quién se le consultara, variaban los culpables. Todo dependía de la opinión pública. La política, que se alimenta del "no sé lo que quiero, pero lo quiero ya", aprovechó la ocasión y la oposición porteña encaró el juicio político al Jefe de Gobierno, Aníbal Ibarra, quien en el momento del incendio se encontraba cenando en otro punto de la Ciudad de Buenos Aires y ni se acercó para hacer acto de presencia.

El Presidente de la Nación tampoco pintó. Ya había arrancado el fin de semana de año nuevo y apenas decretó dos días de duelo por la muerte de casi doscientos pibes. Alguien tenía que pagar el costo político, no iba a ser él.

Aníbal Ibarra había llegado a la política desde la Justicia. Luego de haber sido un joven y brillante fiscal, aterrizó en el mundo del arte de hacer lo posible de la mano del Frente Grande, luego devenido en el Frente País Solidario, más tarde fusionado a la Unión Cívica Radical en la Alianza. Así fue como luego de nueve años como concejal/legislador, desembarcó en la Jefatura de Gobierno porteña en agosto de 2000, tras ganarle a la dupla Domingo

Cavallo-Gustavo Béliz. Y no es que la imagen de Ibarra fuera baja, sino que la de Cavallo era muy alta.

Los tiempos políticos de este país son tan vertiginosos que nuestros funcionarios no pueden quedarse atrás. Menos de tres años después, la Alianza había desaparecido junto con la esperanza del argentino promedio en la política. Domingo Cavallo tenía la peor imagen, sólo superado por Fernando de la Rúa, y Aníbal Ibarra se acercaba a Néstor Kirchner con la mediación de Elisa Carrió.

El juicio político a Aníbal Ibarra lo viví desde adentro. Seis meses después del incendio, finalmente me llamaron, esta vez para ingresar a la Subsecretaría de Seguridad Urbana, el peor lugar para trabajar por aquellos tiempos. En esos seis meses en los que estuve cortando clavos con el upite para sobrevivir, Ibarra había pedido socorro a la Rosada, quienes le enviaron a Juan José Álvarez para hacerse cargo de la Secretaría de Gobierno. "Juanjo" desembarcó con Diego Gorgal, quien entonces era un pibe de 27 años que reemplazaba a Juan Carlos López al frente de la Subsecretaría de Seguridad. Álvarez partiría poco después dejando a Gorgal en su lugar. El puesto vacante fue ocupado por Claudio Suárez, quien duró en su cargo lo que tardaron en destituir a Ibarra. Al preguntarle qué haría de su vida, Suárez me respondió que volvería a su puesto de planta permanente en el Ministerio del Interior de la Nación. Allí comprendí que no sólo los funcionarios de primera línea zafan. En la administración pública nadie se va a su casa: el que no logra acomodarse en otro lugar, vuelve a su repartición de origen.

Pero Cromañón no sólo cambió los protocolos de emergencias de casi todo el país, sino que ofició de inauguración del cambio culutural que se avecinaba. El rock venía en decadencia desde que el aguante reemplazó al talento y los fanáticos de los grupos pasaron a comportarse como hinchas de fútbol. Ya no eran falsas competencias de estratos sociales, como la dibujada en los 80 entre los suburbanos ricoteros y los soderos chetos, sino que la lucha era por el prestigio del barrio: el aguante propiamente dicho.

El daño fue tan grande que con los nuevos protocolos de emergencias y habilitaciones —sumado al cagazo supino de todos los intendentes— de a poco fueron desapareciendo los lugares para que las bandas pudieran dar sus primeros pasos. Algunos vinculan este incidente con el hecho de que desde 2004 no hayan aparecido bandas de rock que puedan darse el lujo de llenar siquiera un Luna Park. El under desapareció con una duda tan fuerte como cierta: si la tragedia hubiera ocurrido en una bailanta en el interior, no habría pasado nada.

Ocho años después, Once volvería a ser el lugar que mostraría que la corrupción y la desidia estatal no sólo no habían desaparecido, sino que viajaban sobre rieles.

La mañana del miércoles 22 de febrero de 2012 nos desayunó con el ministro de Salud de la Nación, Juan Luis Manzur, en un crucero amarrado en el puerto de Buenos Aires en el que, supuestamente, había pasajeros enfermos de influenza. El funcionario se acercó para chequear con sus propios ojos si daba para paranoiquear a la población como hizo Graciela Ocaña en 2009, o si estaba todo joya.

Manzur sostuvo que sólo se trató de algunos casos aislados de gripe, afirmación que, al provenir del mismo tipo que redujo la mortalidad infantil en Tucumán dejando de anotar como nacidos vivos a los chicos que morían por problemas derivados de la desnutrición materna —la cual también solucionó cambiando los sistemas de medición—, no generó demasiada confianza. La noticia duraría poco.

Mientras el ministro hablaba, una formación del entonces ex ferrocarril Sarmiento administrado por Trenes de Buenos Aires (TBA) se tomó muy a pecho lo del tren bala

43

y se clavó como tiro al blanco contra el final del recorrido. De un crucero del primer mundo a un accidente subdesarrollado sin escalas.

La sucesión de hechos habría sido un buen paso de comedia si no fuera por el detalle del medio centenar de muertos y los cientos de heridos: un helicóptero sanitario que no tuvo dónde aterrizar por un buen rato, una ambulancia repleta de heridos que se pega un palo en la primera esquina y el quilombo magno de tránsito que debía atravesar el personal de salud para poder trabajar, gracias a que la calle Bartolomé Mitre seguía cortada a la altura de Cromañón por un santuario en memoria de la desidia del Estado. Memoria que no funcionó en ninguna de las elecciones que siguieron a 2004.

Luego de que el maquinista afirmara, aún envuelto en los fierros de lo que alguna vez fue un coche cabecera, que la formación se había quedado sin frenos, el entonces secretario de Transporte, Juan Pablo Schiavi, tuvo el poco afortunado tino de afirmar que "si pasaba un sábado, no era tan grave". Así y todo, Schiavi fue mucho más presentable que Ricardo Jaime, su predecesor en el cargo de secretario de Transporte de la Nación, quien llegó a Buenos Aires desde Córdoba para jurar y tuvo que parar en un hotel sindical, y seis años después tenía más propiedades que el aloe vera.

Un poco de contexto. El desarrollo ferroviario argentino se dio de la mano de intereses ingleses y fue promocionado por una clase dirigente que quería un modelo de Estado europeo. Y ya entonces implementaron los primeros subsidios, como para atraer a los inversores, garantizando una rentabilidad de entre el 5 y el 6% en promedio. Como la parte financiera fue lo único que se pensó, y así y todo sin mucha planificación, se prolongó en el tiempo y provocó cualquier cantidad de ingreso de proyectos de empresas europeas. Así nació nuestra red ferroviaria concéntrica en los puertos de Buenos Aires y Rosario, el tendido de vías más largo de su época en todo el mundo.

El problema es que, al no haberse planificado, con el paso de los años empezaron a surgir inconvenientes bien argentinos. Algunos los podemos ver todavía hoy, cuando observamos que el tendido del ferrocarril Mitre corre a la par del Belgrano Norte desde Retiro, en la ciudad de Buenos Aires, hasta Rosario, provincia de Santa Fe. El ancho de trocha —la distancia entre los rieles— del primero, es de 1,676 metro. El del segundo, 1 metro. O sea, que ni siquiera se calentaron, en su momento, de crear una red nacional en la que, por lo menos, se pudiera intercambiar el material rodante en razón de la necesidad. No fue el único caso. Tuvimos el tendido ferroviario más largo de su momento, pero absolutamente deficitario desde el minuto uno por falta de planificación, superponiéndose tendidos a subsidiar por el Estado. El mismo palo que le pegaron a Menem por "desaparecer" pueblos a los que dejó sin ferrocarril con sus privatizaciones en los años noventa, le fue pegado también a los presidentes del siglo XIX por destruir los pueblos al fragmentarlos productivamente. Un pueblito tenía una estación y concentraba la carga de producto agropecuario, una nueva empresa era autorizada a la construcción de un nuevo servicio de cargas y, como nadie se calentó en ver que se ubicaba relativamente cerca de una ya existente, colocaba una nueva estación cerca del viejo pueblo, partiéndolo al medio. Por cuestiones lógicas que tienen que ver con la construcción caótica de tendidos ferroviarios concéntricos a las ciudades de Buenos Aires y Rosario —por favor, hagan el ejercicio de no pensar en el discurso imperante de las últimas décadas, aunque sea por unos minutos—, se crearon mega polos portuarios entre estas dos ciudades. Los residentes de los pueblos fragmentados por el ferrocarril, ¿adónde creen que fueron a buscar laburo? Buenos Aires y Rosario crecieron a pasos agigantados y la falta de planificación ferroviaria hizo colapsar la casi siempre inexistente planificación de las grandes urbes argentinas. De un modo un tanto inexplicable para la cosmovisión que nos han impuesto en los últimos tiempos, la competitividad del tren destrozó las primitivas economías regionales. Se exportaba producto agropecuario, pero las importaciones, que antiguamente se repartían en las ciudades portuarias, se deglutieron a las manufacturas del interior. El gran defecto del modelo agroexportador no fue que nos convirtieran en el granero del mundo, de hecho, sería idiota no haberlo aprovechado con las condiciones naturales que nos tocaron. La cagada pasó por no planificar, por no dimensionar que, a futuro, de algo tenía que vivir el que no laburaba en el campo.

Al momento de la nacionalización de los ferrocarriles en la primera gestión presidencial de Juan Perón, el país se encontraba con un pequeño contratiempo ferroviario producto de la Segunda Guerra Mundial: los trenes no dieron abasto para el transporte de granos y, con el mercado petrolero mundial dedicado por seis años a bancar el combustible bélico, no se conseguían insumos ni para movilizar las cosechas por ruta. Y tampoco había mucha ruta. La nacionalización ferroviaria peronista habrá sido presentada de un modo megalómano, nacionalista y popular, pero convengamos en que durante tres cuartos de siglo el Estado estuvo subsidiando a empresas extranjeras, sin control de gastos y sin planificación de servicios.

Para dolor de los peronistas románticos, fue durante el primer gobierno del *Sheneral* que se estableció un plan de construcción de rutas integral para que el abastecimiento pudiera garantizarse con o sin ferrocarriles. También era la norma de la época, acá y en Estados Unidos. Hugo Moyano todavía tomaba la teta cuando los camiones empezaron a tener un rol protagónico en el sistema de transporte de mercaderías. A partir de la década del 60, la empresa Ferrocarriles Argentinos empezó a crecer como un monstruo indomable, en el cual se podía meter a laburar a cientos de miles de personas que no impactaran en los índices de desocupación. El sistema era similar a cualquier otra empresa del Estado, así fue que con el paso de los años se choreaban los cables de teléfono, desaparecían camiones de combustibles y, en el caso de los ferrocarriles, se llevaban lo que encontraran. La explosión del Estado empresario a fines de los ochenta dio la excusa perfecta para que el menemismo primitivo decidiera concesionar los servicios de trenes de transporte de cargas, sin aportes del Estado Nacional, y con pago de canon por parte de las empresas. Por primera vez en la historia, el Estado dejaba de pagarle a los trenes y, por el contrario, los trenes le pagaban al Estado. A cambio, se les exigía a las empresas un plan de obras bajo apercibimiento de multas y ruptura de contratos. Como todo lo que se prueba en la Argentina, ni siquiera pudimos llegar a ver si el sistema era bueno o no, dado que el Estado que se puso firme en 1990, enseguida se reblandeció condonando deudas, reduciendo canones, aceptando cualquier obra pedorra, y demás etcéteras previsibles.

Sin embargo, si en algo funcionó el sistema de concesiones de los noventa, fue en el transporte ferroviario de pasajeros metropolitano. No, no lo digo en joda. Realmente creo que funcionaban. Por eso sostengo que el kirchnerismo miente en materia ferroviaria desde siempre. El 23 de abril de 2014, la presidente Cristina Fernández de Kirchner dijo por cadena nacional que hace "50 o 60 años" había coches nuevos en Argentina y que "en ese entonces se fabricaban aquí", lo cual es en parte cierto y en gran parte verso. Los últimos trenes nuevos que llegaron al país lo hicieron en 2006 y los trajo Jaime desde España, durante la gestión de Néstor. Los pueden ver si se toman el ferrocarril Roca, pudriéndose al sol. Antes de aquella gestión, los últimos trenes "nuevos" habían llegado en 1973 y, previamente, en 1961: los famosos Toshiba que, con diversas mejoras, utilizaron las líneas Mitre y Sarmiento.

Resultó interesante que Cristina afirmara que "todo esto se destruyó por décadas y tuvimos que comprar las máquinas en el exterior", cuando durante años nos dijo que los talleres ferroviarios argentinos estaban a pleno. También habría resultado interesante que reconociera otras cuestiones que son pura y exclusivamente culpa de ella y su difunto esposo. La "destrucción del sistema ferroviario" es achacable en lo que tiene que ver con el transporte larga distancia. Ahora, si quieren reinventar la historia de los trenes metropolitanos del tiempo transcurrido entre 1990 y 2015, van a tener que matarnos a todos los que nacimos antes de 1989, porque cualquiera con el lóbulo temporal medianamente en funciones recuerda lo que era pagar una multa de 5 dólares por no tener el boleto encima, las estaciones limpias y los trenes a horario y con frenos. En ese mismo discurso, Cristina sostuvo que se estaba llevando adelante "el plan de obras para el trienio 2013-2015", que es un calco del plan de obras para el trienio 2003-2005 fijado por decreto en 2002 y que la gestión de Néstor pasó a mejor vida con los resultados a la vista. Que los diez años de diferencia entre las obras que se tendrían que haber llevado a cabo en 2003 coincidan con la década ganada, es algo que tendrán que evaluar los contadores públicos.

Según denunció en un artículo el ex secretario de Transporte de la Nación, Guillermo López de Punta, el sector ferroviario de transporte de cargas "más allá de los inconvenientes generales propios de la emergencia en los primeros meses de 2002, no ha hecho más que beneficiar a los concesionarios ferroviarios, que han aumentado sus tarifas al ritmo de la evolución de los precios, transportan mucha más mercadería exportable, y facturan —en términos reales, es decir, en dólares— más de lo que lo hacían antes de la crisis", por lo cual "parece inexplicable la atribución de considerables recursos públicos a los servicios ferroviarios de larga distancia, que deberían ser exigidos como aportes de los concesionarios". Para el ex funcionario de la gestión interina de Eduardo Duhalde —o sea, el predecesor de Ricardo Jaime— "la nueva política de restablecimiento de servicios interurbanos de pasajeros en cabeza del Estado Nacional parece sugerir un involucramiento directo de parte del erario público en obras sobre la infraestructura que son obligación de los privados, de acuerdo a lo establecido en las condiciones de sus respectivos contratos. Lo mismo ocurre con las propuestas de renegociación que aparecen hoy como las que más fuerza cuentan dentro de la política gubernamental: reinversión del cánon y de las multas, cuando deberían ingresar al tesoro nacional como recursos genuinos, reformulación del plan de inversiones con aportes estatales mayoritarios en lugar de las primitivas obligaciones de los privados, etc. Todo ello parece conducir a un escenario superado ya en 1948, con rentabilidades aseguradas por el Estado más allá de cualquier evaluación o control de eficiencia, y con desmesura en la aplicación de recursos públicos. A ello hay que agregar nuevamente el peligro —verificado en el siglo XIX y principios del XX, cuando los trenes eran de empresas extranjeras— que se destinen recursos a diestra y siniestra, impulsivamente, y prescindiendo de cualquier planificación y evaluación viable. El ferrocarril no puede ser concebido como un compartimiento estanco, máxime en atención a su naturaleza: no se pueden reactivar talleres ferroviarios en medio del campo y sin vías de acceso, ni comprar locomotoras para operar donde no haya vías. Por el contrario, debe ser imaginado como un 'sistema', y como tal, sin autosuficiencia, sino que en el marco de un proyecto de transporte productivo nacional, que involucre a los demás modos de transporte (en especial, carretero y fluvial), y consolide de una vez por todas el multimodalismo tan pregonado y tan arrumbado en las amarillentas páginas de libros y leyes que nadie lee".

López de Punta afirmó que "de nada sirve destinar a inversiones y subsidios ferroviarios miles de millones de pesos de recursos públicos" si ello "no se traslada en forma mesurada, razonada y consciente a un perfeccionamiento ordenado, lógico y eficaz del sistema de transportación nacional". Cuando el ex secretario de Transporte esgrimió sus argumentos, ya gobernaba el kirchnerismo, ese eterno devenir de la improvisación, en la que cuanto más grande y más caro —total, la guita no la ponen ellos y, de paso, se pueden hacer unos billetines—, mejor.

Nadie puede decir que no se veía venir. Desde que el 25 de mayo de 2003 el flamante Presidente de la Nación, Néstor Kirchner, entendió que la Secretaría de Transporte podía ser una caja única de dinero interminable, plantó el huevo de la serpiente.

En medio de las privatizaciones y concesiones llevadas a cabo en el marco de la Ley 23.696 de Reforma del Estado, los ferrocarriles metropolitanos primero van a parar a Ferrocarriles Metropolitanos Sociedad Anónima —Femesa— en 1991, que siguió prestando el servicio durante dos años mientras se confeccionan los pliegos, se presentaban los oferentes y se impugnaban entre ellos. Previo a ello, se fraccionó el sistema bajo la premisa de que, teóricamente, si bien no se puede competir con otros ferrocarriles porque cada uno tiene el monopolio dentro de su línea, sí se pueden crear parámetros comparativos de eficiencia que permiten ajustar más las clavijas a uno, premiar más al otro. Así se generó el índice de calidad de servicio, bajo parámetros que chequeaba la Comisión Nacional Reguladora del Transporte mes a mes y, si estaban dentro de los índices, permitían a las concesionarias aumentar tarifas, o apropiarse del "redondeo de tarifa", la diferencia existente entre la tarifa técnica —llena de decimales— y la que paga el usuario. Esos redondeos generaban un fondo que se podía ganar como incentivo. También se establecieron castigos a través de las penalidades, pero con el problema de que nunca se redactó un régimen, pasó que todas las penalidades seguían el procedimiento ordinario: resolución del ente gubernamental, impugnación de parte del concesionario, recurso de consideración, rechazo, recurso jerárquico en subsidio, el superior confirmaba la decisión, primera instancia de la Justicia, etc. La realidad es que las penalidades, si se cobraban, era porque querían pagarlas. Estamos hablando de millones de dólares fijados en multas de los cuales se pagaron unos pocos miles.

Todas las concesiones fueron hechas por el principio económico, que no siempre implica que el ganador sea el mejor postor: el que pagaba más se quedaba con el servicio. Pero en el contexto histórico que se vivía, en la mayoría de las privatizaciones apuntaron al que ofreciera el menor gasto al Estado. En ese esquema, casi todos los concesionarios entraron en condiciones favorables. La red de Subterráneos de Buenos Aires fue adjudicada a Metrovías, que mantenía un punto de equilibrio y no recibía ni subsidios ni pagaba canon, al igual que las líneas de ferrocarriles Sarmiento y Mitre, adjudicadas a Trenes de Buenos

Aires de los hermanos Claudio y Roque Cirigliano. La única que daba un margen de ganancias notorio era la línea San Martín, adjudicada a Trenes Metropolitanos de Sergio Taselli, por lo cual llegó a pagar hasta 700 mil dólares por mes de canon al Estado. La línea Roca, también entregada a Taselli, iba a pérdidas, por lo que recibía un subsidio de 100 mil dólares por mes. Entre las más deficitarias se encontraban la línea Belgrano Norte, adjudicada a Ferrovías del empresario Gabriel Romero, con un subsidio que llegó a los 1,8 millones de dólares mensuales, y la Belgrano Sur (también Taselli), que requería poco más 1,5 millones.

Como acá nadie sabía administrar ni un tren a escala, entre las obligaciones que el Estado impuso a los concesionarios estaba la imposición de agregar al esquema un operador ferroviario de calidad internacional acreditada para que armaran la operación y dinámica de mantenimiento. El grupo Cirigliano, por ejemplo, trajo a una empresa japonesa. Fueron los que armaron la operación y la dinámica de mantenimiento.

El sistema colapsa en 1997, cuando el país se encontraba entre las cuatro crisis internacionales económicas que se desataron entre diciembre de 1994 y mediados de 1999 —Tequila, Sake, Vodka y Caipirinha—, por lo cual empezaron a renegociarse tanto las privatizaciones de los servicios ferroviarios de transporte de cargas, como las de las empresas de transporte de pasajeros. Ambas renegociaciones —que se prolongaron por dos años— fueron dirigidas por Armando Canosa y Andrés Mauritian. Si le suenan los nombres, tiene una explicación: Canosa fue una de las manos derechas de Ricardo Jaime durante su gestión hasta 2009 y Mauritian fue el abogado de Jaime por las causas penales de su gestión, de 2009 en adelante.

Entre los puntos convenidos en esas negociaciones, las empresas consiguieron que se suprimiera la obligación de contar con un operador extranjero de calidad internacional, dado que, afirmaban, "ya habían aprendido y no eran necesarios". Como la vida útil de un coche ferroviario, según estándares internacionales, es de entre 30 y 35 años certificados por el fabricante, sólo si el mantenimiento lo hace él, las unidades adquiridas casi en su totalidad entre mediados de los sesenta y 1973 empezaban a quedar viejas. En las renegociaciones, se llegó a un acuerdo de renovación ferroviaria a pagar con aumentos de tarifas a razón de 10 centavos de dólar por año durante siete años consecutivos. Era un ajuste que habría generado una masa de dinero en torno a los 1.500 millones de dólares, con lo que se podría haber renovado todo. Pero ni bien asumió Fernando de la Rúa su presidencia, suspendió los términos de las renegociaciones, hasta tanto no se hubieran revisado por completo.

El colapso se consolida, claro, en 2001, con el combo de aumentos de costos y un Estado que deja de aportar. Los ramales Belgrano Norte y Sur llegaron a acumular ocho meses sin recibir los subsidios básicos para su funcionamiento, a lo cual se sumó un detalle no menor: son ferrocarriles tirados por locomotoras diesel y el gasoil había duplicado su precio. Por si fuera poco, cayó la demanda como consecuencia de la crisis socio-económica: a fines de 2001, se movilizaban un 45% menos de pasajeros en cualquier modalidad de transporte. A los ingresos bajos, egresos altos, y el nulo aporte del Estado se añadió la devaluación con los costos dolarizados. No hace falta ser un cráneo para darse cuenta de que el acero, la electricidad y el combustible son insumos básicos del sistema ferroviario argentino, además de ser commodities.

El Estado diseña entonces un sistema de subsidios tendiente a cubrir la diferencia de costos, porque los contratos de concesión, tal como estaban —celebrados en un marco de convertibilidad— habrían disparado la actualización de tarifas a la par de los costos en dólares. El Gobierno decidió adoptar un sistema que permitiera cubrir los mayores costos a través de la creación de un fideicomiso que, a su vez, permitiera tener una frontera que delimitara la necesidad de aumentar tarifas. El fondo del fideicomiso fue el impuesto al gasoil, con lo cual quedó compuesto por un 50% de aportes de los medios de transporte, 20% del consumo del sector agropecuario, y el 30% del consumo de los particulares. O sea que el grueso del fideicomiso era prácticamente una reasignación de recursos del transporte de cargas carretero hacia el ferrocarril. Como el fideicomiso se nutría del impuesto a cada litro de gasoil vendido y se cortaba ahí, tenía un techo. Si no alcanzaban los fondos, había que actualizar las tarifas del transporte de pasajeros. En sí mismo, se concibió como una forma suavizar el aumento.

Durante 2003 y 2004, el sistema se mantuvo sin modificaciones. Sin embargo, en 2004 establecen un cambio en los contratos de concesiones, al dejar de tomar en cuenta como parámetro de costos una canasta externa —precios de referencia oficiales— para empezar a tomar en consideración los costos internos de las empresas. O sea, lo que los empresarios decían. A mediados de 2005, empieza a trepar la curva, que llegó en 2006 a niveles espantosos. Había que actualizar las tarifas. Pero al Gobierno no le pareció propicio hacerlo, a pesar de que allá por 2006 estábamos, según el relato oficial, en nuestro mejor momento. Así es que sacan el decreto 678 —no se ría—, en el cual dicen, tácitamente, que el dinero del fideicomiso ya no alcanza para cubrir los desfasajes. En vez de aumentar, Néstor Kirchner tomó la decisión de sacar dinero del presupuesto general para reasignar.

Los subsidios empezaron a trepar dramáticamente y, como la modifiación de 2004 dejó de fijar precios de referencia, empezaron a pasar como gastos cualquier cosa.

Fue una fiesta de contratos de consultoras, de las que nadie puede estimar cuáles son los honorarios justos. Cirigliano tenía la propia, Ecotrans, dentro del mismo holding, mediante la cual pasaba honorarios tremendos por informes que, a la luz de los resultados de los ferrocarriles administrados por la empresa, podríamos llegar a aventurar que eran bastante pedorros.

Analizando sólo el caso de Cirigliano, entre 2003 y 2010 se multiplicó por veinte el monto de subsidios a girar a TBA: de 2,5 millones a 50 millones. Como los costos de mantenimiento no los controlaba nadie —y, viéndolo a la distancia, está claro que a los controladores les importaba otra cosa—, los salarios también se fueron a las nubes. Iban los maquinistas y pedían un aumento muy superior a la inflación, y la patronal lo firmaba sin chistar. Luego iban al Gobierno, presentaban su aumento de gastos, y les actualizaban los aumentos automáticamente. Para el año 2010 un maquinista novato, recién capacitado e ingresado a trabajar, cobraba 11 mil pesos. Ese mismo año, el Gobierno había acordado un salario mínimo de 1.500 pesos para el resto de los trabajadores de la Patria. La joda del descontrol de arriba se derramaba hacia abajo y ya ningún guarda se calentaba en chequear si se había sacado pasaje. Mucho menos, si correspondía a la sección correcta.

Mientras todas estas cuestiones se cocinaban, a la ciudadanía, en vez de servicios como la gente, le tiraban discurso. En septiembre de 2003, Néstor Kirchner anunció la reapertura de los talleres ferroviarios de Tafí Viejo, en Tucumán. "Con fierros viejos vamos a construir sueños nuevos", dijo Kirchner, acompañado por Julio De Vido, en relación al estado en que se encontraban los talleres cerrados en 1987. En noviembre de ese año hizo lo mismo en la ciudad de La Plata, con los talleres ferroviarios ubicados en las avenidas 31 y 52. Cualquiera que pase por el predio no verá talleres en funcionamiento dado que, probablemente, se encuentren escondidos tras edificios al borde del colapso estructural, sin vidrios, y con maquinaria pudriéndose entre la vegetación. En enero de 2004, a Néstor se le ocurrió licitar la concesión de la línea Belgrano Cargas, que se encontraba en manos de la Unión Ferroviaria, y con esa guita reparar el material rodante que se estaba pudriendo en Tafí Viejo. No material nuevo, reparar los putrefactos. No caminó. En el invierno de 2006, Kirchner probó con firmar un contrato con Industrias Metalúrgicas Di Bacco para que se pusieran en condiciones los talleres de Tafí Viejo y se pudieran reparar allí vagones, ya no los que estaban al aire, pero sí los que pudieran salvarse. También falló. En octubre de 2008, en medio de su campaña por levantar la imagen positiva tras la crisis con el sector agropecuario, Cristina Fernández de Kirchner inauguró los talleres. En enero de 2013, la Presi anunció una reunión para reactivar los talleres ferroviarios de Tafí Viejo. Diez años después del primer anuncio, y con Julio De Vido al lado. Doce años después de la promesa de Néstor, los talleres tucumanos que llegaron a contar con 22 mil obreros y ofrecer sus servicios a varios países, funcionaban con 110 empleados y reparaban unos pocos vagones de carga al mes. Y eso según datos oficiales. En enero de 2015, con la campaña electoral ya en marcha, Florencio Randazzo hizo gala de su gestión ferroviaria para captar votantes. Al saludar a un hombre que dijo ser tucumano, refirió que los talleres de Tafí Viejo "los tenemos que hacer laburar, pero pasa que ahí hay una interna terrible" para finalizar con una académica definición: "Son unos pelotudos".[1]

---

[1] *Página/12*, 9 de enero de 2015.

Para entonces, ya nadie recordaba que durante dos años nos prometieron un tren de alta velocidad entre Buenos Aires, Rosario y Córdoba. No sólo fue una promesa, llegaron a iniciar el cronograma de licitaciones para una joda que iba a costar cerca de 4 mil millones de dólares, pero cuyos pliegos le hacían guiños a una cifra incierta muchísimo mayor. Un par de años después, ya con Jaime afuera del Gobierno, decidieron realizar un estudio para evaluar la factibilidad. Resultó ser que, a pesar de la inflación y la devaluación del peso, en realidad se podía hacer por un tercio de su costo original. Y no sólo eso: era posible sumar un servicio diferencial al servicio metropolitano de Buenos Aires, otro tren que conectara a las ciudades de San Nicolás y Rosario, y playas de estacionamiento para disuadir del uso de autos. No se sabe qué pasó que todo quedó en la nada, pero se ve que un negoción para el Estado en materia ferroviaria no era pagar menos por más, sino pagar demasiado por poco.

Como en años electorales la tarasca lo es todo, a una mente brillante se le ocurrió mandar a Ricardo Jaime a España con la idea de pasar la gorra entre las empresas con intereses en Argentina y así juntar dinero para la campaña de Cristina Senadora 2005. Jaime les exigía una pequeña contribución, un palito por cabeza, a voluntad. No sería la última vez: en 2007 también le manguearon un millón y medio de pesos al Grupo Marsans —por entonces en Aerolíneas Argentinas— para las presidenciales. De aquellos viajes, Jaime también trajo material ferroviario por la ganga de 1.600 millones de dólares. El material nunca se usó. Parte del mismo aún puede verse pudriéndose en terrenos del ferrocarril Roca como un monumento al choreo y la desidia del Estado.

El motivo de la compra nunca se explicó, pero podríamos lograr una aproximación si tenemos en cuenta que otro gran negocio de los concesionarios eran las reparaciones de vagones y locomotoras. Ése fue uno de los grandes éxitos de Taselli y Cirigliano: la inversión la pagaba el Estado, el mantenimiento a cargo del concesionario, pero recargado en los subsidios. Sí, pasaban como mantenimiento las reparaciones que ellos mismos hacían. Guita que si el Estado la hubiera destinado a comprar nuevos coches, los empresarios dejaban de ganar.

A Taselli le rescindieron la concesión de sus trenes, pero de un modo bien kirchnerista. Por un principio del derecho administrativo elemental, si el Estado rescinde a una empresa por culpa de la empresa, anula todo otro vínculo que tenga con dicha firma. En 2004, le quitaron a Trenes Metropolitanos la administración de la línea San Martín, aunque sin embargo le dejaron el manejo del Roca y el Belgrano Sur, además del mantenimiento ferroviario a través de su empresa Materfer. Fuentes consultadas para este libro aseguraron que, por si fuera poco, se generó un revuelo entre los organismos de control dado que surgió una diferencia en el inventario.

La joda de las reparaciones y las consultorías no son detalles menores. Antes de la tragedia de Once hubo muchos avisos. Entre ellos, estaba el promedio de dos incidentes por mes en la línea Sarmiento. Las filmaciones del episodio muestran que el impacto generó una nube de óxido que cubrió los andenes y la primera imagen delató que un vagón se había metido dentro de otro. Si en lugar de pintar y pasar las reparaciones como costos de mantenimiento para que paguemos todos, se hubiera utilizado el mismo dinero para comprar formaciones nuevas, eso no habría pasado. Por las características del choque, no habría sido tan grande la tragedia si los materiales arruinados no estuvieran arruinados bajo una capa de maquillaje.

Unos años antes, el Gobierno recién empezaba a "regular" la fiesta de subsidios que ellos mismos habían generado y lo hicieron por el camino más corto. En vez de exigir rendición de cuentas y pedir las obras atrasadas, optaron por imponer el sistema único de boleto electrónico: la SUBE, un mecanismo de pago de pasajes de corta distancia que iba a demorar 90 días en su implementación, según anunció Cristina en 2009, y que para la fecha de la tragedia de Once todavía no estaba generalizado. Es más, a marzo de 2015, el sistema único todavía no era único.

La situación en febrero de 2012 venía caldeada. Nadie podía creer que fuera rentable para un empresario mantener el nivel del servicio cobrando 10 centavos de dólar lo que antes de la devaluación, y la inflación continua durante once años, costaba entre 50 centavos y un dólar y medio. Con la chequera achicándose y los subsidios a todo lo que no aumentó colapsando —luz, gas, agua y transporte—, el Gobierno metió presión con un spot en el que anunciaba que si no sacabas la SUBE, ibas a pagar de más. Garcas pero no boludos, no informaron cuánto se pagaría de más. Garcas pero no idiotas, tampoco contaron que en realidad no se pagaría de más al no tener SUBE, sino que quien fuera poseedor del plástico, pagaría de menos.

Increíblemente, el mal llamado barrio de Once —la conjunción de Balvanera y Almagro— volvía a convertirse en la Capital del Modelo. Una vez más, la tragedia nos pasaba por arriba. Varias decenas de laburantes que salieron a ganarse el pan que nunca podrán llevar a la mesa. Todos muertos por un suceso que no cuadra en la definición etimológica de accidente como concatenación de hechos inevitables provocados por un factor externo al orden de las cosas.

Allí están, muertos, sin que les importe la explicación que pueda dar el Gobierno: que fue un complot de la izquierda sindical representada por un mecánico mal teñido, que se trató de un boicot coordinado para desprestigiar este momento de felicidad, que el maquinista estaba mamado a las ocho de la mañana, que alguna amante despechada cortó los frenos, que los marcianos abdujeron el sistema de seguridad o que la invasión de cascarudos que padecimos aquel verano hizo cortocircuito en el sistema eléctrico de la formación. Cualquier cosa, menos reconocer la desidia, el festival de subsidios sin control y la ausencia total de ese Estado al que tanto dicen haber reconstruido.

La Presi, por su lado, manifestó su angustia por el hecho suspendiendo el acto en el que iba a anunciar el "Automovilismo para Todos". Esa cosa que tiene Cristina por hablar cuando a nadie le importa y, en cambio, callar cuando es imperiosa la explicación. Y calló por varios días, en los que se escondió en su "lugar en el mundo": El Calafate. Luego volvió con todo y por todo, literalmente.

Todos pedíamos que apareciera, algunos para que diera explicaciones, otros solamente para ver de qué se disfrazaba, dado que sabíamos que no podía explicar lo inexplicable. Cristina finalmente reapareció cinco días después, el lunes 27 de febrero de 2012, en un acto por el bicentenario del primer izamiento de la bandera nacional en la ciudad de Rosario, Santa Fe.

Cuando Mario Benedetti afirmó que pocas cosas eran tan ensordecedoras como el silencio, probablemente no tuvo en cuenta a una mujer visiblemente alterada, de lágrima fácil, con la pretensión de cantar sin pegarle a una nota en una melodía futbolera sobre la gloriosa Juventud Peronista. Así se presentó Cristina luego de 51 muertos: cantando sobre los fusilamientos, los desaparecidos y los compañeros muertos de aquellos años en los que ella vivía de la usura espantosa bajo el amparo del amiguismo con el gobierno dictatorial.

A grito pelado refirió que, de todos los próceres de la historia argentina, Manuel Belgrano era su favorito, para luego pedir abrazos, porque ya no lo tiene a "él" para que la abrace. Alterada como pocas veces se la ha visto, hizo una mezcolanza nerviosa, un popurrí violento con retazos de —lo que ella cree que son— sus grandes éxitos oratorios: llamar colonialistas a los ingleses, recordar que su difunto marido se le plantó al Fondo Monetario Internacional —pagando cash y sin chistar hasta el último centavo—, defender la maravillosa industria de producción nacional y la asignación universal por hijo. También nos echó en cara que no fueron los bancos los que tuvieron que pagar los Boden 2012, sino su gobierno, como si esto fuera algo para festejar y no el mero cumplimiento de una obligación contraída por Néstor, dado que los últimos 450 millones de dólares en bonos fueron emitidos en 2005 y adquiridos en su totalidad por Venezuela, por lo cual, tanto gritito sobreactuado fue al pedo: no fuimos los argentinos los beneficiados, fue Chávez.

Luego de tantas maravillosas palabras, la señora Presidente se refirió —finalmente, luego de cinco días y doce horas— al choque de la formación del Sarmiento en la estación Once de Septiembre. Primero pasó el chivo de la tarjeta SUBE, al afirmar que le costó tres años implementarla para poder controlar el sistema de subsidios. Mentira. Controlar en qué se van los subsidios es tan fácil que puede leerlo en cada decreto que firma, en cada proyecto de presupuesto, en un informe de De Vido, en alguno de los informes de la Auditoría, en prestar atención a todos y cada uno de los accidentes absolutamente evitables que hubo con los ferrocarriles en los últimos años, en vez de buscar culpables cuando la gente se harta y prende fuego los trenes.

Como nosotros somos unos tipos tremendamente afortunados que nunca sufrimos una pérdida de algún ser querido, nos dijo que es feo que se te muera alguien. Como si perteneciera a la oposición y no fuera gobierno, nos contó la historia de tres personas que ya eran víctimas de su modelo, para terminar hablando de Lucas Menghini Rey y sus padres, pero no desde el rol de Jefa de Estado, sino desde una mujer que se emocionó "porque una madre nunca deja de buscar a sus hijos". Al momento del cierre de este libro, la Presidente mujer y madre sigue sin atender a María Luján Rey, la madre de Lucas.

En aquel acto, Cristina prometió que adoptaría las medidas necesarias recién cuando la Justicia determinara quiénes eran los culpables, y le exigió a la Justicia que se tomara no más de quince días para dirimir quién es el culpable, y también le exigió a los medios que no digan que no le exigió nada a la Justicia. Y en el apogeo de su espíritu opositor al gobierno, dijo que los cuarenta millones de argentinos necesitan saber quiénes eran los culpables. Como si no lo hubiésemos sabido de entrada.

Desde el discurso fácil, pidió que no esperemos de ella discursos fáciles. Desde el anuncio populachero de hacer justicia, nos advirtió que no tomaría medidas populacheras. Desde la utilización de la tragedia para victimizarse, puteó a los que utilizan la tragedia para atacarla y pidió que utilicemos cualquier cosa, menos la muerte, que parece que es propiedad privada de Presidencia de la Nación.

Cristina se refería a los medios y a buena parte de la población que salió a insultarla. Obviamente, no entendió que no jodíamos con la muerte ni se notificó que lo que da bronca no es la muerte en sí, sino que ella y su Gobierno no mostraran ni el más mínimo interés en evitar que pasara lo que pasó. No puede decir que nadie le avisó, no puede decir que fue sólo una tragedia. No somos nosotros los que jodemos con la muerte, es la puta muerte que se empecina en jodernos a nosotros, ayudada por la excesiva presencia de un Estado tan estúpido que es peor que si no estuviera.

Si hay alguien que no puede hablar de utilizar a los muertos con fines personales, ese alguien es el ser político. El cáncer como historia de lucha, la pérdida de un brazo en un accidente deportivo, usar la ropa del difunto viejo e imitarle la voz para seducir al electorado, todo es válido a la hora de captar un voto. Y el kichnerismo, directamente, usó a un muerto como *leit motiv* de la campaña electoral de 2011.

No hay bajeza más inhumana que cagarse en la muerte de cincuenta y un personas mientras se repite hasta vaciar de sentido la frase "con los muertos no se jode". Del mismo modo, no hay silencio más asesino que callarse la boca ante la desidia de un Gobierno que reparte entre amigos cagándose en los que mueven ese mercado interno que permite que este país sobreviva no gracias al kirchnerismo, sino a pesar del kirchnerismo. No existe acto más despreciable que sostener que putear al Gobierno por no hacer lo que dice que tiene que hacer, es utilizar a los muertos con fines políticos.

En el discurso del cristinismo se generó un nuevo metro patrón en un muerto. Si en algo innovaron fue en dejar de compararse con Perón —para eso están los militantes que piensan que el militar nacionalista está a la altura del guerrillero marxista— para utilizar su propio muerto. En el discurso de Cristina posterior a la muerte de Néstor Kirchner, todo tiene su imagen y semejanza en el ex presidente. El ajustazo "fino" de fin de año de 2011 no fue a efectos de corregir el bolonqui de las cuentas fiscales, sino que fue "la profundización del camino que él inició". En un idéntico y perverso sentido, no se podía atacar a Cristina tan sólo por que "él pidió que la cuiden". En el medio, no se pudo hablar de absolutamente nada sin que resultara un ataque a la memoria de Néstor que busca tocar a Cristina y si la tocan a Cristina qué quilombo se va a armar.

Si Schiavi se ganó el repudio por haber afirmado que la culpa es de la cultura argentina que nos lleva a movernos al primer vagón para bajar antes sin tener en cuenta que la misma gente que viaja en el primer vagón también viaja en el último, si Garré nos insultó a todos al comunicar que Lucas murió por viajar en un lugar prohibido sin considerar que subió por la ventanilla y ése era el único lugar que encontró para respirar, si Abal Medina demostró que era una gran ventaja no abrir la boca al sostener que "los muertos están muertos" como toda defensa, Cristina se sumó a la ola de la justificación infantil al decir que viaja mucha gente porque hay trabajo.

Así fue cómo un acto por el bicentenario de la creación de la enseña patria derivó en una manifestación pública de utilización de los muertos con fines políticos. Eso es lo que pasa cuando no hay excusas, cuando no hay ideas, cuando no hay otra forma de sobrevivir que patear la pelota afuera. Lindo homenaje para el General Belgrano. Porque por más que insistan en llamarle una y otra vez doctor, no podrán borrar jamás que las páginas más gloriosas de nuestra historia, Belgrano las escribió como General. Quizás, el cambiazo haya sido producto del resentimiento hacia todo lo que tenga uniforme y que paguen justos por pecadores. Tal vez, esa costumbre de llamarlo doctor a cada rato, tenga más que ver con esa innecesaria comparación de lo que no pudo hacer Belgrano y sí pudo Néstor. Lo más probable es que sólo se trate de buscar una forma más de dejar una huella en la historia. No hay nada más fácil que moldear la historia, ya pasó, ya fue, ya existió. Lamentablemente, lo que nunca podrán es trastocar los resultados. Y el resultado de la lucha de Belgrano no es esta Argentina de cuotas y tarjeta SUBE. Pero Cristina cree que la mejor forma de rendir homenaje a Belgrano es utilizar su muerte con fines políticos. Una más, y van.

Tal vez es la forma de justificar un gobierno fundado en la retórica de los buenos deseos, de la victoria vaya a saber uno para qué, de la fuerza como único motivo sin darse cuenta de que la fuerza es necesaria para alcanzar un fin. Pero tenemos Frente para la Victoria y tenemos la fuerza. La fuerza de vivir en un país donde el gobierno puede espiar opositores pero no puede encontrar un cuerpo en un tren vacío. La fuerza de ser ciudadanos en un lugar donde los perros policiales se usan para perseguir a compradores minoristas de dólares, pero no para situaciones de catástrofe. La fuerza de habitar un territorio donde la ley te puede considerar terrorista por opinar distinto, pero en un hecho provocado por la corrupción, queda el 60% de las víctimas del atentado terrorista de la AMIA. La fuerza de estar gobernados por unos impresentables que dicen que utilizamos a los muertos con fines políticos mientras repiten una y otra vez que esto es gracias a la fuerza de Él.

Un año después de la tragedia de Once, se llevó a cabo un acto en la Plaza de Mayo en el que se leyó un documento concensuado cargado de bronca y dolor. Los hechos de los días previos contribuyeron bastante: el viernes 8 de febrero de 2013 fue asesinado de cuatro balazos en la espalda Leonardo Astrada, un maquinista de 53 años que era testigo en la causa por el choque del Sarmiento. El cuerpo de Astrada apareció con la mochila y mil doscientos pesos, pero sin el celular. Un día antes del primer aniversario, la presidente Cristina Fernández de Kirchner, mandó "un abrazo" a los familiares de las víctimas de la tragedia. Obviamente, el texto que se leyó en la plaza fue demoledor y, como era de esperarse, despertó cierto malestar en los militantes del hippieperonismo que se pusieron a defender al gobierno del amor señalando a los familiares de las víctimas como seres manipulados para agraviar a Cristina.

Aparentemente, hay quienes creyeron que alcanzaba con el abrazo solidario un año después de la tragedia y que con dar cátedra sobre lo que es perder a un ser querido, es más que suficiente. Porque como usted sabrá, estimado lector, es exactamente igual la muerte natural y previsible de una persona enferma, que saludar a una joven de 25 años que parte al trabajo y nunca volverá porque un gobierno ladri jugó a la ruleta rusa con los ferrocarriles. En definitiva, debería alcanzar con unas palabras al pasar, en un acto en una feria, con "Fútbol para Todos" y referencias a lo triste que fue la Dictadura. Cristina les tiró con lo mejor que tiene, tranquilizó a los familiares al contar que las Madres y Abuelas de Plaza de Mayo llevan décadas buscando justicia, y explicó que "así es la vida".

El Gobierno puso todo su empeño en arreglar las cosas, sólo que lo hicieron de un modo más que fiel al estilo que han sabido llevar adelante: tarde, con circo y sobreprecios en detalles tecnológicos que sólo nos pintan una imagen primermundista para disfrazar una realidad bien argentina. Si esperaban algo más, algún gesto, una política seria, una comisión investigadora, un presupuesto como la gente, un pedido de disculpas, le chingaron. Si esperaban algún tipo de gesto solidario, o al menos el silencio de los que no tienen nada bueno para decir, también. A la vista de todos, en las redes sociales, en los diarios que sobrevivieron *con la nuestra* y en las radios y canales que oficiaron de cuevas de supervivencia de lúmpenes incapaces de poder ganarse un mango si no fuera por la teta del Estado, salieron a defender a la patronal, que siempre estuvo más preocupada en la imagen que en solucionar los problemas generados por el mismo Estado en su afán de querer regular hasta la forma de ahorro de sus ciudadanos. El kirchnerista promedio se manifestó casi tímidamente en el primer acto solidarizándose con las víctimas, pero dejando bien en claro que aun así apoyaban a Cristina. Porque son así, tienen que hacerle el aguante a la Presidente hasta para dar un pésame. Pueden hallarlos sin mayor problema, cuidándola a Cristina porque el problema no fue que se la chorearon toda, que no controlaron porque no les importó, que se asociaron para el saqueo con quienes debían administrar el servicio. No, el problema tampoco fue que un tren se estroló contra la cabecera y las cámaras mostraron la nube de óxido que salía del interior del primer vagón, porque el metal estaba tan corroído que no ofreció resistencia. El drama no fue que los pasajeros viajaban hacinados, comprimidos, reventados unos con otros. El problema es que hubo quienes tuvieron el tupé de pedirle explicaciones a la Presidente. ¿Y a quién deberían haberle pedido explicaciones? ¿A Dios?

A la Presidente, desde que empezó su gestión, le gustó remarcar que ella toma todas las decisiones. A los parásitos de sus funcionarios les encantó repetir una y otra vez que todo lo que hacen es previamente consultado con Cristina. Y por si con todo esto no alcanzara —y por esas cosas que tiene la Constitución— resulta que el Presidente, además de hacer actos por cadena nacional, es el máximo responsable de su Gobierno. Pretender que nadie vinculara el hecho a Cristina fue por hijaputez, o por ignorancia supina del sistema gubernamental. Y más allá de todo esto, hay una cuestión que no hace al conocimiento: desde el fallecimiento de Néstor Kirchner el 27 de octubre de 2010 tuvimos que fumarnos la lágrima de Cristina en todos y cada uno de los actos y, tras ello, las puteadas a todos y cada uno de los que nos preguntábamos para qué habla en cadena nacional, si no se siente bien. Nos explicó mil veces que ella sí sabe lo que es perder a alguien y que por eso debemos acompañarla. Sin embargo, ante la tragedia provocada por la inoperancia y delincuencia de su gestión, con un abrazo solidario y soltarle la mano a un par de funcionarios —no así a los negociados ferroviarios— debería alcanzar.

El flagelo de la política ferroviaria kirchnerista no se limitó a la fiesta de los subsidios, o la joda de los talleres, o la fantasía del tren bala, o la estupidez de anunciar el soterramiento del Sarmiento cuatro veces en cinco años mientras remodelaban las estaciones que debían ser soterradas junto con las vías. Hubo un sinfín de actos idiotas dispuestos para anunciar logros impresentables, como cuando rehabilitaron el tren que iba a Uruguay el 23 de septiembre de 2011, partiendo desde la Estación Pilar, en Argentina, y con destino en Paso de los Toros, en nuestro vecino del Este. El tren llegó hasta Salto: no tenían habilitación uruguaya para operar más allá de esa ciudad. Luego de resuelto el pequeño inconveniente de papeles que se podría haber habilitado si no fueran tan incompetentes de no tomar en cuenta ni una habilitación, el servicio funcionó. Sólo cinco meses. Y de esos cinco, sólo los primeros días cumplió con el cronograma de viaje.

A principios del mandato de Néstor Kirchner, en medio de su delirio por aplicar recetas de los años cincuenta para problemas del siglo XXI, reactivó el servicio "El Gran Capitán" que unía a la ciudad de Buenos Aires con Posadas, en la provincia de Misiones. La explotación se la dieron a la empresa Trenes Especiales Argentinos. En 2004, se pegó el primer palo contra un camión cargado de carne y la única locomotora quedó destruida. Diez días después, volvió a funcionar. En 2008, un desperfecto mecánico hizo que el trayecto demorara 47 horas. O sea, el tiempo necesario para ir a Roma y volver. Y volver a ir y volver. En 2011, la provincia de Corrientes le quitó el permiso a TEA para circular por sus territorios, con lo que el servicio quedó truncado. Pero Cristina lo resolvió rápido y se lo dio a TBA, de Cirigliano. La formación era un frankenstein de vagones de distintas marcas, muchas de ellas de Materfer, el taller de Taselli. Luego de la tragedia de Once y la posterior quita de la concesión a TBA, el tren, que en 2008 se utilizó para traer gratuitamente a 1.200 manifestantes al acto de Néstor y Cristina en medio del conflicto con el Campo, dejó de funcionar.

El decreto 870 firmado el 6 de junio de 2012 movió la Secretaría de Transporte de la órbita del Ministerio de Planificación Federal de Julio De Vido, a la cartera de Florencio Randazzo, quien pasaba a ser ministro del Interior y Transporte. Como la renovación por tercera vez en cuatro años del Documento Nacional de Identidad ya tenía aburridos a todos, Floppy decidió encarar la tarea asignada por Cristina Fernández de Kirchner como una "revolución ferroviaria". Siempre resulta curiosa la libre interpretación de las palabras de parte de los funcionarios. En el caso de Randazzo, su concepto de revolución parecería consistir en hacer lo que le corresponde al Estado en función de las obligaciones contraídas. Trajeron desde China trenes por miles de millones de dólares mediante compra directa, renovaron las vías, señalizaron las estaciones y las limpiaron. Porque las revoluciones ya no son lo que eran.

Desde la tragedia que arruinó para siempre a cientas de familias, éstas no han dejado de luchar en reclamo de Justicia. Año tras año, mes a mes, día a día, han demostrado una fuerza tremenda para exponer que el proceso judicial se quedó corto, que el costo político no concierne sólo a los dos ex secretarios de Transporte imputados y procesados, sino que, en una gestión que se ha jactado del personalismo de mandatarios a los que se les consulta todo, no es creíble que Cristina Kirchner y Julio De Vido

—al momento del choque, máximo responsable del área de transporte— no tengan un mínimo dejo de responsabilidad.

Dicen que el dolor a veces nubla la vista, que no permite ver las cosas con claridad. Sin embargo, nunca vi tanta verdad junta como en la lectura del documento consensuado entre los familiarers de las víctimas que leyeron María Luján Rey y Paolo Menghini el 22 de febrero de 2015 en la Plaza de Mayo:

Esa mañana de febrero, la cara más visible de la corrupción, la muerte, nos arrancaba de la mano a 52 mujeres, hombres, niños. Todos hombres de bien, trabajadores y estudiantes, que crecían y creían en este país. (...) Por tercer año consecutivo estamos en esta Plaza de todos, plaza de los dolores y alegrías argentinas, la plaza de los reclamos, de las voces alzadas y unidas. Esta plaza del pueblo, en la que una vez estamos dándole la espalda al refugio del poder político, pero de frente a ustedes, los que no nos han dejado solos ni un minuto de estos más de mil días de tristeza y dolor interminables. (...) Marcos Córdoba, motorman del Chapa 16, declaró que el tren "no le frenó al llegar a la estación de Once", aunque omitió contar que dos estaciones se pasó de largo, lo que evidenciaba claros problemas de frenos. (...) El colmo de la vergüenza ajena fue escuchar a Ricardo Jaime, quien manifestó que este juicio era "un claro ataque a las políticas del kirchnerismo". Todos sabemos que fue, justamente, esa política la que llevó a la muerte a nuestros familiares. La tragedia sólo pudo ocurrir en el marco del descontrol que estos señores generaron durante diez años en el poder. (...) Después de este juicio quedará demostrado para todos que detrás de este desastre está el negocio sostenido en la falta de mantenimiento de los trenes y de la ausencia de control estatal. (...) Una treintena de pasajeros le narraron al Tribunal la forma en que se viajaba: apretados, sin lugar, unos sobre otros, entrando por ventanas, sin horarios ni límites de pasajeros, en situaciones de inseguridad constantes. Describieron con lujo de detalles el estado de los trenes: rotos, corroídos, con agujeros en paredes y pisos, sin ventanas, con puertas que no cerraban, con goteras, etcéteras. Ésa fue la verdadera política ferroviaria de la última década y no el desesperado intento actual por tapar o intentar hacer olvidar sus culpas. Nada hay más triste para un pueblo que un gobierno necio que se esfuerza por tapar el sol con la mano. Este proyecto de gobierno tuvo nueve años desde que asumió el poder para cambiar la flota de trenes y evitar una masacre, como la ocurrida hace tres años ¿De qué gobiernos anteriores hablan? Sus funcionarios ignoraron denuncias, condonaron multas e hicieron oídos sordos a las denuncias de los trabajadores y de los usuarios. El gobierno de Néstor Kirchner y los posteriores de Cristina Fernández de Kirchner tuvieron el tiempo y el dinero para evitarnos este dolor. No sólo no lo hicieron, sino que cobijaron en esos despachos y bajo sus alas uno de los ejemplos más terribles de la corrupción de este Gobierno. (...) La verdad de lo sucedido desde 2003 a 2012 fue el abandono; lo de ahora es una inversión tardía y desesperada en la búsqueda de votos, sin que los muertos les importen. (...) Quedó probado que las muertes, en su mayoría, fueron posteriores al impacto y que podían haberse evitado si el tren no cedía en su estructura y si no se producía el acaballamiento entre el vagón primero y segundo, y entre el tercero y el cuarto. (...) Las numerosas irregularidades en situaciones de seguridad y frenos quedaron evidenciados en el hecho que ningún tren circulaba con repuestos originales. Todos ellos lo hacían con al menos dos compresores por debajo de la cantidad requerida. Así mismo quedó probado que los trenes como el Chapa 16 tuvieron su última revisión general en el año 1997, esto es quince años antes de la tragedia. ¿Dónde estaban los que debían controlar? Ausentes. Y permitiendo que los pasajeros arriesgaran su vida en cada viaje. También se está probando que TBA tercerizaba sin sentido tareas que podía realizar con su propio personal, como reparaciones y monitoreos. Todas ellas se facturaban a un costo superior al de mercado en firmas propiedad del Grupo Cirigliano. (...) La verdad es una sola: a nuestros muertos se los llevó el pésimo estado del tren, producto de la perversa y espantosa política ferroviaria del kirchnerismo, llevada adelante y con plena conciencia entre 2003 y 2012, que ahora pretende imponer de la mano de la compra de trenes a un candidato presidencial. Durante estos tres años, hemos visto al actual ministro Randazzo pavonearse entre los trenes comprados a China. Hemos tenido que soportar que hiciese campaña en base a su gestión en algún balneario montando trenes inflables para que jueguen menores. Como si los hubiesen comprado por una decisión de gobierno y no tras el desastre. Hemos visto a la Presidente hacer chistes de pésimo gusto. (...) Julio De Vido tiene una responsabilidad directa sobre lo que sucedió. Ésa es la más grande crítica que debemos hacerle al trabajo judicial, que De Vido no declare es impunidad en estado puro. (...) Los familiares de las víctimas y sobrevivientes de Cromañón deben soportar que Aníbal Ibarra sea legislador porteño y quiera ahora ser Jefe de Gobierno nuevamente. (...) Estamos hartos. Para cortar cintas los funcionarios están hechos a medida. Ahí siempre hay sonrisas y palabras de ocasión. Pero cuando nosotros, ciudadanos comunes, pagamos su ineficiencia con nuestras vidas, la Justicia nunca mira los puestos más encumbrados de la Nación. Entonces se reciclan, se reinventan e intentan volver a ubicarse en el poder más alto. Ese daño tiene una consecuencia todavía peor: la imitación de los que vienen detrás. Si no se condena a funcionarios de alto rango, no sólo se consolida la impunidad, sino que se genera la espantosa seguridad de que "si sos funcionario, nunca pasa nada". (...) En diciembre de 2003, una Senadora decía en el Congreso: "¿Saben lo que está demandando la sociedad? Que, por favor, alguna vez, alguien vaya preso en este país por los delitos que se denuncian, que jamás llegan a ninguna conclusión". Esa senadora era quien hoy es la Presidente de la Nación. (...) Queremos un país a donde el que tiene poco, tenga mucho, y que el que tiene mucho ganado por la dignidad de su trabajo, no sea puesto como el culpable de todos los males de la Nación. El voto es nuestra única arma, ayuda a convalidar o condenar la impunidad. ¿Hay algo más importante que una vida? ¿Hay algo más maravilloso que engendrar un hijo y verlo crecer? No, claramente, no. Cuando una muerte imprevisible se lleva todo eso, no hay nada que la suplante. (...) No hay obras o decretos que puedan tapar a esas muertes. Entonces de qué década ganada nos hablan, de que tiempo de cambio nos quieren convencer. Este Gobierno generó paso a paso las condiciones para la masacre de Once. Eso no puede olvidarse, porque, además, ahora presentan trenes como un logro. (...) Este Gobierno y los que lo apoyan sin animarse a expresar ninguna disidencia, están convencidos de que los que expresamos las irreconciliables diferencias que tenemos con ellos, o denunciamos sus negociados, somos golpistas. (...) Nosotros tenemos en claro que en la Casa Rosada siempre se quedaron con la alegría, el baile y mucho más que eso. También es cierto que nosotros nos quedamos con el silencio. Nos quedamos con el silencio de 52 voces que ya no podremos escuchar. Nos quedamos con el silencio de sus sonrisas apagadas. Nos quedamos con el silencio de miles de "te quiero" en la garganta, sin poder decirlos, sin poder escucharlos. Nos quedamos con 52 corazones en silencio. Nos quedamos con el silencio como única respuesta a la espera de escuchar sus pasos. Nos quedamos con estos silencios frutos de sus desidias, de la enferma ambición de dinero y de poder, de su desinterés y de su abandono. (...) Que se escuche en la Casa Rosada: Justicia para los muertos y heridos de Once. Justicia.

Es imperdonable lo que se ha hecho. Es imperdonable la cantidad de muertos que la ambición por el dinero ajeno puede generar. Es imperdonable el desprecio absoluto, total y animal por la vida humana al jugar al Monopoly con plata de verdad y olvidándose de que lo que se mueve dentro de la gallina de los huevos de oro son millones de laburantes por mes. Es imperdonable que no se hayan hecho las inversiones cuando el Estado tenía el dinero suficiente. Y, fundamentalmente, es imperdonable que la vida valga tan poco, que la joda nos salga tan cara a nosotros y les resulte tan barata a ellos.

Relaciones carnales

"No sé si Obama habrá leído a Perón,
pero déjenme decirles que se le parece mucho."

<small>CRISTINA FERNÁNDEZ DE KIRCHNER, analista internacional</small>

El latiguillo por excelencia del kirchnerismo ha sido la supuesta lucha contra el "colonialismo imperialista", un axioma que se disparaba así como venía y que, como tal, podía tener un franco destinatario o ninguno. O sea, Cuando Cristina Fernández puteaba al gobierno británico por la cuestión Malvinas, hablaba de colonialismo imperialista. Pero también lo hacían tanto ella como sus funcionarios y/o militantes cada vez que pasaba algo que no permitía cerrar los números. Todos tenemos grabado, en mayor o menor medida, que éste es un gobierno que "rompió el alineamiento con los Estados Unidos" y buscó nuevos socios comerciales y políticos, aunque la realidad podría decirnos que, si terminamos buscando mercado en Angola, Vietnam y China, se debe a que cuestiones básicas como la "seguridad jurídica" se pusieron en juego.

La puteada fácil a Estados Unidos no estaba en la boca de nadie a principios de la larga década ganada. Es más, si bien se contó con la visita de Fidel Castro como asistente a la jura de Néstor Kirchner como Presidente, con menos de dos meses en el sillón de Rivadavia, Kirchner viajó a Washington para reunirse con el entonces presidente norteamericano George Walker Bush, quien no había cumplido su primer mandato y acababa de iniciarle una guerra a Irak. Kirchner no criticó la invasión, ni el sometimiento, ni la guerra por el petróleo, ni las relaciones que unieron a Estados Unidos con Sadam Hussein durante décadas, ni el oportunismo de la guerra para levantar la economía y la imagen del Presidente, ni ninguna de las cosas que fueron habituales en el discurso oficialista durante años. Muy por el contrario, el rebelde entró al Salón Oval, fue tomado por Bush del brazo y, llevado a un rincón de la habitación también ocupada por toda la delegación argentina, Condoleezza Rice, el jefe del Tesoro, John Snow, el secretario de Estado, Colin Powell, y el secretario de Comercio, Robert Zoellick. Allí, según declaró el propio Kirchner a la prensa, Bush hijo le "garantizó el éxito" y le dijo que "siga así, si ustedes se ayudan, van a tener un respaldo decidido de nuestro gobierno".[1]

Según Kirchner, fueron treinta minutos en los que Bush se la pasó felicitándolo y prometiéndole aval político para la reestructuración de la deuda soberana. Néstor estaba tan contento que afirmó que "fue una reunión excelente" en la que Bush le pidió que "negocie duramente con el FMI y pelee hasta la última moneda". Y para quienes dicen que no buscó un alineamiento carnal, luego de la crisis que nos dejó fuera del mercado financiero internacional, Néstor le pidió a Bush retomar "las relaciones de antes". Al parecer, también quería perfeccionarlas aún más, al afirmar

---

[1] *La Nación*, 24 de julio de 2003.

que "las empresas norteamericanas se quedaron afuera del proceso de privatizaciones argentinas por la terrible corrupción del Estado". Si bien fue la última vez en la que el ex presidente sería coherente con su pasado de hábil negociador privatista de empresas del Estado, no deja de sorprender que, además de privatizadas, le hubiese gustado que fueran norteamericanas.

Bush también salió contento. O al menos eso dijeron los que acompañaron a Néstor, quienes aseguraron que el presidente norteamericano habría dicho que le gusta el estilo de Kirchner dado que es "muy parecido" al suyo y que ambos hicieron "cosas que el establishment nunca se hubiese imaginado que haríamos". Pero cuando Bush dijo que, para él, los principales logros del gobierno de Kirchner eran la "lucha contra la corrupción, la decisión por mejorar la Justicia y el trabajo decidido para controlar el terrorismo y el lavado de dinero", quedó demostrado que nunca se supo con quién estuvo reunido.

Del primer encuentro entre Néstor y Bush quedaron para la historia dos perlitas que los militantes (que en ese entonces no existían) utilizarían en el futuro. La primera radica en una foto, en la que Néstor le toca la rodilla a Bush, ambos matándose de risa. Según la leyenda de la militancia, fue "la muestra de que las relaciones carnales se habían acabado" y que, incluso, Néstor dio vuelta la taba del sometimiento porque la mano en la rodilla era un gesto típico de Bush. También es un gesto completamente cotidiano e irrelevante, pero algunos vieron en la rodilla del entonces presidente norteamericano un culo, y a Néstor metiéndole el dedo, aunque las declaraciones de Kirchner demostraran que fue a pedir una manito para la deuda y hasta dejó abierta la puerta para que las empresas norteamericanas se prendieran en alguna eventual renegociación de privatizaciones. La otra perla fue el intercambio de regalos. Néstor le regaló a Bush un cordero patagónico. Bush, en cambio, le entregó un libro. Y no cualquier libro: *Principios de Economía Política*, de Thomas Malthus. Si bien algunos se calentaron e interpretaron que fue un regalo neoliberal, basados en una de las interpretaciones del economista británico del siglo XVIII, y que fue una propuesta para que los pobres se caguen entre ellos dado que no hay recursos para todos, desde *Página/12* encararon el regalo de Bush desde la perspectiva keynesiana. "John Keynes tomaría de Malthus la noción de 'demanda efectiva' sobre la cual demostraría cómo la economía de mercado puede generar altos niveles de desempleo", afirmó en su columna Andrés Ferrari, quien explicó que "para generar demanda, Malthus abogaba por construir obras públicas e incentivar el consumo de los pudientes", con lo cual, el británico que vivió hace tres siglos hablaba de redistribución de ingresos y que ésa podría ser una buena interpretación del regalo de Bush, un presidente republicano de ideas liberales en materia comercial y que quiso crear el Área de Libre Comercio de las Américas. Sí, era tanta la alegría de verlo a Bush que llegaron a decir que su regalo fue un aguante a la política de redistribución de la riqueza.[2]

La segunda vez que se cruzaron Néstor Kirchner y George W. Bush fue un martes 13, en la Cumbre de las Américas de enero de 2004. El clima previo hacía sospechar que no habría buena onda, dado que Kirchner ya se mostraba muy cerca de su par venezolano Hugo Chávez y se había sacado una foto junto al todavía candidato a la presidencia de Bolivia, Evo Morales. Sin embargo, hubo tan buena vibra entre Kirchner y Bush que les faltó salir de putas. Néstor demostró la soberanía patriótica al decir

---

[2] *Página/12*, 28 de julio de 2003.

que bancaba al presidente boliviano Carlos Mesa "política y económicamente", y los chistes entre ambos mandatarios fueron la comidilla de todos los presentes a lo largo de la Cumbre. Bush también trató a Hugo Chávez como un "demagogo que no reconoce sus propias dificultades y le echa la culpa de lo que le sucede a los demás". Para desgracia de la Patria Grande Nuestroamericana, Néstor se limitó a decir que estaba al tanto de la situación venezolana y que mantenía conversaciones con Chávez, pero en la asamblea, se sentó al lado de Bush.

Al hablar en serio, Néstor volvió a pedir una manito en las negociaciones por la reestructuración de la deuda, tras lo cual Bush le replicó que Argentina "es su país y es su gobierno" por lo cual Estados Unidos "sólo puede ayudar". También tuvieron que abordar el otro tema caliente de la cumbre: la posición de Estados Unidos frente al gobierno cubano, y la postura de los países latinoamericanos, entre los que se encontraba Argentina. En un último intento por tratar de hacer valer su idea de que Cuba posee un "gobierno dictatorial", Bush le recordó a Kirchner que el canciller Rafael Bielsa estuvo preso durante la última dictadura argentina, pero no hubo caso: no es lo mismo una dictadura de derecha que una comunista.

Sin embargo, las bromas entre ambos proliferaron, volvieron a matarse de risa, y en su discurso Kirchner agradeció la ayuda de los Estados Unidos en "la lucha contra la burocracia del Fondo". Como devolución, Bush remarcó el liderazgo de Kirchner en Sudamérica y afirmó que la suba de la recaudación en Argentina "se debía a que la gente consideraba que su gobierno no era corrupto".[3] Algunos consideraron que se trató de otro gran chiste de Bush.

---

[3] *Página/12*, 14 de enero de 2003.

Otros saben que, en la cultura norteamericana, cuando se sospecha que los impuestos se van a las cuentas de los funcionarios, la gente deja de pagarlos.

Un año más tarde, se oficializaría el giro final de las relaciones diplomáticas argentinas en la IV Cumbre de las Américas, esta vez, en la ciudad de Mar del Plata. Unos días antes, aún en noviembre de 2005, vivimos uno de esos tantos momentos que caen en el olvido: una parva de gente prendió fuego la estación Haedo del ferrocarril Sarmiento —todavía bajo la concesión de TBA—, los trenes, un par de patrulleros y, de paso, se hicieron la tardecita saqueando los comercios de los alrededores. Entre el ministro del Interior Aníbal Fernández y el gobernador bonaerense Felipe Solá, no sabían de qué disfrazarse. Aníbal dijo que estuvo Quebracho en el quilombo. Solá, en cambio, dijo que se trató de un grupito de agitadores que aprovecharon la ocasión para hacer desmanes. Menos de veinticuatro horas después, los agitadores refirieron que se dirigían a la III Cumbre de los Pueblos, en Mar del Plata, una joda que se organizó como contrapartida de la IV Cumbre de las Américas, demostrando que atrasan hasta en la nomenclatura anticapitalista. Los participantes marcharon por las calles de La Feliz hasta el estadio Mundialista, dónde pudieron hacer pogo con el recital de Silvio Rodríguez y hasta disfrutaron de un show de variedades que incluía a Hebe de Bonafini, Evo Morales y Diego Maradona con su puño izquierdo en alto. El espectáculo fue conducido por un exultante Hugo Chávez, que repetía: "ALCA rajo, ALCA rajo". Terminado su discurso anticumbre, Chávez saludó y se fue a la cumbre.

Néstor estuvo a cargo del discurso de apertura de la cumbre y, fiel al estilo que caracterizó tanto a su gestión como a la de Cristina, se disfrazó de marciano recién llegado al tercer planeta desde el Sol y se quejó de las políticas neoliberales de los años noventa. Afuera, el pueblo no daba más de la alegría y prendía fuego un par de bancos, para luego jugar al quemado con los gases de la policía. Como ir a la costa y no traer recuerdos es, se sabe, un desperdicio, también saquearon locales de Havanna.

Contrariamente a lo que los profesores de Historia de los medios oficialistas nos quisieron hacer creer sobre lo que vivimos en carne propia, Néstor Kirchner no rompió con el ALCA con su discurso. Es más, en su oratoria de la cumbre volvió a pedir ayuda a Estados Unidos para sanear la crisis de la deuda argentina y, lo más extremista que pronunció fue una crítica al Consenso de Washington que impulsó la aplicación de fórmulas neoliberales para la región, y otra al Fondo Monetario Internacional. Chávez fue duro en el Estadio Mundialista, y también lo fue en la Cumbre, pero habló tanto y repitió tantas cosas, que se diluyeron las palabras en un manto de somnolencia. El verdadero expositor áspero de la cumbre fue el entonces presidente de Brasil, Lula Da Silva, quien señaló lo imposible de aplicar un tratado de libre comercio con Estados Unidos manteniendo su política proteccionista. O sea: el único mandatario con un verdadero pasado antiimperialista fue el único que tuvo un discurso despojado de terminologías ideológicas y apuntó al cuestionamiento de la aplicación.

Curiosamente, el reclamo de Néstor a Bush en la Cumbre de Mar del Plata ya no era tan grave, no al menos si se tomaba como válido todo lo dicho por Kirchner desde el 3 de marzo de 2005, cuando junto al ministro de Economía Roberto Lavagna anunciaron que Argentina salía del default declarado en diciembre de 2001 por Adolfo Rodríguez Saá. El 15 de diciembre de 2005, Néstor anunció el pago de la deuda al Fondo Monetario Internacional, acto que para el militante promedio está a la altura del milagro de la *multiplicación de los planes*. Íntegra, contante y sonante, ni un cobre de menos en el pago. Símbolo de época: el Fondo no se metería más en nuestros asuntos, ahora le rendiríamos cuentas a Venezuela. Chávez fue un amigazo y, sólo en 2005, compró bonos argentinos por cinco mil millones de dólares, tendencia que continuó durante 2006, independientemente de los préstamos al 15% anual que nos facilitó generosamente. La deuda con el fondo era de 9 mil millones de dólares y equivalía a menos del 9% de la deuda total argentina. El kirchnerismo posterior, el de la reivindicación de la comprensión histórica de la sarasa, lo presentó como el fin de la deuda externa. Evidentemente, la independencia económica es tan sólo una cuestión de ser amigo de nuestro acreedor.

Como regalo de reyes de 2006, a principios de enero los asambleístas de Gualeguaychú cortaron el puente hacia Fray Bentos en protesta por la instalación de la pastera Botnia en la otra orilla del río Uruguay. Mientras Néstor no decía nada y las lunetas de los autos se llenaban de calcos que rezaban "No a las Papeleras", nos enteramos de que en Argentina había decenas de pasteras y que, en todo caso, los uruguayos nos hicieron *dumping* al no cobrar la cometa que le pidieron a Botnia en Argentina. Para pacificar los ánimos, Néstor alentó personalmente a los asambleístas, entre los que se encontraba Alfredo De Ángelis, futuro protagonista central del conflicto entre el sector agropecuario y el Gobierno Nacional por las retenciones móviles. El conflicto por la pastera se proyectaría por años.

En mayo de 2006, en la ciudad de Córdoba, se llevó a cabo la primera cumbre del Mercosur con Venezuela como miembro pleno. Y el invitado de honor fue Fidel Castro. Por aquellos tiempos, Kirchner se había hecho cargo del pedido de la familia de Hilda Molina y Morejon, una médica cubana que quería reunirse en Argentina con su hijo y sus nietos. En Cuba le negaron el permiso reiteradas veces desde que rompió con el Gobierno —la doctora fue diputada de la Asamblea Nacional del Poder Popular de Cuba hasta 1994— dado que, según dicho Gobierno, Molina era "portadora de secretos" en su rol de miembro fundador del Centro Internacional de Restauración Neurológica, uno de los grandes orgullos médicos de la isla. En 2004, Kirchner le envió una carta a Fidel en la que le pedía que dejara viajar a la doctora hacia Argentina para reencontrarse con su familia. Castro le propuso que viajara la familia a Cuba. En 2006, el entonces presidente argentino reiteró su pedido con Fidel en territorio argentino.

La mojada de oreja de Néstor a Fidel no pasaría desapercibida en las exposiciones orales de la asamblea. El cubano habló cerca de una hora sobre las bondades del régimen cubano en cuanto a los índices de alfabetización y mortalidad infantil y, no inocentemente, lo comparó con el de Argentina, el cual ubicó en un 15 por mil. Cuando le tocó hablar a Kirchner, no pudo evitar corregir a Fidel y le dijo que "el índice de mortalidad infantil de la Argentina no es el que usted dijo; ahora estamos en 13,5 por mil". Fidel lo interrumpió y le dijo que puede bajarlo mucho más, dado que tiene recursos para hacerlo. Finalizado el acto, se produjo un cruce entre Castro y un periodista cubano residente en Estados Unidos que demostró que al comandante no le había gustado ni un poquito la jugada diplomática. Al ser preguntado por la situación de Hilda Molina, Fidel tildó al reportero de ser empleado de Bush y se marchó entre insultos a la cumbre paralela, donde habló una hora y media en la Universidad de Córdoba, tras un discurso de otras dos horas de Hugo Chávez. Para cuando terminaron, Néstor ya estaba en la Quinta de Olivos.

Desde Venezuela también llegaría la construcción de un Néstor estratega militar. En 2007, con la crisis de los secuestros políticos de las Fuerzas Armadas Revoluciona-rias de Colombia (FARC), el gobierno colombiano aceptó la mediación del venezolano para lograr la liberación de algunos rehenes. En medio de las negociaciones, que incluyeron a la senadora colombiana Piedad Córdoba como negociadora ante los guerrilleros presos en Estados Unidos reclamados por las FARC como parte del intercambio, la opinión pública empezó a sospechar algo raro. Que la senadora interesada aparezca abrazada a guerrilleros llamó un poquito la atención. Que el integrante de las FARC, Iván Márquez, se reuniera con Hugo Chávez en la casa de gobierno venezolano, tampoco ayudó demasiado a que se evaluara la gestión del líder bolivariano en términos mé-ramente altruistas. Si bien había tiempo en teoría hasta el 31 de diciembre de 2007, el plazo de gracia para las nego-ciaciones se acabó intempestivamente el 21 de noviembre de 2007, luego de que trascendiera que el jefe del ejército colombiano, General Mario Montoya, mantenía conver-saciones directamente con Chávez. Don Hugo culpó a Álvaro Uribe, presidente colombiano, por el fracaso de la negociación, para luego calificarlo de "mentiroso" , "cíni-co" y títere de "los gringos, la oligarquía y los militares co-lombianos". Un argumento muy Patria Grande. Uribe no se quedó callado y lanzó algo que muchos ya sospechaban, pero nadie se había atrevido a decirlo en castellano: que Chávez es capaz de incendiar el continente para montar un imperio a fuerza de petróleo. Argentina se puso del lado del más débil: su principal acreedor.

De pura casualidad, mientras Uribe puteaba hasta en arameo, la senadora colombiana que se abrazaba a los gue-rrilleros "consiguió" pruebas de supervivencia de los se-cuestrados, incluyendo a Ingrid Betancourt. El juego psi-cológico dio resultado y los familiares de los secuestrados delegaron en Chávez las negociaciones. Para rematarla, las

FARC dijeron que entregarían a tres rehenes para "desagraviar" a Hugo Chávez. La operación que terminó llamándose "Emmanuel" en homenaje al hijo que tuvo Clara Rojas —secuestrada junto a Ingrid Betancourt— con un guerrillero, se inició para las fiestas de fin de año de 2007 con Francia, Ecuador, Brasil, Bolivia, Cuba y Argentina como garantes. Cada uno de esos países envió delegados o embajadores. Argentina mandó al flamante "Primer Damo", quien luego de entregarle el mando presidencial a Cristina Fernández de Kirchner, no tenía otra cosa mejor para hacer que quedar en el recuerdo de la militancia kirchnerista argentina como uno de los gestores de algo en lo que no pintó más que para la foto. El operativo se suspendió unilateralmente por parte de los guerrilleros, quienes dijeron que no se podían entregar a los rehenes porque la zona estaba altamente militarizada por el gobierno colombiano. Chávez dijo públicamente que el operativo seguiría, aunque fuera de forma clandestina. El gobierno colombiano respondió a las acusasiones de las FARC afirmando que, en realidad, los guerrilleros no contaban con uno de los rehenes a entregar: Emmanuel, el hijo de Clara Rojas, había sido abandonado a su suerte con problemas de salud y ya se encontraba en manos de las autoridades colombianas luego de ser reconocido en un hospital. El por entonces canciller venezolano, Nicolás Maduro, se quejó públicamente de que el gobierno colombiano no permitiera que el gobierno venezolano participara de los análisis de ADN del menor. El operativo se caía a pedazos argumentalmente y sólo dejaba en claro los intereses de Hugo Chávez en complicarle la vida al presidente colombiano.

En la frontera entre Venezuela y Colombia, donde se llevaría a cabo la entrega de rehenes, el ejército colombiano sostuvo un breve enfrentamiento armado con la guerrilla. Como con disparos no vale jugar a la revolución en la selva,

Néstor se volvió a Argentina y el operativo concluyó con la entrega de dos rehenes de los tres prometidos: Consuelo González y Clara Rojas. Luego, el 27 de febrero las FARC liberaron a cuatro presos políticos más.

La crisis con la guerrilla colombiana se puso más peluda cuando el primero de marzo de 2008 las Fuerzas Armadas de Colombia bombardearon un campamento de las FARC en el que se encontraba Raúl Reyes, uno de los cabecillas guerrilleros, matándolo. Resultó que el campamento se encontraba en territorio ecuatoriano y, como era de esperar, al presidente de Ecuador, Rafael Correa, no le gustó la intromisión. Colombia dio a entender que Ecuador miraba para otro lado en la cuestión guerrillera, el gobierno ecuatoriano dijo que el campamento era improvisado, las fotos del lugar mostraron que de improvisado tenía tan poco que hasta contaban con un corralón. Hugo Chávez acusó al gobierno colombiano de asesinato y afirmó por televisión que conocía a Reyes, que se reunió con él varias veces en Venezuela y hasta pidió un minuto de silencio en memoria del responsable de cientos de secuestros extorsivos, asesinatos políticos y actos de terrorismo. Luego, Chávez movilizó sus tropas a la frontera con Colombia para "evitar cualquier incursión en territorio bolivariano". Seis días después, Correa, Chávez y Uribe estrechaban sus manos y enfriaban el conflicto momentáneamente, pero la sobreactuación de Chávez tenía un sentido que quedaría claro en 2010, cuando el gobierno colombiano demostró que en territorio venezolano cercano a la frontera compartida, existía un campamento de las FARC donde habitaba su jefe, Iván Márquez.

Mientras todo esto pasaba, Hebe de Bonafini hizo lo que tenía que hacer: "Estamos con los compañeros de las FARC, estamos con Chávez, estamos con nuestro Presidente, estamos con todos los que creen que se puede llegar a reconocer a la paz alrededor de los rehenes, pero a intercambiar", dijo la titular de la Asociación Madres de Plaza de Mayo, la más querida de Néstor y Cristina, para luego afirmar que Uribe "es una mierda" y un "hijo de puta" dado que "él tiene más de 500 rehenes de las FARC y de eso no se habla, se habla nada más que de los rehenes que tiene la gente de las FARC". A los rehenes de Uribe que hacía referencia *mommy* Hebe, en Colombia les llaman detenidos, sometidos al Estado de Derecho, con proceso judicial y derecho a defensa, como lo contemplan los pactos internacionales de Derechos Humanos, y a los de las FARC se los denomina víctimas de secuestro extorsivo, encontrándose privados de la libertad ilegítimamente, violentando el derecho humano más fundamental luego del de la vida.

Tanto amor de Hebe por las FARC sería justificado más tarde por un sobreexpuesto Sergio Schoklender en su libro autobiográfico *Sueños postergados* y ampliamente explicado en una entrevista que le hizo Martín Caparrós para su blog "Pamplinas", en el portal del diario español *El País*. Allí, el ex socio de Hebe de Bonafini en el programa de construcción de viviendas "Sueños compartidos" y mano derecha en la asociación de las Madres, afirmó que en la década del noventa retomaron el camino revolucionario y que en la sede de las Madres tenían un arsenal con "armas de todo tipo, pistolas, ametralladoras, granadas, plástico, lo que pidas". Según Schoklender, "visto en plena época del menemismo era la única salida lógica: había que generar una resistencia". Supuestamente con ese fin, el mayor de los hermanos Schoklender afirmó que "la idea era mandar compañeros a formarse con las FARC en Colombia, con los zapatistas en Chiapas, y que después esos compañeros pudieran venir con alguna formación y comenzar un trabajo, digamos, foquista en algún lugar". Por si fuera poco, en esa misma entrevista contó que planificaron secuestrar al ex Almirante y miembro de la primera junta militar de la última Dictadura, Emilio Massera y que le habían hecho trabajos de inteligencia. "Mi fantasía era hacer algo muy parecido a lo que después fue esa película, *El secreto de sus ojos*: lo agarrábamos y se perdía, nunca más", afirmó Schoklender citando la película dirigida por Juan José Campanella ganadora del Oscar. Caparrós habló de su sorpresa al leer en el libro de Schoklender que cuando se quedaban sin plata para pagar el funcionamiento de las Madres, "salían a recaudar", a lo que su entrevistado afirmó que salían a robar supermercados, pero eso sí, que trataban "que fuesen lugares que representaran más la concentración oligárquica, no la farmacia de la esquina".[4]

El domingo 6 de abril de 2008, Cristina Fernández de Kirchner participó de una marcha en París en reclamo por la liberación de Ingrid Betancourt, junto a la titular de Abuelas de Plaza de Mayo, Estela de Carlotto, y la presidenta de Madres de Plaza de Mayo, línea fundadora, Marta Vásquez. Si bien fue una marcha de silencio —de esas que tiempo más tarde tanto le molestarían—, la Presi tuvo tiempo para hacer un llamado a la solidaridad y dar cuenta de su notable comprensión de los hechos, al referir que "quien más esfuerzo debe hacer para la liberación de estos obstáculos son precisamente quienes tienen la responsabilidad de conducir las instituciones de la democracia y facilitar el canje humanitario". O sea: la responsabilidad de que las FARC liberaran a una mujer a la que secuestraron, privaron de su libertad, ultrajaron y redujeron a la servidumbre, de pronto era trasladada a la cabeza del gobierno colombiano.

El 2 de julio de 2008, las Fuerzas Armadas colombianas, infiltradas en las primeras filas de las FARC, inventaron

---

[4] http://blogs.elpais.com/pamplinas/2011/12/muerto-en-vida.html

un supuesto traslado de rehenes mediante el cual lograron rescatar a quince de los secuestrados y, de paso cañazo, se llevaron en cana a dos altos mandos de la guerrilla. Entre los liberados se encontraba Betancourt. Casi todos los mandatarios interesados manifestaron su júbilo, incluso Hugo Chávez.

Para julio de 2009, mientras en Argentina se cumplían quince años del atentado a la AMIA, Hugo Chávez fue condecorado por el presidente de la República Islámica de Irán, Mahmud Ahmadineyad, por apoyarlo en su plan nuclear a pesar de las presiones de Estados Unidos. Ahmadineyad ya había declarado previamente que le gustaría borrar del mapa a Israel. Literalmente. Si bien Chávez dijo en su momento que no apoyaba posturas que tuvieran por fin hacer daño a alguna nación, también afirmó en Teherán que había que "poner fin a los Estados Unidos" para "salvar a la humanidad", luego de afirmar que Israel era un país "terrorista y fascista". No era la primera vez que el amigo caribeño hablaba en esos términos, si hasta llegó a decir que, en el conflicto bélico entre Israel y el Líbano, la actitud del primero era "peor, quién sabe, que el Holocausto". Chávez daba un vuelco en las relaciones históricas de Venezuela y, con él, arrastraba a sus aliados deudores. O sea: nosotros.

A grandes rasgos, todo lo que llevara a cabo el gobierno venezolano no podía tenernos sin cuidado porque se llevaba puesta nuestra imagen internacional en el camino. En la Casa Rosada eso mucho no importaba mientras siguieran comprando bonos de deuda argentina, triangulando valijas con dólares iraníes para la campaña presidencial de Cristina, y se hiciera cuanto negociado pudiera hacerse a través de la embajada paralela. Con el correr de los años se hizo muy poco creíble el discurso de los derechos humanos del gobierno argentino luego de callar cada vez que hizo falta las constantes violaciones a los mismos por parte del gobierno bolivariano. Muerto Chávez, la elección de Nicolás Maduro demostró que siempre se puede estar peor. Porque bien diferentes son un avivado con poder y un inútil con pretensiones. Maduro ha encarcelado a dirigentes opositores acusándolos de golpismo, ha masacrado a manifestantes a balazo limpio y Argentina ha cerrado bien la boquita.

En 2009, estalló la crisis económica de Estados Unidos y, como era de esperar, repercutió en todo el mundo, aunque acá no nos dimos cuenta y Cristina dijo que Argentina no se vería afectada y que, en todo caso, los que necesitaban un Plan B eran los norteamericanos. El maltrato hacia los Estados Unidos se profundizó luego de que fracasara el plan canje de calefones y bicicletas. Sí, tuvimos uno. Y el combate contra la inflación que el Gobierno no reconoció nunca, estuvo en manos de programas tales como "Carne para Todos", "Pescado para Todos" y "Cerdo para Todos", los cuales consistían en camiones itinerantes que daban vueltas por el conurbano de a una localidad por día, por lo cual el "para Todos" significaba en rigor de verdad "para los que lleguen".

Lejos de intentar mejorar sus relaciones internacionales, Cristina dedicó cada una de sus alocuciones a fustigar a Estados Unidos y a decirnos que estábamos bien y no como el mundo que "se derrumba como una burbuja". Porque hay burbujas que no explotan, se derrumban. Con el paso de los meses, la crisis que negó en un principio, se convirtió en la crisis que nos afectó a todos, y el país responsable de la crisis que no nos afectaba pasó a ser el culpable de todos los males argentinos.

En cada una de las exposiciones que brindó ante la ONU, Cristina fustigó al anfitrión y remarcó que la gestión kirchnerista tuvo que lidiar con la pesada herencia recibida de la crisis de 2001. El presidente de los Estados

Unidos ya era Obama, que la ligaba por los números de Bush, pero Cristina no es de detenerse a pensar esas cosas.

El cambio de centro de referencia estaba en marcha. La misma mujer que al asumir su primer mandato le dijo a Joaquín Morales Solá en una entrevista para el canal de noticias TN que su modelo de país era la Alemania de Angela Merkel, años más tarde acusaba a Alemania de ser la responsable del caos económico europeo y, cuando no, de tener algo de relación con los fondos buitres.

Así y todo, varios años antes de Héctor Timerman, las relaciones internacionales argentinas ya brillaban por el doble discurso, con lo que representaba fielmente en el exterior la gestión puertas adentro. En mayo de 2005, la Corte Suprema denegó el pedido de extradición de Jesús María Lariz Iriondo a España. El tipo estaba acusado de ser un terrorista de ETA y de algunos delitos menores, como un par de atentados con coches bomba. Gracias a esta mano judicial, Lariz Iriondo no tuvo que suspender su labor docente en la Universidad Futuramente Estatizada de las Madres de Plaza de Mayo, que también recibió con los brazos abiertos a Walter Wendelin, otro etarra que recibió mamá Hebe, que participó en todos los quilombos subversivos latinoamericanos de los 80 y que fue expulsado hasta de Venezuela por Hugo Chávez. En julio de 2005, la Justicia también denegó la extradición de Sergio Galvarino Apablaza a Chile. Más tarde, Galvarino conseguiría el asilo político. Para mantener la coherencia, luego de años de exigir a Irán la entrega de los sospechosos de perpetrar el atentado contra la AMIA, decidimos transar con los señalados por crímenes de Lesa Humanidad en territorio argentino.

No se trató de romper un alineamiento con el G-8, sino con el mundo occidental en general y refugiarse en cualquiera que nos diera cabida: la dictadura Libia de Khadafi, la Rusia de Putin, el régimen teocrático iraní y un listado de países comunistas compuestos por China, Vietnam y Cuba. Nunca una democracia republicana con buen legajo en materia de derechos humanos, libertades civiles y económicas, sin conflictos con sus vecinos y gobiernos no personalistas. De vez en cuando se le caía una visita a Francia, Alemania o España, pero siempre terminaba dándoles clases de economía y, como si Cristina no entendiera cómo funciona eso de *la interné*, ya en tierra argenta los acusaba de ser los causantes de la crisis económica.

En 2012, a un cráneo se le ocurrió organizar dos charlas de Cristina ante dos universidades aprovechando la visita a las Naciones Unidas. La primera fue la Universidad de Georgetown, donde nuestra mandataria se presentó ante un grupo de estudiantes con la excusa de inaugurar la Cátedra de Argentina. Allí, la Presi arrancó parca, con un breve raconto de la historia argentina —a su modo de ver, claro— en el que contó que tenemos una Constitución similar a la de Estados Unidos, un pasado en común como colonias imperiales y hasta una guerra similar a la de la Secesión. En nuestro caso, Cris habló de Caseros, donde mencionó que fue derrotado un modelo de país de producción con valor agregado. De este modo, lo primero que aprendieron los estudiantes de la historia argentina, es que Urquiza venció a Rosas para reimplantar el uno a uno, indultar a las Juntas Reales y posibilitar que la clase media rioplatense pudiera ir a gastar plata en el Harrods británico. Cristina también recordó a George Washington y Abraham Lincoln al afirmar que aplicaron un modelo virtuoso de producción cristinista, sentando las bases para la Nueva Roma. Jugando de visitante, nuestra mandataria tiró que "Estados Unidos es el único país del mundo que no padeció Golpes de Estado porque es el único que no tiene embajadas norteamericanas" y finalizó su exposición afirmando que "el gobierno de Néstor Kirchner llevó adelante la transformación social, educativa, económica y social más importante de la que se tenga memoria, se mida con la vara con que se mida". Sin embargo, el tiempo dedicado a las preguntas trajo su primer dolor de cabeza a la segunda requisitoria, cuando un pibe de "Minchingan" —para Cris existe Minchingan— quiso saber por qué los estudiantes de Georgetown podían hablar con ella y la prensa argentina, no. Cristina largó una risotada y dijo que con la prensa habla todos los días, lo que fue, es y será falso. Después pateó la pelota afuera y habló de lo maravilloso que es reconocer que no existe el periodismo independiente, que hasta ese alumno molesto de "Minchingan" tiene su ideología y que en Estados Unidos los diarios no tienen problemas en apoyar públicamente a los candidatos presidenciales. Otro muchacho quiso saber qué opinaba la Presi del Fondo Monetario Internacional. Cris dijo lo de siempre, pero generó cierta compasión cuando dijo que el 2% de inflación anual de los Estados Unidos es trucho y que se puede comparar con lo que aumentan anualmente los pasajes de colectivos. Para 2009, los colectivos argentinos llevaban seis años sin actualización de tarifas, pero la inflación oficial era del 9%. Más allá de la confesión innecesaria de que en Argentina truchamos hasta los índices de las manos, demostró su entendimiento en materia de economía comparada: si sube el bondi en Yankilandia, mienten en la inflación; si acá no sube, tener el cuádruple de la norteamericana es un buen síntoma. Otra alumna le preguntó a Cristina si se podía vivir con seis pesos por día. Cris le echó la culpa a los medios y refirió que si tuviéramos una inflación del 25% anual, sería imposible obtener un superávit recaudatorio del 25% anual. Si la frase la hubiera dicho en la Rosada, los aplaudidores de la patria contratada habrían acabado en seco. En Washington no había aplaudidores, pero el ruido de las mandíbulas contra el piso bien pudo suplirlos. Para finalizar la respuesta, la Presidente afirmó que hay que recorrer las calles de Argentina para ver lo bien que vive la gente. Para ello, invitó a la pícara estudiante a que visite Buenos Aires. La cosa se complicó aún más cuando un venezolano y un afroamericano preguntaron por Chávez y Paraguay, respectivamente. Al negro lo llamó "Haití" porque le resultaba más fácil que el nombre y le explicó cómo era un proceso de juicio político en Argentina. Con el venezolano se durmió y tardó un tiempo en darse cuenta de que el pibe no compartía las ideas del chavismo, a pesar de que la pregunta fue si la región expulsaría a Venezuela en caso de que Chávez reconociera una derrota electoral. Cris dijo entonces que Chávez es profundamente democrático porque se sometió a catorce elecciones; el pibe le recordó el intento de golpe de Estado de Chávez de 1992, y Cristina le dijo que eso fue en marco del *Caracazo* y que no estuvo tan mal, a pesar de que dicho evento había ocurrido en 1989. Luego de informar que ya se retiraba porque tenía que ir al VIP, la Presi le dijo al venezolano que tenía que ser un poquito más tolerante, y le puso como ejemplo a los musulmanes.

Al día siguiente, en la Universidad de Harvard, Cristina habló nuevamente de las bondades del modelo de redistribución del subsidio con base en impresión de billetes con valor sojero agregado, comparó la crisis de Grecia con la de Argentina en 2001 y reiteró que no se puede esperar curas al aplicar la misma medicina que fracasó en otras oportunidades. Consciente de que no todas son flores, recordó que "Argentina todavía no es Disneyworld", para luego retomar las críticas a los países del primer mundo por la crisis económica internacional, la cual se dedicó a analizarla desde su rol de integrante del G-20 y hasta habló de la igualdad de género y el respeto por la mujer en la misma semana en que el secretario de Comercio Guillermo Moreno fue denunciado por violencia y amenazas contra una mujer. Nuevamente, a la hora de someterse al cuestionario del alumnado, Cristina la pasó mal. La primera en preguntar fue una argentina que quiso saber qué opinión tenía sobre los posibles resultados de las elecciones norteamericanas. Cristina se disculpó por no poder responder a esa requisitoria, dado que no corresponde a una primera mandataria opinar sobre la política interna de un país en pleno proceso electoral. Todo un avance, más si tomamos en cuenta que, veinticuatro horas antes, había dedicado quince minutos de exposición a defender la vocación "profundamente democrática" de Hugo Chávez, de cara a los próximos comicios venezolanos. El siguiente turno también le tocó a un compatriota que quiso saber por qué el resto de la región sudamericana puede crecer sin cepo cambiario. Cris afirmó que "cepo cambiario" es un título mediático, dado que en Argentina no existen restricciones para comprar dólares, afirmación para la cual se sostuvo en que nuestro país tiene un promedio superior a cualquier país del mundo en cantidad de dólares por habitante, después de Estados Unidos, claro. Realismo mágico puro: el promedio, por definición, surge de la división de un total sobre otro total. Después justificó el no-cepo en razones heroicas al referir que las autoridades colombianas, al prestar colaboración en la lucha contra el narcotráfico, se sorprendieron por la gran cantidad de dólares circulantes en Argentina. Agregó que comprende que el argentino tiene fascinación por el dólar desde la dictadura, y la potenció durante la década de los noventa, pero que ella es una mujer responsable y no piensa mantener la mala costumbre que ya tantos dolores de cabeza le trajo a su familia, a sus propiedades, a sus declaraciones juradas y a sus gastos excesivos en el exterior. Para finalizar, afirmó que los dólares los necesita para pagar los vencimientos del Boden 2015, así como los necesitó para pagar los del Boden 2012, a pesar de no ser deuda colocada por la gestión kirchnerista. Se ve que el 30 de octubre de 2005, Cris estaba con lipotimia o jugando a la canasta con los asesores y no se enteró de que su marido estaba emitiendo los Boden 2015, del mismo modo que tampoco se enteró en septiembre de 2004, cuando Néstor emitía los Boden 2014. La Presi culminó su respuesta al recordar que el preguntón se encontraba en Harvard y que muchos argentinos no podían llegar al otro extremo de la escala evolutiva de las universidades.

Le llegó el turno a un venezolano que quiso saber qué onda con eso de atacar a cualquiera que opine distinto que el gobierno, y la Presi le recordó el caso de Judith Miller, la periodista que fue detenida por no revelar la fuente que le informó que la esposa de un embajador era agente de la CIA. Para la Presi fue un atentado a la libertad de prensa; para otros, una pena aplicada por violar la seguridad nacional. La cosa se puso interesante cuando una norteamericana que vivió en el país varios años preguntó si, a pesar de no ser economista, tenía alguna explicación para el aumento de su patrimonio de dos millones de pesos a setenta palitos en tan sólo ocho años. "No sé de dónde sacaste eso", refirió Cristina, negando hasta por las dudas lo que obraba en su propia declaración jurada. Asimismo, aseguró que ella siempre ejerció libremente la profesión como una "exitosa abogada", aunque no existen registros de que se haya matriculado, y que puede justificar todos y cada uno de sus bienes.

A continuación, le tocó el turno a un pendex que dijo sentirse privilegiado por ser uno de los pocos argentinos que pueden hacerle preguntas a Cristina, para luego preguntar si no era hora de hacer algún tipo de autocrítica por las obras de arte abstracto que entregaba Guillermo

Moreno cada mes en concepto de índice de precios al consumidor. La Presi se lo tomó a mal, cambió el tono, y dijo que esa clase de planteos no son para Harvard sino para La Matanza. De tamaño desprestigio matancero puede desprenderse que en Harvard tenían que hacerle preguntas más top, y que las preguntas molestas se las debían dejar a los hinchatarlipes del oeste bonaerense, si es que alguna vez se la cruzaban en la décimo novena inauguración del hospital infantil de Ciudad Evita. Ofuscada, respondió que ella habla con millones de argentinos todos los días, confundiendo nuevamente el concepto de diálogo con el de monólogo por cadena nacional. Automáticamente, arremetió contra el periodismo integrante de "los medios de oposición", recordó que en nuestro país tenemos un grupo monopólico que se niega a cumplir la Ley de Medios, y afirmó que en Estados Unidos es mucho más estricto en la aplicación de multas antimonopólicas, a tal punto que "ni Microsoft se ha salvado". Cristina tiró la bronca porque siendo Presidente y encontrándose en la Escuela de Gobierno, sólo le preguntaban por cuestiones vinculadas a los medios y, en realidad, los chicos le estaban preguntando por su accionar en su función de Presidente. Cristina se sintió tan golpeada por el cuestionario que se retiró del edificio educativo dejando de garpe a toda la comitiva que esperaba para agasajarla por su visita a Harvard.

Cristina malinterpretó todo y supuso que los ataques venían gracias a campañas en el extranjero montadas por medios opositores. Ella, que tanto habla del futuro y las nuevas tecnologías, no logró comprender de qué la va esto de la comunicación inmediata de la noticia, sin necesidad de esperar a que llegue el diario a las seis de la mañana, y con sólo contar con un celular con acceso a Internet o con contactos que manden un mensajito de texto. Para la Presi, nadie tuvo en cuenta sus grandes logros y el alumnado desperdició la oportunidad de hablar con ella, y todo para dar vueltas en torno a la libertad de expresión y el derecho a la información, uno de los condimentos necesarios de la libertad.

El 13 de marzo de 2013, el kirchnerismo vivió uno de los golpes más duros de su existencia. Cristina tenía preparado un acto en Tecnópolis para la nochecita y desde Roma le cagaron la jornada. De un modo totalmente inesperado, Jorge Mario Bergoglio dejaba de ser el Arzobispo de Buenos Aires para convertirse en Papa. Cristina llevó a cabo el acto de todos modos y nos contó que en Pehuajó se inauguró un barrio llamado Hugo Chávez Frías. Sin embargo, el discurso de la Presi empezó a tomar un extraño tono misionero al hablar de pobreza y misión pastoral, como si fuera Santa Clara de Asís. De pronto, y dirigiéndose al flamante Papa Francisco, dijo que su gobierno siempre optó por los que menos tienen, y eso es lo que sus presuntos enemigos —incluyamos al Papa durante diez años— no le perdonan. Toda una declaración de bienvenida.

La monada descargó un tsunami de silbidos ante la referencia al flamante Papa. Y la ola anti-Francisco llegó a las redes sociales, donde se difundió una foto en la que un supuesto Bergoglio le daba la comunión a Jorge Rafael Videla. Si uno pecaba de desprevenido, podía llegar a creer que *El curioso caso de Benjamin Button* se inspiró en el nuevo Papa, dado que estaba más joven en 2013 que a los 38 años, cuando habría sido tomada la foto que se estaba haciendo circular. En realidad, el de la foto era el Capellán Militar de aquel entonces y la única conclusión a la que se podía arribar era que los talibanes kirchneristas tienen disociado el concepto tiempo-espacio y que, probablemente, sea real que crean que la dictadura terminó en 2003.

Todos los que putearon a Bergoglio sin saber quién era, deberían haberse llamado a silencio antes de demostrar que ven sus vidas en base a la cartelera pastoral del Gobierno, publicada en *Página/12*, *Tiempo Argentino*, *Veintitrés*, y demás medios de la pluralidad de voces. Nadie en la historia del catolicismo llegó tan alto habiendo realizado su carrera en la calle, entre la gente, viajando en transporte público, pateando las villas, y molestando al propio poder eclesiástico con sus declaraciones, llegando a llamar hipócritas a quienes negaban el bautismo a hijos extramatrimoniales y de padres solteros. Y en este lado del mundo, no hubo nadie con poder eclesiástico que le diera tanta bola a la labor con los pobres, no sólo en evangelización, sino en contención social. Los datos con los que Bergoglio contó siempre, no los proporcionaba el Indec, sino la Vicaría que él mismo creó y de la cual se nutrieron las oficinas públicas para llevar a cabo las primeras tareas de contención de la pobreza.

La aparición de Bergoglio devenido en Francisco nos dio de comer de lo lindo. Algunos, como Luis D'Elía, abrieron el paragüas y afirmaron que Francisco podría serruchar el poder de los presidentes pretendidamente de izquierda de Latinoamérica. A pesar del giro de Cristina, Luisito siguió pegándole a Francisco durante un buen tiempo. Después terminó puchereando porque no lo invitaron la última vez que Cristina viajó al Vaticano. Alex Freyre, que trabajó de primer homosexual casado y ahora se dedica a ser el primer homosexual divorciado, se puso a dar clases de derecho canónico por Twitter y afirmaba que Bergoglio no iba a ser electo Papa por haberse opuesto al matrimonio igualitario. Se ve que nadie le avisó que en el Vaticano no hay una oficina del Inadi. María José Lubertino, egresada de la Universidad Católica Argentina y referente del extremismo progre, pidió que se lleve a cabo un Concilio Vaticano III, mientras

María Rachid calificaba a Bergoglio de homófobo y genocida, convirtiéndolo en el primer genocida que no mató a nadie y que da misa con sus víctimas.

La bajada de línea no tardó en llegar ante la reacción del kirchnerismo peronista, quienes se encolumnaron tras Bergoglio de un modo sutil: empapelaron la ciudad de Buenos Aires y hasta Mariotto cruzó a la impresentable de Cynthia García en *678*, recordándole que la base del peronismo está más cercana de la Doctrina Social de la Iglesia, que del último libro de José Pablo Feinmann. El arribo de una encuesta y la consulta a un par de funcionarios hizo el resto: Cristina se dio cuenta de que no queda bien darle consejos al Papa y le pidió a Timerman que consiguiera cuanto antes una audiencia con Francisco. Al Canciller, que aún no terminaba de leer el Corán, ya le enchufaron una Biblia y llamó a Juan Pablo Cafiero, el embajador argentino ante el Vaticano para concertar una cita. Fue fácil encontrarlo, dado que estaba haciendo avioncitos con los panfletos anti Bergoglio que había repartido un par de días antes.

Así y todo, a Cristina le costó varios meses digerir que había un argentino con más poder que ella. En una carta fechada en Olivos el 15 de junio de 2013, la Presidente de los 40 millones de argentinos y argentinas dijo lo siguiente:

> La verdad que es la primera vez que le escribo una carta a un Papa.- Y ni que hablar de felicitarlo por la celebración del "Día del Pontífice".- Ni idea.-
>
> Me dijeron que eso siempre lo hacía la Cancillería o la Secretaría de Culto.- Pero como ahora el Papa es argentino, debería hacerlo la Presidenta.-
>
> Me mandaron un modelo de carta que parecía escrita de compromiso protocolar del siglo XIII.-
>
> Les dije "eso no lo firmo".- Para eso mejor sigan enviando lo que mandaban.- Así que me tomé la licencia de dirigirle

una carta (acepté que fuera dirigida a Su Santidad bla, bla, bla, tampoco es cuestión de no aceptar nada).

Así que Feliz Día del Pontífice.- Espero que le haya llegado el cuadro con los sellos postales conmemorativos de su pontificado y el sobre con el ya célebre mate.-

Mi idea era encabezar con su nombre como Usted prefiere, pero me dijeron "no Presidenta".-

Bueno, ya está.- ¿Tienen razón? La verdad que no sé.- Pero tampoco era una cuestión de pelear.-

Hasta siempre y cuídese.- Tome mate.- Usted me entiende.[5]

La situación papal descolocó al ala santoprogresista del kirchnerismo, esos que aún no lograron dimensionar que, si hoy tienen micrófono y cámara, no se debe a que los voten, sino a que les hicieron un lugar en el Gobierno o en alguna lista sábana. Verbitsky quedó hablando solito, y en la tapa de *Página/12* pusieron que a Bergoglio lo festejaron los genocidas, mientras Cristina ya estaba preparando la valija para ir a Roma. Y así, la muchachada progre, la del eterno 1,2% del padrón electoral, la de la lucha constante contra todo lo que sea costumbre en una sociedad, quedaba atónita.

Horacio González, en una reunión de Carta Abierta, afirmó que Bergoglio tiene una actitud demagógica, que no se lo imagina tomando el subte en Roma —como si lo necesitara para cruzar la Plaza—, que la actitud de Mariotto emparenta al vicegobernador bonaerense con Mauricio Macri, y que el flamante Papa representa a la derecha peronista de los setenta. Así y todo, afirmó que habría que debatir el rol del Vaticano y la Iglesia Católica en la realidad social contemporánea.

---

[5] Aunque cueste creerlo, los signos de puntuación fueron transcritos textualmente. Sí, así escribe Cristina.

Entre tanto bolonqui tuve que reconocer que la reacción del kirchnerismo me hizo respetar más al santoprogresista. Siempre sospeché que el militante promedio era bastante manejable, pero al ver que dejaron de putear al Papa para convertirse en la legión de monaguillos en tan sólo un puñado de horas, noté que había subestimado su poder de adaptación. Los vimos pasar de la exigencia a Herrera de Noble para que devuelva los nietos a no pedir nada; de armar un 7D a quedarse en el molde; de no chistar con las cenas de Magnetto en Olivos a afirmar que *Clarín* miente. Vimos a Víctor Hugo Morales enojado con el manejo de la prensa del Gobierno, y también lo vimos ofuscado con los que critican el manejo de la prensa del Gobierno. Vimos a Néstor abrazado a Menem, Cavallo y Manzano. Vimos cuando Abal Medina acusaba a la Alianza de ser el caos, a Lubertino cuando se reía del radicalismo, y a Aníbal Fernández en el momento en que defenestraba a Duhalde. Vimos a la muchachada cuando cantaba contra la burocracia sindical y colaboracionista de Moyano y Venegas, mientras atrás tenían a Gerardo Martínez y Viviani arreglando con Cristina.

Vimos demasiadas cosas que, cada vez que fueron señaladas, han sido justificadas, explicadas y, cuando no, desmentidas. Lo que nunca habíamos visto es que pasaran de definir el peronismo del gobierno en base a tener a la Iglesia como uno de sus enemigos, a que consideraran a Bergoglio como lo mejor que nos pudo haber pasado, y todo en unas horas. Rompe cualquier análisis posible.

Bergoglio dejó de ser un facho de Guardia de Hierro con fotos truchadas con Videla y apuesto plata a que se la pasaron buscando alguna imagen de alguien parecido portando un fusil en Sierra Maestra. Tanto han torcido la historia que, de pronto, ahí estaban, recordando que el peronismo ha sido siempre profundamente católico, independientemente de su encontronazo con la conducción eclesiástica argentina de fines de los cincuenta, lo que choca un poco con el delirio de considerar que una fuerza política creada por un militar nacionalista, es progresista, presuntamente de izquierda, y el único camino posible hacia una socialdemocracia moderna.

Finalmente, Cristina no visitó al Papa una vez, sino tres: dos en el Vaticano, y otra en Río de Janeiro. La mujer que desde 2006 no cruzaba la Plaza de Mayo para ver a Bergoglio, de pronto cruzaba 11.125 kilómetros para estar al lado de Francisco y hasta aceptó volver a participar del Tedeum por la Revolución de Mayo en la Catedral de Buenos Aires, donde había dejado de concurrir para no tener que escuchar al futuro Papa. La velocidad con la que los kirchneristas viraron de un discurso anticlerical a buscar desesperadamente la *selfie* con Pancho sólo es comparable con lo que tardaron en dejar de comprar trajes en cuotas para pasar a adquirir propiedades al contado.

En una de sus visitas, Cristina llegó con un ejército de camporitas encabezado por Andrés "el Cuervo" Larroque. Contrariamente a lo esperado, la que consiguió el milagro fue la Presi, al lograr que al Papa lo miren de costado en su país de origen. En lo concreto, a Francisco le llevaron de regalo una imagen de la Virgen Desatanudos, una remera de La Cámpora y a Aníbal Fernández. No se sabe bien de qué hablaron a solas, pero por los dichos de Cristina, Francisco defiende hasta el Matrimonio Igualitario. Así como su ancestro, León El Grande, convenció a Gensérico para que sus vándalos saquearan Roma pero no la incendiaran, Francisco logró que la comitiva de vándalos saqueara su imagen, pero no se llevaran ninguna reliquia.

El misticismo posmisa dominical duró poco y Cristina arrancó a las puteadas al día siguiente cuando notó que el diario del Vaticano le dedicó una página a la visita del

Presidente de Letonia, y un recuadrito al pie al encuentro con la mandataria argentina. Por suerte, tanto discurso a favor de la humildad ya quedaba atrás y se dirigía a Nueva York.

Al llegar a la Meca del capitalismo internacional, la comitiva presidencial inició tareas de inteligencia para derrotar al imperio desde adentro y se fueron a comprar los flamantes teléfonos de Apple. El que no tuvo suerte fue Eduardo "Wado" de Pedro, a quien llevaron a que conozca a Ban Ki-moon. Veinte minutos y dos fotos más tarde, Cristina estaba sentada en otra reunión. La buena: eran sindicalistas. La mala: no eran argentinos. La Presi les contó a los presentes la historia del capitalismo, los flagelos del neoliberalismo y la tragedia de vivir en un mundo en el que un par de especuladores puede hacer mierda toda una economía. Apurada porque tenía que tomar el té con George Soros, el especulador que hizo mierda toda la economía del Reino Unido en soledad, Cristina mandó algunas frases para la posteridad, como pedir que el eslogan antibuitre sea "no llores por mí, the world" o "Argentina es la nueva Arabia Saudita". Como opinar es gratis, la genia criticó a los ingleses por estar contentos de haber conservado a Escocia luego de un referéndum convocado para saber si querían independizarse, y afirmó que ella estaría preocupada "si alguna provincia quisiera separarse y sacara el 45%".

El delirio que dispara la necesidad de ser el centro del mundo le estalló en la cara en las Naciones Unidas, cuando frente a los militantes de La Cámpora que llevó para hacer bulto en la platea y a los tres mozos que pasaban sirviendo café, tiró sus ideas sobre los motivos que llevaron a que el mundo árabe sea un quilombo. Luego, la mina que cree que la gente se queja por culpa de los medios, dio una conferencia de prensa en la que contó su versión del conflicto islámico.

Ése es el mayor problema de Cristina: cuando sale del país y pretende que le den la misma bola que acá le dan los que cobran por ello. Le pasó en Georgetown y en Harvard, cuando la mejor estadista de todos los tiempos no pudo con un grupo de estudiantes que jugaban con plastilina cuando el kirchnerismo llegó al poder, y le pasa cada vez que lleva al exterior sus teorías elaboradas los sábados a la tarde tirada en la cama recién logueada en Twitter.

Acá dio clases de historia que reescribió cada vez que pudo. Hacia allá llevó su versión cronológica del conflicto árabe a una asamblea que buscaba soluciones. Y es que la Presi gobierna así: le contás que te estás divorciando y te explica que todo se inició en la primera cita, en la que no estuvo, y te cuenta todos los detalles maritales de los que no participó, para luego decirte que te jodas. Y vos sólo querías un abogado.

Después de afirmar que ISIS la quería matar por ser amiga del Papa al que forreó durante diez años, sostuvo que, si pasaba algo, había que mirar al norte, no sabemos si para pedirle un regalo a Papá Noel, para culpar a Estados Unidos, o sencillamente, porque quiere ser sepultada en la Recoleta. La idea del magnicidio internacional por parte de Estados Unidos fue tan berreta que sólo pudo salir de la febril imaginación de una persona despechada por el ninguneo internacional. Y es aún más ridícula por suponer que algún habitante con dos dedos de frente pueda creer que resulta una amenaza internacional una mina en retirada, sin Fuerzas Armadas, sin influencia en los países de la región y sin una ideología clara: el oficialismo es anticlerical, chupacirios, progre, represor, transversal, verticalista, zurdo, consumista, antiimperialista, entreguista de recursos no renovables, defensor de los pueblos originarios, tiroteador de pueblos originarios, demócrata pro derechos humanos y amigo de cualquier dictadura que traiga la promesa de medio dólar.

Es la dualidad de querer ser y no, la necesidad patológica de despreciar al que se quisiera tener de amigo. Así anda por la vida, al igual que por el mundo, recién bajada de un helicóptero, enfundada en trajecitos de varios miles de euros, con joyas que ningún contador podría justificar, festejando que le construyeron el baño a un desocupado salteño. Nos exige agradecimiento por llegar con vida a fin de mes a pesar del Estado, y no gracias a él, y nos señala con el dedo de la mano que porta su Rolex President para putearnos por querer comprar un dólar, luego de defender la estadía de seis meses de su hija en Nueva York, donde dudamos de que haya pagado con Cedines.

Al kirchnerismo siempre le gustó tener oficinas paralelas a las oficiales y dar misiones a funcionarios que no deberían llevarlas a cabo. En el Ministerio de Economía, durante ocho años gozó de mayor poder el secretario de Comercio que cualquiera de los seis ministros que tuvo como jefes. Lo mismo sucedió en el Ministerio de Seguridad, donde Sergio Berni dio la cara en cualquier asunto en el que no le competía y las ministras Nilda Garré primero y María Cecilia Rodríguez después estuvieron de adorno. En cuestiones internacionales se han manejado del mismo modo y no sólo con la embajada paralela en Venezuela. La propia Cristina Fernández de Kirchner, en su rol de senadora de la Nación, generó un conflicto bilateral de cancillerías al querer reunirse con las Damas de Blanco cubanas en medio de la disputa por Hilda Molina, algo que al entonces ministro de Relaciones Exteriores, Rafael Bielsa, le generó uno de sus mayores dolores de cabeza. Era obvio que esa tendencia no podía cambiar y, junto con el viraje del mundo occidental judeo-cristiano hacia un panislamismo con un pie en el Vaticano —como para no quedar tan mal—, el kirchnerismo trazó un nuevo sistema de relaciones bilaterales con la República Islámica de Irán, a quienes ya conocíamos bien desde los años noventa, y a quienes volvimos a tener en el centro de la escena política, económica y policial sobre el fin del ciclo.

Si bien es cierto que el amigo de mi enemigo no tiene por qué ser mi enemigo, en cuestiones de relaciones diplomáticas internacionales cuesta mantener la credibilidad cuando tu principal socio viene más flojo de papeles que patrimonio de funcionario público. Tanto Néstor Kirchner como su sucesora esposa Cristina Fernández han reclamado una y otra vez ante la Asamblea General de las Naciones Unidas que Irán entregue a los acusados por el atentado a la AMIA. Irán era el mejor amigo de Venezuela. Tanto amor tripartito no podía terminar de otra manera que en un *ménage à trois* y, un buen día, Argentina selló un pacto con el régimen teocrático iraní para "allanar el camino de la Justicia", aunque la realidad dictaminó que sólo se buscó hacer negociados energéticos a cambio de silenciar la causa del atentado.

El domingo 26 de marzo de 2011, el diario *Perfil* publicaba una investigación del periodista Pepe Eliaschev, quien descubrió que Argentina estaba negociando con la República Islámica de Irán la impunidad del atentado a la AMIA del 18 de julio de 1994. En su nota, Pepe aseguraba la existencia de un documento secreto y que el ministro de Relaciones Exteriores iraní, Alí Salehi, le había dicho al entonces presidente iraní, Mahmud Ahmedineyad, que nuestro país estaba más interesado en mejorar las relaciones económicas con los persas que en avanzar en la búsqueda de los culpables del atentado. El Gobierno no se lo tomó muy bien que digamos y acusaron a Eliaschev de ser un espía del Mossad, mientras Timerman aseguraba que todo se trató de una "falsa noticia" que tenía por fin perjudicarlo. El canciller argentino justo se encontraba de gira diplomática por Israel. Sin embargo, a pesar del pataleo oficial, sucedieron dos hechos que convirtieron a las relaciones internacionales argentinas en un manual de todo lo que nunca se debería hacer. El primero de ellos se dio a casi dos años de la primera nota de Eliaschev, en diciembre de 2012, cuando el periodista amplió su información al afirmar que Timerman no sólo estaba rosqueando con los iraníes, sino que, encima, tenía la venia del Bashar al Assad, el presidente de Siria que ya por ese entonces se encontraba con algunos problemitas internos, como una guerra civil y otras cuestiones que hicieron que el presidente sirio fuera repudiado por Estados Unidos, la Unión Europea e incluso varios países árabes... a excepción de Irán, que junto con Rusia, Bolivia, China, Venezuela y Ecuador —todos socios y/o amigos carnales de Argentina— bancan una gestión heredada que permanece inalterable en el poder desde hace más de cuarenta años. Argentina, obviamente, negó todo. Pero veintiocho días después de la nota de Eliaschev, Cristina anunciaba la creación de la "Comisión de la Verdad", integrada por Argentina... e Irán. Como con todas sus burradas, calificó la medida de "histórica".

La aprobación del memorando de entendimiento con la República Islámica de Irán fue encarada por el Gobierno como una cruzada patriótica. La idea consistía en que los funcionarios judiciales argentinos fueran a tomar declaraciones al régimen teocrático que había condenado a muerte al fiscal de la causa, Alberto Nisman. Dos semanas después del anuncio de Cristina, el entonces ministro de Defensa iraní, Ahmad Vahidi, dijo que su colaboración con la justicia argentina no estaba incluida en el memorándum. Todavía no iniciaban las deliberaciones argentinas y el sujeto que fue imputado como autor intelectual del atentado a la AMIA, ya se nos cagaba de risa. Pero poco importó, dado que el Congreso lo aprobó en tiempo récord y en sesiones extraordinarias.

Un año después, en una entrevista para *Página/12*, Timerman reconoció que el acuerdo con Irán estaba paralizado, pero que, así y todo "es un paso adelante" porque "el tiempo es algo difícil de evaluar cuando se habla en términos de negociaciones internacionales", y que "nadie puede acusar al Memorándum de haber atrasado la causa".

El que no pensó lo mismo fue el fiscal de la causa, Nisman, quien el 14 de enero de 2015 decide inaugurar el año judicial con una denuncia por encubrimiento contra la Presidente de la Nación, Cristina Fernández de Kirchner; el ministro de Relaciones Exteriores, Héctor Timerman; el diputado del Frente para la Victoria, Andrés "el Cuervo" Larroque; el indefinible Luis D'Elía, y el líder de la agrupación inclasificable Quebracho, Fernando Esteche. Todos entraron en shock, pero convengamos que la Sala I de la Cámara Nacional en lo Criminal y Correccional Federal ya había tirado un hueso cuando declaró inconstitucional el memorándum impulsado por el Poder Ejecutivo y aprobado por el Poder Legislativo, por considerar que éstos se inmiscuían en facultades propias del Poder Judicial.

Resulta notable cómo uno puede deschavarse solito cuando la imprevisibilidad del tiempo nos juega una mala pasada. Al kirchnerismo le pasó tantas veces como días de gestión tiene al frente de la Casa Rosada, pero en materia de relaciones exteriores, el colapso llegó sobre el final. Exactamente una semana antes de la denuncia de Nisman, el 7 de enero de 2015, en París unos locos entran a los tiros a una redacción al borde de la quiebra y asesinan todo lo que tenga forma humana a su paso. El mundo occidental se paraliza, los líderes de Europa se movilizan sin importar su pertenencia partidaria. En Cancillería no saben qué hacer. Que vamos a la marcha, que no vamos, que Cristina no me atiende, que no sé qué hacer, que no fue nadie, que fui con unos amigos y se nos veló el rollo, que cualquier acto terrorista es condenable. Si Timerman hubiera sabido la que le esperaba un par de días después, quizás hubiese dicho que no estuvo en la marcha porque Europa se la come y Mahoma se la da o algo por el estilo. Tanto esfuerzo por no participar para no molestar a determinados intereses, tanta energía puesta en decir que se participó para no joder a otros, y todo termina con el Canciller explicando ante los tres periodistas que concurrieron a su monólogo sin preguntas que "es una falta de respeto hacia la figura de la Presidenta que los imputen a todos por el delito de encubrimiento del atentado a la AMIA de 1994".

Enojado, el pelado dijo que el fiscal Nisman debía investigar a los sospechosos, no a ellos. Tan mal les salió el cálculo que no pudieron disimular por televisión que pretenden que los fiscales cumplan sus órdenes. Para variar, el ex candidato a diputado del ARI de Carrió en 2001 apeló al desgastado "nos quieren devolver a las épocas más oscuras de la Dictadura". ¿Qué tendrá que ver un fiscal imputando por encubrimiento de un atentado a un Presidente de la democracia con una junta militar dedicada al encubrimiento de sus propios delitos? Sólo Timerman y el Círculo de Psicólogos de la Argentina lo sabrán.

Los militantes, siempre picando en punta a la hora de defender lo que no conocen con argumentos que no entienden y citas que nunca leyeron, apelaron a lo de siempre: que el acuerdo fue aprobado por el Congreso Nacional por lo cual es legítimo, con lo que podría llegar a asumirse que, si mañana el Congreso se empeda y saca una ley que obligue a la importación de minas para someterlas gratuitamente, la llamarán Ley de Democratización de la Prostitución, así violente toda normativa de esclavitud sexual y trata de personas. A este argumento le han sumado maravillosos carpetazos, como que Nisman fue marido de la jueza que cajoneó las causas por la identidad de los hijos de Ernestina Herrera de Noble. A los que no les fallaba la memoria sabían que a Nisman, quien estaba divorciado de la jueza Sandra Arroyo Salgado, lo puso Néstor al frente de la investigación. Y Arroyo Salgado fue nombrada jueza en 2006 en trámite express. Que tipos que deben tantos favores los hayan imputado no levanta sospechas sobre ellos, confirma lo impresentable que es el oficialismo.

Es difícil hablar de terrorismo cuando somos un país sin punto medio: acá a los terroristas se los desapareció, torturó y mató, o se los indultó e indemnizó. Sin embargo, podemos hacer el esfuerzo de no quedar como unos tibios pelotudos, más que nada porque cuando se habla de muerte cualquier frase puede derivar en "algo habrán hecho". Entre los que dijeron que el atentado a la redacción del semanario satírico francés *Charlie Hebdo* tuvo su "contexto", podrían haber hablado del clima, de que estaba nublado y hacía frío en el invierno parisino, o que se produjo de mañana. Ahora, dimensionar el contexto como una explicación de lo que pasó es justificarlo aunque digan que no pretenden justificar la barbarie. No hay diferencia con el tibio que dice "yo no soy K, pero...".

Charlie Hebdo fue blanco por cuestiones que están por encima de una provocación. Atentaron contra la revista porque la vieron como el punto más vulnerable para atacar a todo lo que representa Occidente. Empezaron por una publicación minúscula porque no les dio el presupuesto para algo mayor. Hubo algunos que, aun condenando el atentado parisino, consideraron una exageración compararlos con el ataque sufrido por los Estados Unidos en 2001. Le pifian. Y lo sostengo desde la teoría de que el número no trastoca la realidad de las cosas. Tres mil muertos o doce no es diferencia si el mensaje y el motivo son los mismos. La cuantificación de cadáveres para aumentar o disminuir una tragedia es algo que acá tenemos sobradamente conocido, entre los que dicen que los desaparecidos fueron ocho mil, como si hiciera el hecho menos grave, y los que reivindican 30 mil, como si más fuera mejor.

Sí, es verdad: le tocó a la revista como le pudo haber tocado a cualquier otro. Pero es precisamente eso lo que hace a la gravedad del asunto: no fue un atentado contra un semanario satírico, fue un ataque contra el estilo de vida occidental. Un estilo de vida consumista, tecnócrata y burocrático, pero nuestro. Con todos sus defectos, es el mundo al que pertenecemos y en el que nos gusta vivir por decantación, porque el otro nos resulta insufrible. Quisiera ver a cada una de las castradas emocionales que defienden por antonomasia el accionar del terrorismo islámico al afirmar que la Iglesia Católica sabe lo que es matar en nombre de Dios —cuando hace siglos que salimos de esa barbarie— caminar en bikini por la ciudad de Raqqa, tomada por el grupo extremista Estado Islámico, y gritar sus derechos femeninos, libertarios y, fundamentalmente, occidentales. Quiero ver cómo les va. Y si Raqqa resulta un caso extremo, que vayan a Dubái a caminar en minishort y luego nos cuenten.

El choque de civilizaciones, les guste o no, tiene un contenido religioso de ambos lados, incluyendo a los ateos de este lado. Nuestro sistema de organización social es el de civilización greco-romana sincretizado con los valores judeo-cristianos. Los sistemas penales de Occidente, en pleno siglo XXI, tienen por base los Diez Mandamientos, sólo que evolucionamos lo suficiente como para poner a la vida en el pináculo. Sin ir más lejos, nuestro Código Penal pone los delitos contra la vida por encima de los delitos contra la propiedad, y a éstos por encima de los delitos de corrupción. No matarás, no robarás, no codiciarás. Ahora, la cuestión del terrorismo extremista islámico no pasa por quién los financió o los traicionó. No quieren aniquilarnos por el pasado: para una porción del inmenso mundo musulmán, siempre seremos herejes.

No faltó el que dijo que si *Charlie Hebdo* hubiera hecho chistes sobre otras religiones, no habría tenido lugar el atentado porque nunca hubieran vuelto a publicar la revista. "Hablemos sin saber" como dogma de opinión. *Charlie Hebdo* ha realizado chistes sobre el holocausto, contra los católicos, contra los homosexuales y contra estos dos últimos juntos, cuando dibujaron en tapa al cónclave del Vaticano como una rueda de cardenales empernados unos a otros. Causa gracia, no causa gracia, pero todo termina en el mismo punto: justificar la muerte de un tipo porque no me resulta gracioso, porque me insultó, porque insultó mis creencias, porque es un pelotudo, porque algo habrá hecho.

Cuatro días después de la denuncia de Nisman, el domingo 18 de enero de 2015 a las 23.35 horas, el entonces periodista de *Ámbito Financiero*, Damián Pachter, afirmaba vía Twitter que le acababan de "informar sobre un incidente en la casa del fiscal Alberto Nisman". A las 00.08 horas del 19 de enero, Pachter publicó un segundo tuit: "Encontraron al fiscal Alberto Nisman en el baño de su casa de Puerto Madero sobre un charco de sangre. No respira. Los médicos están allí".

No éramos muchos en Madero y todos habíamos llegado por nuestra cuenta. Resumiendo: había más mosquitos, patrulleros y curiosos que periodistas. Los muchachos de Prefectura, devenidos en policías del barrio más kirchnerista de la Argentina, se comportaron como corresponde y nos forrearon con cortesía. Ocho patrulleros de Prefectura, tres Unidades de Medicina Forense de la Federal, un camión de bomberos, una ambulancia del SAME y nadie quería confirmar nada. El médico militar Berni esta vez rompió con la regla de atender a los medios y explicar lo sucedido con flores a la gestión de la Presidente, y se escapó por la puerta de atrás. Un desfile de personal policial y del Ministerio de Seguridad estuvieron horas entrando y saliendo del departamento de un fiscal que, de no haber muerto, horas más tarde estaría presentando el 95% restante de las pruebas que dijo tener en contra de la Presidente y sus cómplices.

Lo que eran tan sólo rumores, una fuente policial lo confirmó a la una de la matina pero *off the record*: había muerto de un disparo en la cabeza Natalio Alberto Nisman, el fiscal federal que debía exponer ante el Congreso ese mismo lunes y aportar elementos para probar que el Gobierno transó 85 muertos por acuerdos comerciales.

Por la mañana, ante el silencio de Cristina —que se encontraba de licencia médica por lesión en uno de sus tobillos— los funcionarios del Gobierno no sabían de qué disfrazarse. Sin existir sentencia firme, peritaje concluyente o, al menos, un video, sólo hablaban de suicidio. Si algo prueba la mala leche de Timerman, es su falta de *timing*. El pacto de impunidad con Irán fue denunciado cuando iba a Israel. La muerte de Nisman ocurre cuando viaja a Estados Unidos para pedirle al Consejo de Seguridad de la ONU que combata las condiciones que fomentan el terrorismo.

Luego de que el bloque de legisladores del Frente para la Victoria se juntara para un comunicado en el que se manifestaron dolidos por la muerte de Nisman —hecho al que calificaron de "irreversible", demostrando que, si tuvieran un superpoder, sería el de la pelotudez—, nombraran a Magnetto para no romper con la cábala, centraran sus sospechas en el accionar del propio fiscal y defendieran a Cristina, la Presi dio señales de vida. Por Facebook.

Tras poner "suicidio" entre signos de interrogación, la Presidente de la Nación hizo lo que tenía que hacer: hablar de lo que le dolió el atentado a la AMIA en 1994. A ella, no a los familiares de los 85 muertos por un atentado cuyos principales sospechosos habrían sido encubiertos por ella, según el fiscal nombrado por su difunto esposo. Luego de tirar que tiene un amigo o un canciller judío, cargó contra el gobierno de los noventa, donde era parte del bloque oficialista de una gestión que tenía medio gabinete de la cole, y contó que, como parte de la comisión de investigación, se interiorizó de las circunstancias del hecho y de los testimonios de los familiares. Al día siguiente, volvió a aparecer por Facebook, pero esta vez afirmó que no tenía ninguna duda de que la muerte de Nisman fue un homicidio.

A Nisman lo mataron antes de que muriera y todos nos pusiéramos a especular con si lo suicidaron, se pegó un tiro, lo obligaron a matarse o se cayó de cabeza sobre un proyectil calibre 22. Desde que el tipo presentó la denuncia de trescientas páginas, lo mataron mediáticamente. Primero dijeron que la denuncia estaba preparada, como si cualquiera pudiera escribir un libro en quince minutos. Luego, tiraron que suspendió sus vacaciones y se vino porque recibió la orden de alguna fuerza oscura, cuando la única fuerza oscura que estaba en juego era que le querían sacar el manejo de la causa porque sabían la que se venía. Luego vino el juicio moral, planteando que era puto, o que era gatero. Lo atosigaron, lo defenestraron, lo putearon, lo amenazaron, utilizaron todo el aparato del Estado —conglomerado de medios incluidos— para aniquilar su nombre. Lo que todos, en mayor o menor medida, padecemos a diario, en este caso se concentró absolutamente en una sola persona. Si la Presidente escrachó por cadena nacional a un jubilado de Mar del Plata por querer comprarle diez dólares a su nieto, es difícil de dimensionar todo lo que se ha dicho y escrito sobre un tipo que pretendió hacer lo que sus funciones dictaban que debía hacer. Deschavando lo que piensan de cómo debe manejarse la Justicia, afirmaron que colocaron a Nisman en ese cargo para que buscara culpables. Irán lo sentenció a muerte. Cristina firma un acuerdo con quienes el fiscal cree que son los culpables. La Presidente arregla con los que sentenciaron a muerte al fiscal del país que preside. El fiscal descubre la tramoya escondida tras el acuerdo. Y, como el Código Penal dice que el encubrimiento se da cuando alguien ayuda a otro a eludir las investigaciones de la autoridad o a sustraerse a la acción de ésta, oculta, altera o hace desaparecer los rastros, pruebas o instrumentos del delito, o ayuda al autor a ocultarlos, alterarlos o hacerlos desaparecer, Cristina y parte de su grupo de porristas quedaron pegados.

Durante los meses siguientes, la atención pública corrió su eje a quién mató al fiscal Nisman. Internacionalmente, Argentina volvió a estar como nunca en la tapa de todos los diarios del mundo y en el noticiero de todos los canales del planeta. Aunque hubo una noticia argentina que logró eclipsar, al menos por 24 horas, el caso del fiscal que denuncia a una Presidente y aparece muerto. Aburrida de tener que resolver el crimen por Facebook, Cristina se fue a la República Popular China a buscar guita. Durante el vuelo, la misma persona que vive dando clases de libertad de expresión y democracia por cadena nacional, se dedicó a ponderar las bondades del gigante asiático a través de Twitter y Facebook, dos redes sociales que están prohibidas en la segunda economía del mundo.

Cristina pisó suelo asiático y se levantó de la silla de ruedas. Acompañada por Julio De Vido y el miniministro Axel Kicillof, la mandataria sumó a funcionarios de la

Secretaría de Minería, para ver si se conseguían unos dólares a cambio de entregar recursos no renovables. Por si fuera poco, entre los acuerdos dejó de regalo que China no necesitará competir para ganar licitaciones. Tanto quejarse del entreguismo imperialista, ahora buscamos sumar a los comunistas. Y después dicen que no somos equilibrados y justos. Desde Beijing, la Presi afirmó que Argentina produce alimentos para 500 millones de personas y la mejor leche maternizada de este lado de la Vía Láctea. Dos días antes habían muerto dos niños por desnutrición, quienes pasaron a engrosar la lista de cuatro casos en los 35 días que llevaba 2015 para cuando Cristina habló, pero contarles a los chinos que no podemos darles de comer a 40 piojosos millones pareció un dato irrelevante.

El barrilete cósmico de los números dibujados festejó que la escucharon hablar mil personas en un país con 1,4 mil millones de habitantes. El 0,00007%. Jocosa como pocas veces, celebró en su cuenta de Twitter el número al preguntarse: "¿Serán todos de 'La Cámpola' y vinieron sólo por el aloz y el petlóleo?". Uno entiende que en China no tienen acceso a Twitter, pero el resto del mundo libre sí. Y así fue como dio la vuelta al mundo un chiste en el que estereotipó a un quinto de la población mundial.

El 14 de marzo de 2015, el portal de noticias brasileño *Veja* publicó una nota en la que afirmaban haber entrevistado a tres ex funcionarios de Hugo Chávez, refugiados en Estados Unidos, que reflotaron una noticia que ya había quedado en el olvido. Tras la campaña electoral que depositó a Cristina Kirchner en la presidencia, surgieron dos polémicas en torno al financiamiento utilizado para el proselitismo. Una de ellas fue la pata del narcotráfico a través de la importación de efedrina en exceso. Esa joda terminó con tres fusilados al costado de una ruta. La otra, un valijero venezolano que fue detenido por querer ingresar al país con

790 mil dólares dentro de un maletín. Obviamente, todos apuntaron a Venezuela. El hecho de que Guido Antonini Wilson, la mula en cuestión, viniera en el mismo avión que el presidente de Energía Argentina S.A., Exequiel Espinoza, y el titular del Organismo de Control de las Concesiones Viales, Claudio Uberti, para anticiparse a la visita de Hugo Chávez, no contribuyó a que sospecháramos otra cosa. El senador radical Gerardo Morales dijo que el venezolano estuvo en el acto de bienvenida a Chávez en la Casa Rosada. Victoria Bereziuk, asesora de Claudio Uberti que coincidió en el vuelo, dijo lo mismo que Morales. Alberto Fernández dijo que Antonini Wilson nunca pisó la Pink House y que todo era verso. El registro de firmas de los ingresantes a la Casa de Gobierno demostró que el verso incluyó la firma del propio Antonini Wilson en el libro de visitas. El FBI norteamericano dijo que la tarasca venía para financiar la campaña de Cristina y Cobos. La justicia norteamericana afirmó lo mismo. Antonini Wilson, también.

En una sobreactuación nunca vista ni en un culebrón de bajo presupuesto, Néstor Kirchner se hizo el ofendido y le pidió explicaciones a Venezuela. Chávez se puso en el rol de niño traicionado y prometió investigar. En Venezuela freezaron la causa. En Argentina pidieron la extradición. Antonini Wilson prefirió colaborar con la justicia norteamericana, que descubrió que tres agentes secretos venezolanos estaban conspirando en territorio norteamericano para encubrir el origen del dinero. Yo no fui, vos tampoco, nadie fue.

Pero los que hablaron con *Veja* dieron una vuelta que nadie esperaba: el dinero que enviaba Chávez para Argentina venía de Venezuela, pero proveniente de Irán. Y no fue una valija aislada, sino una constante. Aparentemente, todo se inició por pedido del presidente iraní en 2007 —Mahmud Ahmadineyad— quien necesitaba que Chávez "intermedie con la Argentina para una ayuda al programa nuclear" de Irán. A cambio, ofrecía todo el dinero que hiciera falta "para convencer a los argentinos". Según los ex funcionarios, "eran bolsas de dinero" que llegaban desde Irán para ser remitidos a la Argentina. En el mitín, el persa aprovechó y pidió, de paso, como quien no quiere la cosa, que Argentina acceda a levantar el pedido de captura internacional de los iraníes acusados por la voladura de la AMIA. Nada del otro mundo. ¿Quién no ha entregado información nuclear a un país teocrático y con ganas de borrar pueblos de la faz de la tierra?

Por si fuera poco, la información surgió la misma semana en la que el Presidente de los Estados Unidos, Barack Obama, decidió declarar a Venezuela una amenaza para la seguridad norteamericana. Si bien Obama no explicó detalladamente sus dichos, hubo dos datos determinantes. El primero de ellos, sostenido por el secretario del Tesoro, Jacob Lew, quien afirmó que la medida buscaba proteger al sistema financiero norteamericano de las corrientes ilegales producto de la corrupción venezolana. El otro, había sido noticia en junio de 2014, cuando un estudio efectuado por el Instituto de Canadá de Análisis Social y Económico, junto al Centro para una Sociedad Libre y Segura de Estados Unidos, denunció que Caracas entregaba pasaportes venezolanos a terroristas de Hezbollah para que entraran a Canadá sin problemas y, desde allí, cruzaran la frontera hacia Estados Unidos.[6]

Lindos los amigos de Argentina, ¿no?

Para finalizar la pintura, Estados Unidos logró un acuerdo de entendimiento con Irán para regular el programa

---

[6] "El gobierno de Venezuela emitió visas fraudulentas para terroristas de Hezbollah", *Infobae*, 4 de junio de 2014.

nuclear de los persas. El programa al que Argentina habría contribuido a desarrollar. La diferencia de por qué uno pudo y el otro no, va más allá de la ética y la moral. Argentina tiene varias decenas de muertos y una historia de reclamo de justicia que impide llevar a cabo ningún tipo de acuerdo entreguista. Por una cuestión de no quedar como violados enamorados, no más.

Ninguna civilización de la historia evolucionó aislándose de otras civilizaciones igual o más desarrolladas. Que las bases de la civilización occidental se encuentren en el Mar Mediterráneo debería haber despejado este tema hace tiempo, porque antes de las conquistas de unos a otros evolucionamos por el comercio, base del intercambio de cultura y, por consiguiente, del desarrollo. No hablo de aislarnos de Latinoamérica y volver a correr la coneja tras las potencias, pero por una puta vez en la vida tiene que haber un equilibrio. Se puede salir airoso de un partido de fútbol con uno o dos troncos en el equipo, si el resto sabe jugar o, al menos, conoce el reglamento. Ahora, si para jugar sólo elegís a los que no te cuestionan nada porque son más burros que vos, dudosamente puedas salir bien parado.

Restablecer las relaciones internacionales es fácil. Un cambio de cara facilita las cosas y, precisamente, demuestra cuál es el mayor problema a futuro. Porque el drama de lo que vendrá no es si podemos volver a relacionarnos normalmente con los países desarrollados, sino recuperar la credibilidad y, mucho peor, hacerles creer a los demás que mantendremos las mismas condiciones dentro de, al menos, cinco años.

Una mochila de adoquines

"Quédense todos tranquilos que esto
está estudiado en profundidad."

Axel Kicillof, ministro de Economía. Visionario.
Junio de 2014, días antes de que Argentina entre en default

La economía ha sido uno de los pilares del kirchnerismo y
en eso no se diferencia de la gran mayoría de los gobiernos.
Sólo que como ningún otro, el kirchnerismo ha hecho de
la economía un tridente conformado por lo que quisieron
hacer, lo que hicieron y lo que han dicho que lograron.
Discursivamente, hemos atravesado la mejor década de la
historia de la humanidad y no nos dimos cuenta. Ingratos,
hemos contribuido a que la Presi se indigne por la reacción
popular ante la marcha de la economía. Si crecimos a tasas
chinas, si tenemos soberanía hidrocarburífera, si tenemos
soberanía aeronáutica, si tenemos soberanía eléctrica… El
drama radica en que, a la luz del rendimiento de la política
petrolera, energética y aeronáutica, pareciera ser que nuestra soberanía es una mierda.

La discusión entre "Estado sí / Estado no" ya estaba zan-
jada en casi todo el mundo, mientras que acá no concebíamos

la idea de que una empresa privada pudiera habilitarnos un teléfono de línea. Durante sus primeros 120 años de historia, la sociedad argentina no tuvo problemas en adaptarse al contexto internacional. Fuimos capitalistas burgueses centralistas en el siglo XIX, nos adaptamos al capitalismo empresarial del siglo XX y ahí nos quedamos. No hubo problemas estructurales en aplicar en el país la mentalidad imperante en un mundo en el que, a cambio de asegurarnos el ingreso y permanencia en la clase media, aceptábamos ese híbrido de laburante con *amenities* que tomamos como base de nuestro sistema de valores.

La conjunción de políticas económicas liberales y políticas sociales conservadoras era lo que funcionaba en el mundo. Latinoamérica no fue la excepción y, a la luz de lo que nos dejó nuestra Generación del 80, podría decirse que tan mal no nos fue. O sea, de todas las oligarquías, tuvimos la mejorcita. Buena parte de la infraestructura que aún usamos subsiste de la que dejaron los presidentes de aquellos años. Y por buena parte me refiero a casi la totalidad de los tendidos ferroviarios, los puertos, las rutas comerciales y, fundamentalmente, la base de la educación. Paradojas de la vida, durante más de un siglo los conocimientos generales con los que contaba un egresado promedio de la secundaria hoy harían pasar vergüenza al mejor alumno de un colegio privado. Y eso que ahora cuentan con la biblioteca de Alejandría en la palma de la mano.

En julio de 2012, Cristina decidió presentar un billete de 100 pesos que reemplazaría al que cuenta con el retrato de Julio Argentino Roca, el presidente argentino que más tiempo ocupó el sillón de Rivadavia con dos mandatos completos de seis años cada uno. Los militontos, progresistas y demás pelmazos afines, festejaron la medida de eliminar de lo cotidiano a Roca. Burros e ignorantes de la historia, ponen a Roca a la altura de un genocida, un tipo sangriento que exterminó pueblos originarios que habitaban pacíficamente sus propias tierras. Algunos más colocan a Roca y a toda la Generación del 80 bajo el rótulo "oligarquía" y lo dejan ahí, como si la palabra fuera autosuficiente, como si la construcción de lo que hoy llamamos historia no fuera la sucesión de hechos concatenados en un contexto político determinado, en una coyuntura internacional específica. Lo que no pueden explicar es por qué Juan Domingo Perón le puso esos nombres tan cipayos al símbolo nacionalista por excelencia: el ferrocarril.

Lo curioso del revisionismo es que muchas veces se pega un tiro en las pelotas. Julio Argentino Roca fue el que definió la nacionalidad, el que combatió a la oligarquía porteña —netamente mitrista— por considerarla contraria al concepto de Nación, concibió un Estado moderno, laico, independiente de la Iglesia, políticamente liberal, económicamente desarrollista. Roca pensó un Estado que colocaba el Capital a su servicio, garantizando el libre desarrollo de la actividad comercial y empresarial y, al mismo tiempo, llevando a que el Estado se hiciera cargo de lo que no fuera productivo para ningún inversor como, entre otras cosas, la construcción de ferrocarriles en zonas improductivas. El progresismo, que en lugar de buscar el progreso se dedica a juzgar sucesos de hace siglo y medio, lo putea por genocida. Pajeros aburridos con apellidos bien europeos que se hacen los boludos cuando el Gobierno reprime a los qom, se irritan cuando hablan de Roca, al que consideran un tipo que bañó de sangre inocente el territorio argentino. Un territorio argentino que no existía hasta el arribo de Roca. Si entendieran el concepto de contexto histórico, les resultaría fácil asimilar que los mapuches son originarios, pero de Chile, que así como aniquilaron a los tehuelches, luego se dedicaron a saquear zonas productivas, choreando ganado y demás pertrechos que luego vendían en el naciente país trasandino y que mina que encontraban, mina que se llevaban. Si tuvieran un atisbo de comprensión hacia la situación reinante en las Provincias Unidas del Río de la Plata, se darían cuenta de que más allá de la zanja de Alsina, el país no existía y era, literalmente, tierra de nadie, dado que los mapuches no concebían el concepto de Estado, ni el de territorialidad, ni mucho menos el de Derecho. Hoy los pueden ver, en cercanías de Vaca Muerta, cobrando peaje a quienes quieren circular por la zona. Cobrando peaje literalmente, con garitas y todo, y sin autorización de nadie.

Si tuvieran un puchito de intención de saber de historia, no andarían por la vida puteando a un genocida que, según sus camaradas, "no tenía las pelotas para ejecutar gente" y que por eso nunca sentenció a muerte a nadie. En un contexto en el que se daban situaciones como una invasión a cargo de Cafulcurá que concluyó con 500 cautivos, 300 muertos y el choreo de 150 mil cabezas de ganado violando un tratado de paz, el resultado final de lo que definen como masacre y no como conquista, es tan bajo que podría decirse que Roca les hizo precio a los mapuches.

La ausencia de coherencia es un factor congénito y un requisito imprescindible a la hora de incorporarse a las filas del progresismo vernáculo y así andan, vitoreando a quienes dicen pertenecer a una ideología a la que el progresista siempre despreció por considerarla facista. Si fueran coherentes, ya le habrían entregado sus viviendas a los aborígenes que aún quedan en el país sin haberse integrado a la sociedad civil. Deberían pensarlo: un acto humanista, entre lágrimas, dando la llave del departamentito mal habido, comprado a sabiendas de haber sido construido en tierras usurpadas a los pueblos originarios. Y de ahí volverse a España, al menos hasta que salten los visigodos a reclamarles que se retiren por ser descendientes de galos, o a Italia durante el tiempo que tarden los etruscos en darse cuenta de que son descendientes de esos putos invasores latinos. Puede ser que por último terminen en el Cuerno de África, comiendo las sobras que encuentran.

Ese "ejército moderno" que Roca utilizó para combatir al indígena fue construido por el mismo Roca, a quien se lo puede considerar sin temor a equivocarse como el auténtico padre del Ejército Nacional. Si hubieran agarrado algún libro de historia que no estuviera escrito en ruso, en vez de putear a Roca le agradecerían por esa escuela pública a la que defienden, a pesar de enviar a sus pibes a colegios privados, y por haber sido el primero en garantizar la educación laica, provocando un cisma dentro de la Iglesia Católica. Si a esos autores que reivindican por ser "padres del pensamiento nacional y popular" los leyeran *denserio*, no podrían justificar cosas como las siguientes:

La campaña de Roca, ganando tiempo, ante las urgencias de Sarmiento que lo apremia, ignorante de que el general construye su ejército sobre la marcha, disciplinándolo y acondicionándolo como un ejército moderno, termina en la batalla de Santa Rosa donde el ejército nacional entierra definitivamente al ejército de facción. Hay ahora en el ejército un sentido elemental de la política nacional que se irá perfilando con la marcha de su conductor. También hay otro estilo que no es el de los degolladores. El general Francisco Vélez refiere cómo el general Roca hizo fusilar, bajo la presión de sus consejeros, a un supuesto espía, que después resultó que era verdaderamente agente de enlace de su amigo Civit. Agrega Vélez: "Es fama que Roca sintió entonces profundo horror y que formó el propósito de no firmar otra pena de muerte, propósito cumplido religiosamente durante su larga actuación en la jefatura del ejército y del Estado". Esa nueva promoción que tiene a Roca como conductor careció de una teoría nacional de la política y de la economía. Sólo le fueron dados atisbos parciales de la realidad; no así liberarse de las supersticiones ideológicas, pero con todo, su carácter nacional la hizo contrabalancear a los agiotistas y especuladores del puerto de Buenos Aires y posibilitar algún desarrollo industrial. Esta época y la de sus continuadores fue también de enajenación de los ferrocarriles nacionales y de concesiones leoninas al capital privado. Pero cumplió, en cambio, una política ferroviaria de sacrificio a cargo del Estado, que tuvo en cuenta las fronteras y estabilizó el norte argentino y la conexión con Bolivia. Pero lo fundamental es que con Roca vuelve al país el concepto de una política del espacio. Vuelve con un auténtico hombre de armas y vuelve porque ya hay un ejército nacional y la demanda mínima de éste, la elemental, es la frontera. (…) Está la frontera con el indio, abandonada desde Caseros, cuando éste vuelve a rebalsar y hasta interviene en nuestras luchas civiles: Mitre ha traído a los indios a La Verde como los llevó a Pavón seguramente para replantear el dilema de civilización y barbarie a favor de la civilización, del mismo modo que Brasil llevó sus esclavos a la lucha por la libertad de los paraguayos. La primera tarea que realiza el ejército nacional es la conquista del desierto. El plan de operaciones repite el de la Confederación, con medios más modernos pero con la misma visión nacional. Lleva implícita la ocupación de la Patagonia —que se realiza— y la definición de la frontera con Chile que obtiene solución favorable y definitiva por la Política Nacional de las fuerzas armadas que representa el fundador del nuevo Ejército Nacional. Ella no hubiera sido posible sin la construcción del mismo, por encima de las facciones y sometimiento al mitrismo; la extensión vuelve a formar parte de la Política Nacional que se irá complementando hacia el norte, con los expedicionarios del desierto que en Chaco y Formosa consolidan, con la ocupación hasta la frontera del Pilcomayo. Toca también al ejército nacional resolver la cuestión Capital que algo aliviará al gobierno argentino de la presión constante del círculo de la oligarquía porteña. Frente a Avellaneda vacilante ante la insolencia de Tejedor y los demás mitristas, Roca expresa la posición firme de lo nacional y la decisión del Ejército Nacional de no aceptar más retaceos a la República. Éste es el momento decisivo y es bueno señalar lo que destaca Ramos: al lado de Roca está Hipólito Yrigoyen, jefe del futuro gran movimiento nacional. Durante el período del mitrismo no fue carencia: hubo política antinacional consciente y deliberada, que se sostuvo en la inexistencia del Ejército Nacional, reemplazado por una milicia de facción. Con Roca y la reconstrucción del Ejército Nacional empieza a definirse una Política Nacional, zigzagueante entre la comprensión parcial de los hechos y el adoctrinamiento antinacional de los ideólogos, pero hay por lo menos una Política Nacional, la del Ejército, expresada por su fundador, el general Roca, que tiene una Política Nacional de las fronteras y una política económica a la que falta mucho para ser nacional, pero ya retacea el librecambio impuesto por los vencedores de Caseros en obsequio de los "apóstoles del comercio libre".

El texto pertenece a Arturo Jauretche, a su libro *Ejército y Política*, pero de Jauretche sólo leen lo que les conviene. Sin embargo, lo que más molesta no es que estas actitudes las tome un progre, sino que el gobierno que se dice peronista se preste a un manoseo tan dañino de la historia. Quisiera suponer que lo hacen de brutos. Perón no era peronista, era nacionalista. Peronistas eran los que lo seguían al general. Y Perón, como militar y político nacionalista, no sólo admiró a esos hombres que forjaron lo que hoy conocemos como país, sino que los reivindicó colocándolos en billetes y bautizando con aquellos apellidos a los símbolos de su gobierno. Para él, los pilares de lo que hoy llamamos Nación fueron cinco políticos, cinco generales al igual que él. Y en honor a ellos nombró a los ferrocarriles y hasta lo dejó expreso en los considerandos del Decreto 20.024/1948: "Es un deber del gobierno mantener vivo en el pueblo el culto a la memoria de los forjadores de la nacionalidad, como tributo de gratitud a sus patrióticos afanes y para fortalecer los sentimientos de solidaridad con nuestro pasado".

Hecha esta introducción, viene bien tirar algunos datos que, seguro —pero segurísimo— generarían un accidente cerebrovascular en la cabeza de cualquier engendro de esos que se llaman economistas kirchneristas. Hagámoslo como un juego. Por favor, no lloren...

El colapso de los números fiscales acusó un déficit acumulado que creció con el paso de los años. Para compensarlo, el Gobierno clavó un aumento del 40% los derechos de importación de productos manufacturados. Los números seguían sin cerrar, por lo que el fisco fue financiado por los bancos. Si piensan que estamos hablando de 2009-2015, se equivocan. Ocurrió en 1875.

Durante diez años el país creció a tasas chinas. El período se inició con una deuda pública equivalente al 360% del PBI, según algunos, 290% según otros. El motor del crecimiento fue la exportación de producto agropecuario. El colapso se produjo por la caída de los precios internacionales de los commodities. Capaz que piensan que hablo de la larga década ganada. Perdón por la joda, pero ocurrió en la década de 1880. Obviamente, terminó en quilombo con la crisis de 1890.

Está claro que esto de tener un colapso financiero cada diez años lo arrastramos desde la cuna. Como también puede percibirse a flor de piel que Argentina no puede escapar a las crisis internacionales, porque las modas económicas son las que priman. No porque nos guste adoptar lo último del *prêt-à-porter* económico, sino porque son las reglas del juego comercial. Lo mismo que pasó en la década de 1890, o 1990, pasó en la década de 1940. No hablo de un modelo en particular, sino de la adopción de un modelo internacional con espíritu local. Si en 1890 la moda era el reparto de la producción, nosotros adoptamos la exportación agropecuaria. En 1990, la moda era la joda financiera, la abrazamos como si fuera la última tabla tras un naufragio. Y la moda entre las décadas de 1930 y 1950 eran los nacionalismos y el Estado de Bienestar.

El mentado Estado de Bienestar se convirtió en moda y vanguardia y, como todos los sistemas capitalistas modernos, surgió en la capital del Imperio: si el capitalismo burgués vio la luz en el Reino Unido, el Estado de Bienestar exitoso se consolidó en los Estados Unidos, mal que le pese a quien le pese. Fábricas poderosas, surgimiento de multinacionales y la idea de un capitalismo nacional que tomara como prioridad el mercado interno y, una vez conquistado, buscara apabullar en los demás países, tampoco es un invento argentino. Era la norma del mundo.

Los movimientos sindicalizados compuestos en su inmensa mayoría por sujetos que no llegaron a ver el surgimiento de estos modelos en sus respectivos países al haber sido expulsados por guerras, sintieron como conquistas lo que tarde o temprano iba a pasar: el cuidado del trabajador para garantizar el capital principal de la empresa. Empresas que concentraban toda la línea de producción y no tenían ganas de perder empleados por problemas de salud o agotamiento y tener que entrenar a un reemplazo. Se perdía tiempo, dinero y producción.

Este modelo de producción que adoptamos como elixir de vida, fue combatido por quienes en el kirchnerismo lo mencionan como mantra proteccionista para justificar cualquier verdura. Lo odiaron e intentaron aniquilarlo. Obviamente, eso tampoco es *copyright* argento, dado que la insurgencia subversiva ocurrió en mayor o menor medida, en todos y cada uno de aquellos países en los que a la pendejada le dolía darse cuenta de que eran hijos de cómodos aburguesados. Los motivos podían ser distintos, pero el fin siempre era el mismo: la toma del poder sin saber para qué.

El capitalismo bursátil que hoy reina en el mundo surgió en los años ochenta. Los problemas que sacudieron al país durante la década de los noventa fueron idénticos a los sucedidos en otras partes del planisferio, sólo que acá nos hacemos los boludos. Cuando la desocupación coyuntural tocó el 18% durante un trimestre de los cuarenta que gobernó Carlos Menem, en Brasil consideraban adoptar el canibalismo para paliar el hambre de años de desocupación estructural.

Sin embargo, a los inconvenientes que el país no supo/no pudo/no quiso enfrentar, el kirchnerismo pretendió arreglarlos con soluciones para problemas que ya no existen. Proteccionismo para fábricas de ensamblaje de importados, restricción de exportaciones que no se volcaron al mercado interno. Sólo en carnes perdimos diez mil millones de dólares en nueve años. En números duele más: u\$s 10.000.000.000 que podrían haberse usado para que se construyera todo lo que prometió Cristina, o para que funcionara todo lo que inauguró varias veces. Aquello que regularon para ir patrióticamente en contra del capitalismo mundial, lo fundieron. Como si El Modelo fuera el joven manos de tijera con Parkinson, todo lo que tocaron lo hicieron mierda aplicando remedios obsoletos.

Lamentablemente para la ilusión kirchnerista, hubo determinadas variables que no pudieron dominar, principalmente, porque no las entendieron. Y cuando las entendían, les podía más el discurso ideológico y las ganas de que los sigan queriendo por porongas. Cuestiones bien básicas como que ninguna sociedad comercial pone "altruismo" en el objeto de su constitución. Si el dueño de una estación de servicio deja de tener rentabilidad, la cierra. Del mismo modo que se congelaron los precios de los combustibles, se petrificaron las boleterías de los trenes y las máquinas expendedoras de boletos de los colectivos en la zona metropolitana de Buenos Aires y su conurbano, donde reside alrededor del 40% de los habitantes de la Patria. El resultado, por más notable que sea, no deja de ser estúpidamente obvio: el servicio metropolitano de transporte llegó a 2012 prácticamente destruido, las estaciones de servicio se encuentran en vías de extinción, la industria nacional consiste en productos pedorros o rompecabezas de fabricaciones extranjeras, y el autoabastecimiento energético fue aniquilado y reemplazado por la importación.

En 2004, cuando el retraso tarifario interno obligó a Metrogas a colocar parte de su producción en el exterior con el objeto de financiar a la empresa, el Gobierno decidió enchufarles una módica retención del 45%. El resultado inmediato fue una interrupción en el proceso de exploración. En aquel entonces las reservas de gas se proyectaban a diecisiete años. Meses después, se redujeron a tan sólo nueve. Al año comenzamos a importar. En 2005, se rehabilitó la conexión del gasoducto con Bolivia para importar gas de nuestro vecino y poder abastecer el mercado interno. Las circunstancias dirían que fue una situación avergonzante, pero Néstor Kirchner convirtió el hecho en un acto reivindicativo de la Patria Grande Nuestroamericana, de la reparación histórica y de la hermandad de los pueblos. Para terror de los sectarios kirchneristas, el gasoducto transnacional se había cerrado porque Argentina había alcanzado el autoabastecimiento en 1999. El costo de esta importación —el amigo Evo no hizo, precisamente, *precio de amigo*— llevó a que en 2008 empezáramos a importar gas licuado a pesar de ser productores, un récord que no sé si da para festejar. Dos años antes, en el apuro por importar combustible para la generación eléctrica, el Secretario de Comercio, Guillermo Moreno, daba una de sus primeras predicciones imbatibles y afirmaba que pronto llovería gasoil. No le pifió: los hidrocarburos que le compramos a Chávez provocaron lluvia ácida en los barrios de La Boca, Barracas y Dock Sud.

Al llegar a 2011, el esquema de subsidios no daba para más. En realidad, ya no daba para más antes, pero la creciente escasez de dólares, la falta de crédito externo y la crisis económica que el Plan Canje de Bicicletas no solucionó, hicieron que el Gobierno decidiera tomar cartas en el asunto con casi diez años de fiesta de subsidios a sus espaldas. El anuncio estuvo a cargo del todavía ministro de Economía, Amado Boudou, y del ministro de Planificación Federal, Julio De Vido. Increíblemente, también lo disfrazaron de épica y patriotismo, y empezaron las campañas de los mamertos filokirchneristas que, mediante spots televisivos, nos contaban que ellos habían renunciado a los subsidios a los servicios porque era un deber patriótico, como si pagar lo que corresponde por calentar la pava para el mate estuviera a la altura de la Vuelta de Obligado. Esa misma semana, las facturas de gas comenzaron a llegar con un aumento del 250%, pero no le habían quitado los subsidios. ¿Motivo? El costo de la importación de gas.

Un mes después, llegó la segunda medida del ajuste al que no llamaron *ajuste* por temor a la combustión espontánea: se desprendieron del sistema metropolitano de trenes subterráneos, entregándolos a la Ciudad de Buenos Aires sin subsidios. Negociaciones van, puteadas vienen, se arregló un 50% de los subsidios por un año o el 100% por seis meses. Macri decidió mandar el pasaje del subte de $1,10 a $2,50 y estalló la alegría del kirchnerismo porteño, que pretendió hacerse una fiesta con la medida a la que calificaron de "tarifazo". Pobres los boludos que vimos que ningún kirchnerista renunció a pagar $1,10 el pasaje del subte y, en cambio, presentaron un amparo para frenarlo. O sea, un aumento por quita de subsidios a los servicios domésticos era un acto patriótico y, en cambio, un aumento por quita de subsidios en el subte resultó ser un tarifazo en contra de la ciudadanía.

Como usuario cotidiano del subte, el sablazo de un 125% de aumento me dolió. Y atrás de ése vinieron varios más hasta llegar a una tarifa de $5. Más allá del dolor, tampoco se podía ser tan idiota de suponer que se puede conservar el costo del pasaje a veinticinco centavos de dólar —2012— cuando históricamente costó el triple. Cualquiera que se haya tomado un tren o un subte durante el período 2002-2012, sabe bien que era más probable viajar gratis que pagar. Porque no funcionaba la maquinita, porque no tenían cambio, porque faltaba alguien, porque estaban de paro. También sabemos que el control de boletos prácticamente se esfumó durante un buen tiempo. Cualquiera viajaba colado y era natural, si no había diferencia con que lo dejaran pasar gratis. Todo esto se debió, en buena medida, al enviciamiento de los subsidios: en cada paritaria, las patronales otorgaron sin chistar el aumento que el gremio pidiese, total, el aumento de costos lo trasladaban a los subsidios. Si los salarios de los trabajadores hubieran dependido de la recaudación, los boleteros habrían fabricado las monedas antes de no tener cambio, habrían arreglado las maquinitas con chicle antes de no cobrar y habrían ido a laburar con tendinitis o hemorroides.

La reestructuración me generó expectativas: quería ver qué iba a pasar cuando se sinceraran todas las tarifas. Y pasó lo que tenía que pasar: que el costo de vida se fue al carajo para buena parte de la población, que nunca se dio cuenta de que no vivió una expansión económica única, sino que transcurrió más de una década nadando en subsidios. Obviamente, para hacer honor al modelo de inclusión, el que vivía en Recoleta, pasó diez años pagando por la energía eléctrica lo mismo que pagaba el que residía en Mataderos. Pero al mismo tiempo, pagó menos, muchísimo menos de lo que tuvo que pagar cualquier ciudadano del interior del país. Porque acá, estimado lector, el federalismo se quedó en el artículo primero de la Constitución Nacional. También se discriminó en otros servicios básicos: el gas natural se le regaló a los domicilios de los barrios con menos problemas económicos de la gran ciudad, pero los que no estaban conectados a la red de gas natural tuvieron que vender órganos vitales para poder cocinar. Y no es por exagerar, pero con la actualización de 2009, el metro cúbico de gas natural pasó a costar 14 centavos para los clientes conectados a la red de distribución. Si tomamos en cuenta que el poder calorífico del gas natural es 9.300 kilocalorías por metro cúbico y que el del gas licuado de las garrafas es de 11.800 kilocalorías por kilogramo, podemos sacar la conclusión de que una garrafa de 10 kilos rinde lo mismo que 12,7 metros cúbicos. En el invierno de 2014, el que tenía la suerte de vivir conectado a la red de gas, pagaba $1,78 por lo mismo que el pobre boludo que dependía de la garrafa abonaba entre cuarenta y setenta pesos. Y por si fuera poco, al primero de ellos lo subsidiaron. En lo único que no discriminaron al momento de diagramar la economía fue en el impuesto al valor agregado, clavado en un 21% desde la era Cavallo y que hace que, al momento de pasar por la caja registradora del supermercado, se deje en impuestos 21 pesos por cada 100 de precio real. Y ahí no importa si el que está pagando junta mil pesos en changas o gana 100 lucas verdes por día.

A eso no se le puede llamar redistribución de la riqueza sino ocultamiento de una realidad que sólo blanquean una vez al año, cuando piden la prórroga de la emergencia económica para el presupuesto nacional. La guita que entraba por commodities e impuestos la volcaron a congelar las tarifas y, como jamás hicieron nada viable para frenar la inflación, indirectamente subsidiaron el consumo, única vía de escape de quien ve que pierde poder adquisitivo con el paso de los días. Nos doparon tanto con el consumismo que nadie se dio cuenta de que nada es gratis, que de algún lado salía la plata que uno no estaba pagando por los servicios que por cuestiones tan elementales como la devaluación, deberían haber aumentado. Y lo que falta todavía. Cuando todos los aumentos de los productos subsidiados repercutan en los costos de producción y sean trasladados a los precios de alimentos e indumentaria, ahí veremos qué tan maravillosa fue la bonanza económica del modelo kirchnerista.

A pesar del engolosinamiento con el diagrama de recaudación abusiva/gasto público pornográfico, los problemas políticos del kirchnerismo llegarían de la mano de un conflicto impensado. El primer año de gestión de Cristina Elizabeth no salió tan redondo como algunos esperaban. Las perspectivas podrían haber ilusionado a varios oficialistas, dado que llegaba a la presidencia con el mismo equipo del ex presidente, gente que supuestamente estaba ya fogueada en el manejo de imprevistos, más algunas figuras que, si bien eran nuevas en sus cargos, llevaban años de experiencia en el rubro. A este grupo, Cristina lo presentó como el mejor cuadro político de los últimos cincuenta años. Pero resultó que el gobierno *más mejor de todos* vivió una de sus crisis más profundas sólo porque no supo manejar una queja tributaria.

En marzo de 2008, Martín Lousteau puso el gancho en la resolución número 125, mediante la cual se aumentaron las retenciones a la soja y el girasol y, de paso cañazo, se estableció la movilidad por el módico plazo de cuatro años. El sector agropecuario se lo tomó a mal: con las retenciones alrededor del 45% de lo producido empezaron los cortes de rutas y los tractorazos, por lo que la Semana Santa de 2008 se convirtió en un quilombo nacional. Cuando el paro agropecuario llevaba 13 días, el martes posterior a la Semana Santa, Cristina intentó apaciguar las aguas y, fiel a su estilo, dijo unas palabras conciliadoras, que fueron desde calificar a las protestas como "los piquetes de la abundancia", hasta el juicio moral que hacía referencia a que estaba mal que los productores quisieran tener plata a costa del resto de los argentinos.

Las palabras surtieron efecto, aunque no el deseado por el Gobierno: unas diez mil personas —según la Federal— quisieron entrar en la Plaza de Mayo. Por suerte, apareció Luis D'Elía a ponerse del lado del más débil, o sea, el Estado. Así fue que el defensor de ricos y presentes, en nombre de los pobres y ausentes, despejó la plaza a trompada limpia y terminó abrazado a la Pirámide de Mayo, mientras gritaba "la plaza es nuestra, la puta que lo parió". Del otro lado del mapa, en la puerta de la Quinta de Olivos, las fuerzas del gobierno que no reprime la protesta social utilizaban camiones hidrantes para correr a los manifestantes. Un par de días más tarde, empezamos a ver a la Cristina de la gente. En una presentación en Parque Norte presentó "Enrollen las banderas", "A ver el de la corneta" y "Todo me cuesta el doble por el solo hecho de ser mujer", grandes éxitos que se sumaron al ya clásico "La Amenaza Fantasma Militar" y que finalizó en una épica versión de "Evocando al Grito de Alcorta" de 1912.

Luego de llenar la Plaza de Mayo bajo el lema "Por la paz y la convivencia", en junio de 2008, el gobierno del amor ordenó poner orden con cariño: Gendarmería se llevó en cana al dirigente Alfredo de Ángeli y a dieciocho ruralistas que lo acompañaban. Otra vez gente en la calle. Luis D'Elía, siempre ubicado en tiempos y espacios democráticos y tolerantes, llamó al pueblo a tomar las armas, mientras Néstor pedía copar la Plaza de Mayo en apoyo al Gobierno. Era sábado por la noche y, obviamente, en la plaza había tantos huecos que se podía jugar a la mancha sin que nadie se lleve puesto a otro. Guillote Moreno, acompañado de Acero Cali y un sonriente Julio De Vido, apareció por la plaza para mostrar su última composición, que rezaba más o menos así: "Gorila puto vas a pagar las retenciones del Gobierno Popular".

El *nacandpopismo* gubernamental convocó a la "Plaza del Amor", un nombre que, como todo lo que ha hecho el kirchnerismo, dice una cosa y hace otra. El miércoles 18 de junio, la multitud se agolpó en la Plaza de Mayo para escuchar la última composición de Ignacio Copani, "Cacerola de Teflón". La Presi apareció sobre el final, dijo casi lo mismo que en sus discursos anteriores, lloró y se abrazó a Néstor. La radio de las Madres de Plaza de Mayo dijo que hubo 200 mil personas, la Federal de Aníbal Fernández, 60 mil.

Luego de semanas de paro agropecuario, Cristina decidió enviar al Congreso la bendita resolución 125 para que fuera ratificada. Un día antes de la votación de los Senadores, se realizaron dos actos simultáneos, uno en el Congreso, donde habló Néstor, y otro en Palermo, donde hablaron los representantes de la Mesa de Enlace Agropecuaria ante un número de gente que nadie imaginó que se podía juntar.

La votación arrancó el 16 de julio y se hizo larga. A las 4.30 de la madrugada del 17 de julio, el empate obliga al vicepresidente Julio Cobos a emitir su opinión. Un *voto no positivo* alteró tanto los ánimos que los aburridos chicos pintaron las calles con leyendas en las que acusaban a Cobos de traidor, además de pedirle que le mande saludos a Vandor. Por otro lado, los inconsistentes que acusan de golpistas a quienes marchan para putear a la Presi, organizaron una marcha para echar a Cobos. Cris, ya en otra, da marcha atrás con la 125, nos trata de inconformistas y se olvida del campo para siempre. Era obvio que alguien debía pagar el costo político. Ese alguien fue Alberto Fernández, quien fue reemplazado por Sergio Massa. Poco tiempo después, se anunció la reestatización de Aerolíneas Argentinas.

La necesidad de mostrarse como un gobierno de acción llevó a la Presi a tomar el camino de la inauguración de lo que fuera. Cualquier cosa venía bien: obras de pavimentación en Ezeiza, la línea de producción de la Ford Motor Company, una ampliación de fábrica de zapatos Grimoldi, otra de tapas de empanadas, la red cloacal de un barrio de La Matanza y hasta la reinauguración de inicios de obras que seguían sin iniciarse. Todo era bienvenido, incluso un hospital en Malvinas Argentinas en el que el Gobierno no puso un peso, pero al que la Presidente fue a sacarse la foto. La agenda que le armaba Sergio Massa era maratónica y llegamos a escuchar a Cris decir frases incunables, como cuando disparó que los argentinos estábamos cansados de tantos discursos. Lo dijo durante el cuarto discurso al hilo en una única jornada.

En la recta final del 2008, el Gobierno intentó repetir la receta que tan buen resultado le dio a Néstor y organizó un acto en la Casa Rosada para anunciar la cancelación del pago de la deuda al Club de París, mediante Decreto 1.394/08 y, nuevamente, *cash*, con reservas de "libre disponibilidad". Un par de semanas después, Néstor decía que tremendo pago era algo que debía evaluarse mejor. A los franchutes se les volvió a prometer el pago unas dos veces más, pero tuvieron que esperar a 2014, cuando el Gobierno tenía ganas de demostrar que no estábamos en default por culpa de los buitres, y decidió arreglar. Lo presentaron como una promesa cumplida, sólo que habían pasado seis años y, en vez de pagar *cash*, se estructuró un cronograma. 2008 no sólo fue entretenido respecto de la crisis política derivada de la joda del campo, también fue el año en que se desató la crisis económica internacional, para la cual Cristina dijo no necesitar de ninguna medida, a la semana presentó un plan de contingencia, y luego volvió a afirmar que el Gobierno no necesitaba de Plan B, mientras promocionaba la venta de calefones por cadena nacional.

Algunos sostienen que el Gobierno cambió de rumbo económico con el paso de los años. La cantidad de veces que distintos funcionarios contaron que Néstor decía "el ministro de Economía soy yo" apunta a algo más sutil. No hubo cambio, hubo un extremismo de las políticas aplicadas a principios de la década. Como pasó siempre. Podrán llamarlo lavagnismo tardío o, como lo denominó Cristina, "sintonía fina", pero es el resultado de no querer corregir ni un poquito lo que está dejando de dar resultado. Es como aferrarse a un tablón luego del naufragio y, como salvamos nuestras vidas, sostener que es un crucero y que podemos dar la vuelta al mundo.

A todos los presidentes les pasó lo mismo. Empieza un ajuste, sigue una bonanza de unos años, tiran manteca al techo pensando que será eterno, les crece el déficit, no quieren ajustar lo que ellos mismos provocaron, tarde o temprano revienta todo —a algunos en sus propias manos, otros zafan y dejan la bomba al que viene— y vuelta a empezar el ciclo. El único que no tuvo que hacer un ajuste al inicio de su mandato fue Néstor Kirchner porque contó con una envidiable condición a favor. El default de la deuda, la devaluación del peso, el congelamiento de los salarios públicos y el boom sojero le permitieron no pagar deuda por varios meses y levantarla en pala a fuerza de agrodólares. Y el costo político ya lo habían pagado otros.

Luego vino la reestructuración de la deuda, donde quedaron algunos hilos sueltos que hicieron que, una década después, se desarmara todo el traje y nos dejara en pelotas. La primera negociación se dio con un contexto internacional inmejorable: la administración norteamericana estaba a favor de partir al medio a los especuladores financieros luego de la fiesta que vivieron hasta la crisis de las *puntocom* en 2000. Para cuando Argentina explotó, el secretario del Tesoro norteamericano, era Paul O'Neill, un tipo que despreciaba a Wall Street al punto de afirmar que "ante situaciones complejas, no me gustaría pedir ayuda a gente que se pasa el día frente a una pantalla verde". En medio del quilombo, el equipo económico de Duhalde intentó destrabar una ayuda del FMI y fue entonces que O'Neill disparó que no quería malgastar el dinero de los carpinteros y plomeros norteamericanos en un país que no tuviese un programa económico sustentable. Incluso, como ya lo dijéramos, George W. Bush —quien en diciembre de 2002 le pidió la renuncia a O'Neill— reiteró una y otra vez su apoyo a la pelea de Argentina. El tema es que el kirchnerismo exageró eso de salir a decapitar buitres: cuando se presentó el primer borrador de reestructuración, en las reuniones del Fondo Monetario Internacional en Dubái, octubre de 2003, Argentina propuso una quita del 92%. O sea que, por cada dólar que debíamos, el país proponía pagar ocho centavos a valor presente.

La segunda propuesta de pago fue la que terminó teniendo aceptación: una quita del 75%. Sin embargo, no entraron todos y empezó a crecer, de a poco, un problema que el propio kirchnerismo convirtió en gigante. Que la aceptación fuera del 76,07% fue presentado como un éxito cuando no era tal. O sea: sí, fue un lograzo que tres cuartos de los acreedores aceptaran cobrar 25 centavos por cada dólar adeudado, pero los contratos con los que fueron emitidas esas deudas eran explícitos en que, para renegociarla, hacía falta una aceptación del 100 por ciento.

En lugar de ello, prefirieron la Ley Cerrojo, un instrumento que se aprobó con el apoyo de la UCR y sostuvo que el Poder Ejecutivo no podía reabrir el proceso de canje de bonos después del 25 de febrero de 2005 "ni efectuar cualquier tipo de transacción judicial, extrajudicial o privada respecto de esos bonos". Traducción: una pistola en la cabeza para que los acreedores entren o se caguen. Y ahí empezaron los primeros litigios, por la violación expresa de Argentina a la igualdad de condiciones en el pago de la deuda emitida por Argentina misma.

El 15 de diciembre de 2005, Néstor anunció el pago de la deuda al Fondo Monetario Internacional, acto que, para el kirchnerista promedio, está a la altura del milagro de la multiplicación de planes. Íntegra, contante y sonante, ni un cobre de menos en el pago. Símbolo de época: el Fondo no se metería más en nuestros asuntos, ahora le rendiríamos cuentas a Venezuela. Chávez fue un amigazo y, sólo en 2005, compró bonos argentinos por cinco mil millones de dólares, tendencia que se continuó en 2006, independientemente de los préstamos al 15% anual que nos facilitó con generosidad. Evidentemente, la independencia económica es tan sólo una cuestión de ser amigo de nuestro acreedor.

La segunda reestructuración tuvo una presentación simpática: Cristina sorprendió a la Asamblea General de las Naciones Unidas de 2009 al anunciarlo en su discurso. Esta vez a cargo del ministro de Economía Amado Boudou, la movida tuvo una doble acción: primero, lograr la suspensión de la Ley Cerrojo por única vez hasta el 31 de diciembre de 2010. El segundo, convencer a los que ya habían iniciado acciones legales que las suspendieran y entraran en el canje, con las mismas condiciones que los que habían entrado cinco años antes. Funcionó notablemente y el porcentaje de bonistas reestructurados se estiró al 92%. Pero quedó un 8% afuera.

Cabe aclarar un tema, a título absolutamente personal: no hay buitres sin carroña. No existe posibilidad de que un fondo de inversión pueda lucrar como *holdout* sin materia prima. Y un bono de deuda es la emisión de una promesa de pago de un país. Es la forma más fácil y rápida de conseguir flujo de divisa extranjera y, como contraprestación, se apela a la fe. Muchos se enojan y afirman que los *holdouts* se dedican a lucrar con la miseria de los países, muchos otros gobiernos, con el tujes rojo por la misma joda de financiar déficit con deuda, salieron a bancar a Argentina, y todo lo que ya sabemos que pasó. Pero el que prometió pagar al emitir un bono fue Argentina. El que puso las reglas para pagar ese bono fue Argentina. Y aquellos que sostienen que el kirchnerismo se hizo cargo de la deuda generada por la partuza de los noventa, deberían saber dos cosas: primero, que entre los bonos de deuda pública que Argentina debe pagar, se encuentran varios colocados por el mismo Néstor Kirchner; y segundo, que por una cuestión elemental que hace a las repúblicas democráticas modernas, los Estados tienen continuidad jurídica y no existe el beneficio de inventario al momento de cambiar de mandato o signo político. Y al que no le guste, que no arme ningún partido, no se presente a elecciones, no gane, y no pucheree por cadena nacional.

Mientras Néstor y Cristina se cansaban de anunciar recaudaciones récord, al mismo tiempo decían que no se podía pagar. Y sin embargo, los indicadores sociales no se modificaban, con lo que el discurso de Cristina de "no pagar a costillas del pueblo" no era muy creíble afuera. Y hasta tengo mis dudas sobre la inteligencia colectiva al existir un núcleo duro de argentinos que lo considerara cierto, cuando el superávit de recaudación impositiva habla, precisamente, que se recauda de las costillas del pueblo. Al menos del pueblo que labura y paga sus impuestos en contra de su voluntad.

Sin embargo, lo que sabían que podía pasar, pasó. Y lo sabían porque las reglas para la reestructuración de la deuda las pusieron ellos. La jurisdicción de litigio en Estados Unidos no fue una imposición del imperialismo colonialista, sino que fue fijada por el Gobierno Nacional. Y en ésta, ni siquiera hay beneficio de inventario: fue fijada por Néstor Kirchner.

En 2007, el juez federal del tercer distrito de Nueva York, Thomas Griesa, dijo que Argentina debía pagar a los fondos NML y EM el total más intereses de los bonos emitidos en 1994. Luego de un embargo, Argentina logra llegar a un acuerdo. Pero empezó la joda. Para febrero de 2012, Griesa vuelve a fallar en contra de Argentina, tras la primera reapertura del canje de deuda, y ordena el pago de 1.300 millones de dólares. Argentina ofrece pagar en idénticas condiciones que al resto de los deudores, más intereses atrasados. Se rechaza. Para 2014, la cuestión estuvo a un paso de llegar a la Corte Suprema de Estados Unidos. Y digo a un paso, porque la cuestión fue rechazada.

Con el reloj de arena quedándose sin granitos, una delegación argentina comandada por Axel Kicillof viajó a Francia para cancelar la deuda con el Club de París que Cristina había prometido afrontar por decreto en 2008. La deuda que había llegado a casi 12 mil millones de dólares en 1995, había bajado a 4.500 millones en 1999. Con el default de 2001, subió unos mil millones de dólares y, de allí a 2006, bajó a 3.500 millones. Un año después, estaba en 6.300 millones y, para cuando Cristina anunció el pago, ya rondaba los 6.500 millones. Cuando Kicillof llegó a negociar, cerró el acuerdo por 9.700 millones de dólares, a pagar en cinco años, sin quita de intereses ni punitorios. El acuerdo fue presentado como un triunfazo y aplaudido por el grueso de la oposición.

Sin embargo, en Estados Unidos dijeron que una cosa no quita la otra, y que si Argentina tiene para pagar, que pague a todos. Cristina se calentó y decidió tomar cartas en el asunto. A su modo. Así fue que el 20 de junio de 2014, en pleno desarrollo de la Copa Mundial de Brasil, la Presi utilizó el acto en memoria de Belgrano para desplegar un discurso alarmista, nacionalista, antiimperialista y, sobre todo, lastimoso. Mientras hablaba en Rosario, en Buenos Aires armaron una movilización hacia la embajada de Estados Unidos. Juntaron a los muchachos en el Obelisco, los arriaron hasta la embajada yanqui, en el camino pintaron "Fuera Buitres" en bancos españoles y chinos, y mientras gritaban que "la Patria no se negocia", Cristina afirmaba que iba a negociar.

La cosa no iba a quedar así. Argentina tenía un período de gracia para no entrar en default tras el vencimiento del pago fijado para el 30 de junio de 2014. El mes de julio fue una joda de discursos, intentos por destrabar el conflicto y, obviamente, más militancia, lo que consistía en acusar a todos los yankis —no al puñado de acreedores ni al juez de turno— de ser imperialistas que querían arrasar con Argentina porque no nos perdonaban que nosotros sobreviviéramos a la crisis y ellos no. Un argumento similar al que usó la Presi siempre con los europeos, a quienes puso de ejemplo permanentemente para afirmar que ellos están mal y nosotros bien. Sobre el pucho, en los últimos días de julio surgió una alternativa que nadie había tenido en cuenta. El presidente del Banco Central, Juan Carlos Fábrega, armó una reunión con los principales banqueros argentinos en la cual propuso armar una vaquita para comprar los bonos en conflicto. De ese modo, Argentina ya no sería deudora de los *holdouts* norteamericanos, se resolvía el conflicto judicial en Estados Unidos y se destrababan los pagos para el resto de los deudores reestructurados.

La posibilidad de que la joda de los fondos buitre nos saliera mal casi se borra a último momento y por un instante tuvimos un dejo de esperanza. Infundada, pero esperanza al fin.

A tal punto llegó la improvisación que a Kicillof lo tuvieron que llamar a Caracas para que se tome un bondi a Nueva York 24 horas antes de la fecha límite. En el avión de atrás, llegó la barra del banquero Jorge Brito. Kicillof se reunió con el mediador Dan Pollack, con los buitres, con el Juez Thomas Griesa, con la mucama de Griesa y con el negro que tocaba el violín en la boca del metro. Para el miércoles, los medios se repartían entre los que esperaban a que se confirmara algo y los que ponían por tercer día consecutivo el adelanto del arreglo con la esperanza de embocarla alguna vez. Entrada la noche, Kicillof sale con los pulgares en alto. Empieza el alivio. El alivio dura poco y, mientras el ministro se manda 46 minutos de historia pedorra para decir que no se arregló, uno se preguntaba a qué se debieron los pulgares arriba.

El día después nos devolvió la normalidad de fumarnos unas dos horas cincuenta minutos de Cristina hablando, con Kicillof y Julián Álvarez de teloneros. El titular de Economía se mandó un showcito en el cual aprovechó sesenta minutos para contarnos por qué no estábamos en default. Luego de recordar que el arreglo con el Club de París fue felicitado por todo el mundo "menos dos o tres de acá", se quejó porque le decimos default al default, cuando así lo llama todo el mundo menos dos o tres de acá. Sin embargo, el miniministro no pudo con su genio y le dio una patada en los gobelinos a Juan Carlos Fábrega mientras éste se ataba los cordones, al contarnos que la única posibilidad seria de no entrar en default no sería permitida por el Gobierno porque "utilizarían la plata de los ahorristas y no la de su propio bolsillo".

Una hora y media más tarde, después de que Cristina mostrara que somos potencia al inaugurar la reforma de una peatonal del conurbano, anunciara que los jubilados recibirán un aumento que los mantiene por debajo de la línea de la pobreza y leyera un discurso de Néstor Kirchner en que él aseguraba que al país lo endeudaron los corruptos, la Presi retomó la teoría de Kici y repitió sus conceptos sobre el arreglo bancario, a lo que agregó que "con la plata ajena cualquiera es generoso" y que "si quieren ser patriotas, que lo hagan con su bolsillo".

Parece ser que los ahorros de la Anses dilapidados para mantener a la AFA no es algo que atente contra la Patria. Tampoco pareció joder demasiado que ninguna de las obras anunciadas por Cristina para reparar el daño hecho por los políticos de antaño se haya pagado con la guita de su bolsillo, engrosado como el de cualquier otro político. Pero la Presi tenía un día tan especial que pasó del homenaje a Néstor Kirchner a la crítica a los siete ministros de Economía que tuvo el kirchnerismo antes de la llegada de Kicillof. En medio de un pico de volatilidad histórica, afirmó que ella fue perseguida por todos los poderosos, con lo que no quedó claro si el Gobierno más poronga de los últimos seis milenios no tenía tanto poder, o si la persecución consistió en una carrera de embolsados en una kermese con los presidentes de las multinacionales mineras, sojeras y petroleras. Para que tengamos y guardemos, también sostuvo que su Gobierno "no fabrica la plata con una maquinita", por lo que está más que claro que Ciccone no es una imprenta sino una Pastalinda. Y así, mientras Kicillof se convertía en héroe, Néstor en visionario y Cristina encaraba la crisis de los bonistas con un cancionero de la pastoral militante, en las redacciones volvían a correr nuevamente los rumores de un nuevo arreglo como quien espera que la FIFA convalide el penal no cobrado de la final y le quite la Copa a Alemania.

Quince días después, salió un comunicado de Mark Brodsky, miembro del fondo Aurelius, quien había afirmado que si Argentina no pagaba, le iba a ir mal. Cristina apareció por cadena nacional, para variar, y mostró la foto del hombre mientras empezaba una catarata patrioteril en forma de discurso. Nadie le avisó que la foto que mostró es la de Sam Zell, un multimillonario que sólo se parece a Brodsky en que no tienen problemas para pagar las expensas. Cabecita de novia, ella tampoco se calentó en chequear. Enojada porque "Brodsky" dijo que "lo peor (para Argentina) está por venir", puteó a los europeos y luego los puso como ejemplo de regulaciones antibuitres, recontra puteó a "Brodsky" para luego ponerlo de ejemplo. Fuera de la banquina y a campo traviesa por las tierras de la oratoria inconsistente, Cristina se enojó porque las palabras de "Brodsky" eran una amenaza para los argentinos y no se puede tolerar tamaña falta de respeto a la soberanía de un país.

Fue en ese mismo discurso en el que Cristina demostró cómo se maneja la Administración Federal de Ingresos Públicos respecto de a quién investigar y a quién dejarle pasar cualquier cosa. La Presi contó que se junta con Ricardo Echegaray, titular de la AFIP, a tomar el té, jugar al bridge y buscar empresas con capitales de fondos buitre, tras lo cual se enojó con todos los periodistas que no investigaron los datos confidenciales que maneja la AFIP. Lo habríamos hecho, pero estábamos entretenidos con, entre otras cosas, las aberraciones del Gobierno. Cristina encontró que Paul

Singer alguna vez tuvo el 7% de la imprenta Donnelley, la cual acababa de cerrar sus puertas, y que en 2013 se lo vendió a otro fondo de inversión. Para que no haya malentendidos, Cristina aclaró que el comprador —BlacRock— se presentó ante el juez Griesa a favor de Argentina. Y así, como quien no quiere la cosa, dijo que "todo hace juego con todo". BlacRock podría haber estado en la joda, o no. Sin embargo, debemos agradecer que a la exitosa abogada no se le dio por ser jueza, porque si denuncia penalmente a un tipo porque una vez le compró su participación a un acreedor, tranquilamente podría condenar a Carlitos Balá por abuso infantil porque en 1962 fue a misa.

Así fue que la Presi comunicó que denunciaron penalmente a una empresa que ya se había marchado del país. Y la denunciaron por "desestabilizar" al Gobierno al dejar 400 personas en la calle. Y lo hicieron el mismo día en que Paraná Metal, del empresario kirchnerista Cristóbal López, suspendió a la totalidad de sus empleados. En el caso de Donnelley, es un acto de terrorismo. En el de Cristóbal, sólo una maniobra de los medios para "infundir temor a la sociedad". Finalizada la cagada a pedos generalizada por cadena nacional, Cristina se acercó a uno de los patios para charlar con los que no hacen el mínimo esfuerzo en buscar la relación entre lo que dice la Presi y la realidad que vieron antes de entrar en la Rosada. Como quien no quiere la cosa, comparó al conflicto de la Franja de Gaza con la Guerra de la Triple Alianza y aseveró que "los beneficiados de las guerras siempre quedan tras bambalinas, como pasó acá con la imprenta que cerró".

Mientras los militantes cantaban "si la tocan a Cristina qué quilombo se va a armar", Cris dijo que acá no hay culto al personalismo, que ella no intenta adoctrinar a nadie, que el mundo está patas para arriba, que no le gusta dar discursos con olor a naftalina porque es buena para las polillas y a ella nunca le gustó ser polilla. Los pibes demostraron que son la evolución de la humanidad dado que ninguno quedó en estado catatónico y aplaudieron enfurecidos lo que en su vida entenderán. Luego explicó con lujo de detalles cómo funciona un préstamo usurero y cómo un prestamista aprovecha la usura para quedarse con la casa del deudor. Tras la clase magistral de todo lo que se debe hacer para conseguir 28 propiedades en un par de años, afirmó que no cree en izquierdas y derechas, dado que a su izquierda está la pared. Y un Rolex Presidente de oro.

Una semana después, el 21 de agosto, Cristina volvió a aparecer por cadena nacional para demostrar que, cuando las papas queman, manda un proyecto de ley al Congreso para que "los representantes del pueblo argentino" le den la razón. Lo hizo con la 125, lo hizo con la reforma judicial ¿Cómo no batir su propio récord y meter a Estados Unidos, Europa y la deuda externa en un mismo combo? La idea consistió en que se fijara como nuevo lugar de pago Argentina, el paraíso de la seguridad jurídica. Cristina no era la única que hablaba mucho, dado que el entonces jefe de Gabinete, Jorge Capitanich, nos alegraba cada mañana desmintiendo hasta su propio apellido, y Axel Kicillof llamaba a conferencia de prensa al menos una vez por semana. El Kichi nos dejó frases hermosas, como que los buitres son como los dibujitos animados, o que la deuda era una bola de nieve, que la derritieron, y la hicieron bolita. De todos los curas que había en la congregación nos tocó el ateo, el médico curandero, el parrillero vegano, el economista que no cree en el mercado. Todavía no entiendo cómo no pusieron a un activista de Greenpeace al frente de YPF, a Hebe de Bonafini en la Cancillería o a Luis D'Elía en el Ministerio de Cultura.

Es notorio cómo el Gobierno que más habló en contra de los mercados haya sido el que más ha dependido de los mismos. El tema de la inflación merece una enciclopedia aparte. A fines de enero de 2007, el Gobierno anunció el desplazamiento de Graciela Bevacqua, titular del Instituto Nacional de Estadísticas y Censos (Indec), y todo porque la funcionaria —a cargo desde 2001— no quería modificar el sistema de medición del índice de precios si no se utilizaban parámetros de reconocimiento internacional. En los primeros seis meses, la inflación del Indec arrojó un 4,4%. Las mediciones de las consultoras —que hasta la intervención coincidían en sus números— arrojaron un 14,4%. Nacían así la inflación real y la paralela, pionera esta última en ambigüedad, acompañada por el dólar oficial y el blue, la inseguridad, la *sensación* y otros montajes de la factoría de Balcarce Fifty Productions. Todo lo regularon y, cuando la suba de precios era inocultable, no la blanquearon. Obviamente, no funcionó. No se sabe qué salio mal, si fue la misma medida que se aplicó cada vez que hubo inflación en Argentina y siempre falló. Con la llegada de Kicillof al Palacio de Hacienda, Guillermo Moreno fue reemplazado por Augusto Costa y la idea de tener una bocanada de aire fresco se limitó al marketing: desapareció el congelamiento de precios, apareció "Precios Cuidados". Lo mismo, pero con onda, como Kicillof.

El recuerdo amenazante de que en 2001 la gestión de Fernando de la Rúa descontó el 13% de los salarios a los estatales para paliar el déficit fue un latiguillo discursivo que se usó, se usa y se usará. Lo gracioso es que cada vez que en el Ministerio de Trabajo se cierra un acuerdo paritario por debajo de la inflación real, se está descontando un porcentaje del poder adquisitivo de los laburantes. Eso sí: con dignidad, patria y soberanía. Un descuento democrático. Ejemplos sobran a lo largo de los últimos años y sólo en 2015 empezaron los acuerdos con aumentos del 27 al 30%, cuando la inflación real de 2014 fue del 37 al 40%. Un 13% menos en promedio en el poder adquisitivo. Disfrazado y sin quilombo. Y no fue el primer año en el que sucedió.

La otra pata que utilizaron para reactivar la economía y sus patrimonios personales, fue la obra pública. Fue un entramado tan grande que derivó en causas que investigan lavado de dinero, empleados bancarios devenidos en multimillonarios y siempre las mismas empresas ganando cualquier licitación. Entre todo ello, los planes de vivienda fueron el primer caballito de batalla del kirchnerismo, como el de cualquier otro gobierno.

Los planes de construcción de casas Reactivación I y Reactivación II no reactivaron mucho. El Plan Federal de Viviendas I, y sus posteriores anuncios de ampliación se vinieron con todo, pero a la larga, tampoco funcionaron. En 2005, Néstor anunció 300 mil viviendas. Para 2006, prometió de nuevo 300 mil viviendas cuando ni habían empezado a ejecutar el baño de la primera casa de las anunciadas en 2005. Sólo entre 2003 y 2006 se anunciaron cerca de un millón de viviendas de las cuales, a mediados de 2014, se habían construido 100 mil. Y eso según datos oficiales. Para 2008, ya con Cristina ocupando el cargo de *Inaugurador Serial*, se anunciaron 400 mil viviendas más, una promesa que tan sólo sirvió para sepultar definitivamente el Plan de Préstamos para Inquilinos del año anterior del cual yo conocí un solo beneficiario: un abogado que truchó un alquiler altísimo para construirse un terrible rancho financiado por nosotros.

En esa línea, Cristina lanzó el Plan Federal de Viviendas II. El primero fue de 400 mil viviendas mayormente no construidas, pero éste fue más sincero y la Presi prometió sólo 38 mil unidades. Porque acá había que ahorrar hasta en las promesas que no se cumplían. Para 2010, la primera ocupación del Parque Indoamericano nos demostró que las viviendas estaban al alcance de la mano y que con tan sólo cuatro cartones y un mantel se podía tener una casita con un jardín comunitario y arbolado de quince hectáreas.

Evidentemente, alguien en el Gobierno interpretó que el fracaso de los créditos para inquilinos demostró que acá nadie quería una casa propia y todos preferíamos seguir alquilando, vivir con los viejos o pernoctar en una plaza. Pero para estar bien, bien seguros, el Banco Nación mandó otra línea de créditos que confirmó la teoría de que todos se encuentran satisfechos con su situación habitacional. Así y todo, Cristina quiso probar una tercera vez y tiró el plan "Tu casa" en plena campaña electoral de 2011. El plan duró lo mismo que la adhesión del 54%. Llegado el año 2012, los funcionarios tenían la convicción de que las familias que vivían —y a la fecha de cierre de este libro, aún lo hacen— en las galerías de las avenidas Paseo Colón y Leandro N. Alem lo hacían de puro aventureras. Sin embargo, para tirar manteca al techo, anunciaron el Plan Procrear con plata de la Administración Nacional de Seguridad Social. Primero prometieron 100 mil créditos. Luego 400 mil. Para mayo de 2014, llevaban "construidos" 110 mil y en septiembre del mismo año, Cristina anunció la "entrega de la unidad número 125 mil" del plan. Obviamente, por el objetivo con el cual fue creado el plan, el Gobierno no pudo entregar ninguna casa, en tanto se trata de una línea de créditos. Lo que también contaron los funcionarios para hacer número es que se computaron casas nuevas, refacciones y ampliaciones. O sea, cuentan una casa terminada o un baño, da igual.

En total, desde el 25 de mayo de 2003 se anunciaron más de dos millones de viviendas, entre las que construiría el Estado y las que construirían los ciudadanos con créditos del Estado. Para cuando se anunció el "Procrear", llevaban prometidas 1,7 millones de viviendas y construidas 300 mil más 900 mil mejoras habitacionales. Dos años después, la Presi dijo que llevaban más de un millón de viviendas y mejoras habitacionales. O sea, los mismos números de antes del plan.

Pero en esta fiesta de la construcción, no podemos olvidar Sueños Compartidos, el proyecto de Hebe de Bonafini y Sergio Schoklender para la construcción de viviendas. La Asociación Madres de Plaza de Mayo se dedicó a la construcción de un modo abierto, sorprendente e impune. Exigieron el pago de dinero por parte del Estado al referir que, con la plata que el Estado utilizaba para construir viviendas, ellos construían el doble. Viendo los números de los planes oficiales detallados arriba, no hacía falta hacer demasiado. Pero como nadie trabaja gratis, la clave estaba en la mano de obra en negro de gente sin recursos, muchos indocumentados y bajo extorsión de no ser denunciados ante la Dirección General de Migraciones. Y por si fuera poco, la técnica utilizada para la construcción estaba prohibida: planchas de telgopor, dos mallas de alambre, dos capas de cemento.

En 2006, se incendió la villa El Cartón, en Soldati, ubicada bajo la conexión vial que unía la avenida 27 de Febrero —costanera del Riachuelo— y la autopista 25 de Mayo. A las víctimas se les construyó en tiempo récord unas casillas de madera en un predio fiscal, en la costanera del Riachuelo. La idea final era entregarles unas viviendas construidas de material por el Instituto de la Vivienda de la Ciudad de Buenos Aires. Sergio Schoklender se avivó del negoción y, de golpe, aparecieron tantos damnificados que se podría haber llenado un estadio. Las oportunidades son para quienes saben aprovecharlas. Tras ello, exigieron al Gobierno de la Ciudad de Jorge Telerman la entrega de los fondos necesarios para la construcción de esas viviendas, más las de Ciudad Oculta, más las que podrían venir. Posteriormente, juntaron a todos los damnificados y les comunicaron que la asignación de las viviendas correría por cuenta de la Asociación Madres de Plaza de Mayo. Mientras tanto, como los damnificados duplicaban a los originales —esta cosa que tiene la gente de reproducirse cuando hay guita de por medio— los terrenos no alcanzaban. Para hacerle un favor a la gente, y prevenir usurpaciones, la Fundación se tomó la molestia de alambrar los terrenos sobre los que se construyeron las viviendas temporarias, usurpándolos ellos mismos. Nadie entraba ni salía sin conocimiento de las autoridades internas.

Los mismos afectados por el incendio se calentaron. Los hacían ir a cuanto acto hubiera para hacer un poco de bulto en las plazas. Si no iban, perdían la posibilidad de obtener la vivienda. Todas estas cosas eran explicadas didácticamente por Schoklender en persona, que armaba reuniones informativas, acompañado de unos colaboradores que, en lugar de carpetas y diapositivas, llevaban chumbos en la cintura.

Amparados por Néstor y Cristina Kirchner, Sueños Compartidos permitió construir viviendas en las ciudades de Buenos Aires, Posadas y Rosario, en los partidos bonaerenses de Tigre, Almirante Brown y Ezeiza, y en las provincias de Santiago del Estero, Río Negro, Salta y Chaco. Gracias al conflicto con el campo por la 125, el apoyo incondicional de Hebe a la gestión de Cristina se vio retribuido con la diversificación de las obras: no sólo construirían casas, sino que también se les adjudicarían escuelas y hospitales. Sueños Compartidos empezó a llegar a otras villas, como Ciudad Oculta, pero los modales siempre eran los mismos. Bilma Acuña, símbolo de la lucha contra el paco, le pidió a Schoklender que tomara como trabajadores a chicos en rehabilitación, recibiendo como toda respuesta que no quería "enfermitos en las obras".

La guita que salió de la nuestra y que fue a parar al agujero negro que creó Sueños Compartidos en Ciudad Oculta es tan difícil de dimensionar como indignante. Según consigna el libro *El negocio de los Derechos Humanos*,[1] la Secretaría General de la Presidencia, por entonces a cargo de Oscar Parrilli, efectuó tres giros a la fundación durante 2006: dos de 45 mil pesos y uno de 100 mil. En 2007, realizaron un solo giro de 1.680.000 pesos. El Ministerio de Desarrollo Social de Alicia Kirchner giró 944 mil pesos para "alimentar a los trabajadores de las obras", mientras que Carlos Tomada enviaba fondos del Ministerio de Trabajo por el mismo monto. En enero de 2007, Telerman adjudicó obras por 32 millones de pesos para que la gente de Bonafini construyera 432 casas en el barrio Los Piletones, en Mataderos, en un lapso no superior a seis meses. En mayo de 2012, llevaban más de cinco años, la obra no estaba terminada y los trabajadores tomaron la obra. A partir de 2008, la excusa perfecta era la presentación discursiva: el dinero venía de las retenciones al campo. Era una de las caras con las que Cristina pretendía torcer la opininión pública en su favor: darle la plata a una fundación para que construya lo que el Estado no tenía ganas, mientras el resto de los mortales esperaba impaciente por un crédito hipotecario viable. Ese mismo año, el gobernador de Misiones, el radical arrepentido Maurice Closs, firmó con Hebe un compromiso para construir 250 viviendas por 30 millones de pesos. La provincia de Chaco, gobernada por Jorge Capitanich, fue la que más garra le puso al arreglo con la dupla

---

[1] Luis Gasulla, *El negocio de los Derechos Humanos*, Sudamericana, Buenos Aires, 2012.

Bonafini-Schoklender. El delegado chaqueño de la Cámara Argentina de la Construcción contó en una nota al diario *Clarín* que las viviendas que construía Sueños Compartidos "les costaban al Estado 210 mil pesos", mientras que a los obradores de la Cámara "les pagaban 81 mil",[2] y que ellos se veían obligados a pagar impuestos y cargas sociales, algo que a Hebe siempre le pareció innecesario.

En un momento colapsó todo y las miserias de la Fundación se hicieron públicas. Hebe le hechó la culpa a Schoklender y se desligó de todo. Pero según afirmó el periodista Luis Gasulla: "Antes de ello, ya había existido una reunión entre el titular de la Administración Nacional para la Seguridad Social, Diego Bossio, Hebe de Bonafini y Sergio Schoklender, y deciden cagar a todos los trabajadores. Sueños Compartidos iba a pérdida. En cargas sociales, los cagaron a todos. Fueron 136 palos que se cagaron en cargas sociales y el Estado fue cómplice. A las mediaciones nunca se presentó el Estado. La UOCRA hizo la vista gorda durante años. No tenían ART, no tenían uniforme, no tenían protección. Hubo un hombre que rompe una cloaca, traga materia fecal, se enferma y muere. Contrataban gente muy humilde e ignorante. Eran bondadosos e hijos de puta".

El dilema por la construcción de viviendas para habitantes de las villas se desnudó como una verdadera lucha de punteros políticos a fines de 2010, cuando un grupo de personas tomó el Parque Indoamericano, un predio que fue concebido como "los bosques de Palermo del sur", pero que fueron literalmente abandonados a medio camino. Las familias que llegaron en reclamo de una vivienda digna provenían, primero, de otras villas y, segundo, eran inmigrantes recién llegados, otros ya habían cobrado distintos subsidios para desocupar

---

[2] *Clarín*, 12 de mayo de 2010.

casas usurpadas y varios oportunistas del negocio inmobiliario marginal. En aquel entonces, hizo su aparición "el Pitu" Salvatierra como referente del reclamo habitacional y, mientras el kirchnerismo apuntaba a punteros vinculados al macrismo, no esperaban que alguien se preguntara quién era ese tal Salvatierra, que resultó ser puntero del Movimiento Evita.

Cuando era adolescente, mientras terminaba la secundaria, conseguí un trabajo en el kiosco de diarios y revistas "El Gallego", en la esquina de Avenida Escalada y la Autopista Teniente Dellepiane. Sí, mi zigzagueante carrera laboral que terminó depositándome en el periodismo, se inició en la otra punta de la línea de producción. Para quien no conoce la zona, es a 100 metros del inicio del Parque Indoamericano, trazado durante la gestión de Federico Domínguez, el último intendente porteño antes de que se pudiera votar a Jefe de Gobierno. Es allí donde se encontraba el monumento más grande a los caídos en la Guerra de las Malvinas en la ciudad de Buenos Aires hasta que a Cristina le pareció buena idea construir un edificio en homenaje a los muertos para aprovechar y mostrar obras de gestión.

A mediados de los noventa, quienes querían ir al Parque Indoamericano a disfrutar de sus cinco canchas de fútbol para equipos de once jugadores, no podían. Desde las ocho de la mañana estaban ocupadas por gente de la colectividad boliviana que las usaba para armar torneos, por los cuales cobraban inscripción. Obviamente, no tenían autorización de nadie. El Parque Avellaneda, en Floresta, padecía la misma situación. Quienes viven en Liniers o han transitado por sus calles en las últimas décadas habrán notado algún cambio. Uno camina por el barrio y ve de todo: odontólogos especialistas en implantes de cobre, casas de tolerancia "cholas para los cholos" y una feria permanente en la vereda, donde señoras ofrecen especias y lencería de dudoso gusto. Del otro lado de la General Paz es peor y Ciudadela se encuentra en estado calamitoso. La toma que vimos por televisión desde la comodidad de nuestros livings, era una fruta a punto de caer. Y cayó. Cuando en 2007 tomaron 200 hectáreas en Ingeniero Budge, partido de Lomas de Zamora, la noticia salió por todos los medios. Nadie hizo nada. Tiempo después, Daniel Scioli entregó sin chistar un predio gigante que iba a convertirse en el Polo Industrial de Lomas de Zamora. Lindo mensaje clarificador: lo que importa no es el trabajo, importa que los quieran los potenciales votantes.

A todos los que pusimos el grito en el cielo ante la toma del Parque Indoamericano nos trataron de racistas. Laburantes que no pueden acceder al sueño de la casa propia pero que, por respeto a la legalidad, no piensan en tomar un parque para acceder a ella, encima tuvieron que fumarse a la progresía argentina señalándolos con el dedo por pensar que no está bien cagarse en el bien público. Y vinieron a recordarnos que somos hijos, nietos, bisnietos o descendientes de inmigrantes. Más allá de que la historia del mundo se compone de desplazamientos poblacionales y toda la bola, comparar las políticas migratorias de finales del siglo XIX o de mediados del siglo XX con la política de mantener el excedente de pobreza ajeno es un abuso a la comprensión de contextos. Aquellas oleadas migratorias fueron fomentadas por el Estado y se llevaron a cabo con vistas de un proyecto de país, y no con fines méramente políticos. Si uno agarra al azar la historia de cualquier ciudad o pueblo que haya crecido a la vera de alguna estación de tren, se encontrará con que fueron fundados por inmigrantes suizos, italianos, españoles, alemanes e ingleses. No se quedaron todos en la ciudad, fueron a buscar trabajo al interior y a hacerse la América. Para los que acusan a aquellas gestiones de atraer sólo la migración europea por cuestiones de buen estilo, no puedo creer que haya que explicarles lo que es un modelo de país. No se trataba de tener todos rubios de ojos celestes —si encuentran un tano del sur con esas características, chiflen— sino de convertir este país improductivo en un país agroexportador con la primera corriente, y reconvertirlo en uno industrializado con la segunda. ¿Y a dónde se podía ir a buscar mano de obra calificada en trabajo agropecuario o industrial si no era a una Europa que no podía dar de comer a sus habitantes?

Lo que vimos y vivimos con el Parque Indoamericano no es lo mismo. Una mujer salió por *Telefé Noticias* quejándose de que los 8 mil pesos —del año 2010— que le dio el Gobierno de la Ciudad para que desalojara un departamento usurpado ya se le habían acabado y que nadie le quería dar más. Por cada vez que alguien argumente que nuestros ancestros también llegaron escapando del hambre y la miseria, habría que responder que lo primero que tuvieron que hacer fue adaptarse a las leyes de la Argentina. Es así. No me imagino a un grupo de argentinos loteando la Plaza Mayor de Madrid, o el Tiergarten de Berlín. Paradojas de la vida, por esas mismas semanas de 2010, en Bolivia sentenciaron a prisión a cuatro argentinos que habían ocupado un espacio que pertenecía al Estado. Y acá pedíamos disculpas por no regalar una vivienda reclamada por la fuerza.

El primer martes luego de la toma, eran cincuenta las familias reclamando vivienda. Para el jueves siguiente ascendían a quinientas y, menos de 24 horas después, ya eran más de mil doscientas, mientras llegaban más desde La Matanza y Lomas de Zamora. Margarita Barrientos, referente de Ciudad Oculta, fue quien se animó a denunciar el negocio de los okupas y la fiesta que hay detrás de la construcción de viviendas en las villas. Margarita sabía de qué hablaba, dado que el Pitu Salvatierra ya había hecho de las suyas en Ciudad Oculta en medio de la joda de

Schoklender, Hebe de Bonafini y los Sueños Compartidos de levantarla en pala a costillas del Estado que financiamos todos, pobres, clase media y ricos.

Pero un día Sergio Schoklender volvió. Y sin barba. En una entrevista publicada en Youtube, Schoklender aparece en Rafaela, provincia de Santa Fe. Entre todas las cosas que dijo, afirmó que, luego de que él se fue de la Fundación de las Madres, el Gobierno les dio a Hebe de Bonafini y a su hija adoptiva, Alejandra, un grupo de contadores vinculados a Amado Boudou y otros vinculados a Julio De Vido, y se quedaron con 160 millones de pesos que "nadie sabe a dónde fueron a parar", al igual que todas las maquinarias e insumos de construcción "para 37 obrados en todo el país" de las que "no quedaron ni los tornillos".

Luego de que la Justicia le levantara la nulidad a Schoklender en la causa por Sueños Compartidos, éste se radicó en Rafaela para "instalar una fábrica de casas y una de paneles para toda la provincia de Santa Fe". Afirmó también que aprovecha que Santa Fe "no es una provincia kirchnerista, así que hasta que pasen las elecciones voy a estar un poco más tranquilo", que Santa Fe "es una provincia en la que tengo muchos amigos", entre los que se encuentra el que lo convenció para llegar a Rafaela, Hugo Querini, histórico zaguero del plantel de fútbol de Atlético Rafaela de fines de los ochenta y principios de los noventa.

Schoklender quedó tan herido que sigue hablando. Y habla mucho. Y sin filtros. En su entrevista afirmó que hay "tres actores complejos" alrededor de Cristina: el secretario Legal y Técnico de la Presidencia, Carlos "el Chino" Zannini; el ministro de Planificación Federal, Julio De Vido, y el secretario de Obras Públicas, José Francisco López. "Son tres delincuentes, tres criminales", sostiene cariñosamente Schoklender, para luego agregar:

Son los que han dilapidado la riqueza de estos años de Argentina, son los que destruyeron las instituciones que se fueron construyendo en estos años de democracia, son los responsables de crímenes como el de Nisman, de los manejos de Servicios de Inteligencia, de la extorsión por carpetazos. Se acostumbraron a utilizarlo con jueces, legisladores, funcionarios y empresarios. Cuando alguien dice cómo un país que ha producido tanta riqueza hoy está en la ruina, donde el presupuesto no alcanza, donde todas las cuentas están en rojo, donde las reservas no alcanzan para cubrir las necesidades de 2015... la plata se la llevaron ellos. Son los que armaron los Lázaro Báez, los Cristóbal López, los de Electroingeniería, muchas empresas en el interior en el país, muchas en Tucumán, muchísima guita depositada en Brasil y Venezuela, los negociados de Enarsa, los negociados de Repsol... El nivel de corrupción es impresionante y en el medio te aparece un personaje como Boudou: un carilindo, un pelotudo. No es un genio de las finanzas ni de la corrupción. Se la levantó a Cristina y lo cuida. Lo que Boudou se ha robado es ínfimo, son monedas, no existe. Los grandes desfalcos al país se hicieron en Planificación Federal.

Y así, sobre el final del kirchnerismo, Sergio Schoklender, justo Sergio Schoklender, se convirtió en un tipo que dice lo que muchos piensan y realiza un análisis sencillo de qué pasó con la economía argentina. No porque al kirchnerismo se le anime cualquiera, no porque sea un experto en finanzas, sino porque los conoce. Y porque el desastre es tan básico y elemental que hasta Schoklender lo puede explicar.

Un gran verso de El Modelo fue el empleo. Durante los primeros años del kirchnerato, la recuperación económica se reflejó en boom inmobiliario y poder adquisitivo subsidiado, lo que generó una merma del desempleo notoria. Sin embargo, no son pocos los que cuestionan las mediciones oficiales. En el cálculo de desempleo no entran los que perciben algún tipo de plan social destinado a paliar la falta de empleo. Por definición, en la medición de desempleo tampoco se tienen en cuenta a los desanimados. O sea, un desempleado es una persona que no posee empleo, quiere tenerlo y se encuentra en la búsqueda activa del mismo. El primer mes imprime sesenta currículos, se pone la mejor pilcha y sale a buscar laburo. El segundo mes pide prestada plata para pagar la tinta de la impresora, imprime diez currículos y sale a buscar laburo. El tercer mes cuenta las monedas para pagarse el bondi hasta el lugar donde espera pegar un trabajo. El cuarto mes, se queda en la casa. Desanimado. Tampoco entran los estudiantes, los jubilados ni las amas de casa, y acá no importa si están desanimados o tienen ganas de laburar. La gestión de Cristina tampoco ayudó mucho en este sentido al reventar culturalmente al estudiantado universitario con el anuncio del Programa de Respaldo a Estudiantes de Argentina, el Progresar. La política a implementar por el Gobierno partía de una diferencia sustancial frente a la Asignación Universal por Hijo: no es financiado por la Anses, sino que es solventado por el tesoro nacional. Los destinatarios, en este caso, son los jóvenes de entre 18 y 24 años que no posean un trabajo formal o no lleguen a la mínima y que pretendan continuar con sus estudios primarios, secundarios o universitarios. No son desocupados.

Si a todas estas cuentas le sumamos el detalle de que el porcentaje de empleo público por sobre el total de empleados del país llegó en 2013 a los mismos niveles que tenía en 1989, deberíamos preocuparnos. Si le sumamos todos los que se sumaron desde entonces, deberíamos perder la ciudadanía por desmemoriados. Entraron sin concurso, la mayoría contratados bajo el régimen de la locación de servicios, monotributistas negreados sin vacaciones pagas ni aguinaldo regulados, pero fuera de lo que el Instituto Nacional de Estadística y Censo consideraría un desocupado. A los cientos de miles de trabajadores incorporados porque sí, se le sumaron más de 13 mil nuevos ganadores de la vida pasados a Planta Permanente en octubre de 2014, sin explicación, sin otra necesidad que querer agradecer los servicios prestados pagándoles con el bolsillo ajeno. La tendencia fue en aumento durante 2015.

Incógnitas sobre cómo puede un flaco de 18 años pertenecer a una familia sin laburo por culpa del neoliberalismo en un país que dice tener pleno empleo, se suman a preguntas como en qué cabeza entra que se deba festejar con un estampillado que el país del crecimiento a tasas chinas necesite de la Asignación Universal por Hijo a seis años de haberse implementado en medio de una crisis económica que, según palabras de la Presidente, no nos iba a afectar y a doce años del inicio de la gestión kirchnerista; o a cómo se puede ser pobre teniendo empleo.

No pudieron hacer frenar los trenes hasta que murieron medio centenar de personas y pretendimos que frenaran la inflación y el dólar. No lograron que una sola empresa funcione sin la leche maternizada del Estado y quisimos que arreglaran algo. No pudieron garantizar que haya luz en verano ni gas en invierno. Saqueos todos los años, policías hambreados, pibes que manguean en cadena, créditos hipotecarios para el que demuestra que no lo necesita y una presión tributaria escandinava para una calidad de vida de segunda mano. Nos dijeron que venían a poner un Estado presente y nos trajeron un Estado que nos abrió la heladera, nos puteó por no tener cerveza y preguntó qué había para comer mientras ocupaba el sillón del living. Pero eso sí, presente.

Diría que en algo fallaron, pero sería olvidarme de que, en su esencia, el kirchnerismo es eso: la administración de la pobreza. Pero eso sí, todos los ajustes que hicieron a partir de 2011 y que se profundizaron desde 2014, nos los vendieron como la madre de todas las batallas. Obviamente, nos pidieron que estemos con ellos, por amor a la Patria.

Una Patria en la cual los gobernantes te putean sólo por no opinar igual. Una Patria en la que un crédito hipotecario es para quien demuestra que no lo necesita. Una Patria en la que el Gobierno festeja que cada vez más gente necesita de planes de asistencia social. Una Patria en la que las comodidades de cualquier familia clase media de hace unos años, hoy son lujos que no cualquiera puede darse. Una Patria en la que no podés caminar por la calle sin esquivar personas durmiendo en la acera y un desfile de mini zombies sin futuro pidiendo robóticamente una moneda para comprar algo para comer. Una Patria en la que un puñado de tipos que se hicieron multimillonarios a fuerza de negociados y choreos nos piden que seamos patriotas. Y los jubilados siguen cagándose de hambre.

No me genera esperanza el futuro económico del país a largo plazo porque nunca tuvimos un proyecto que no se arruinara por la necesidad populista de turno. Y repito, el populismo no es *copyright* de Ediciones Peronistas. Todo personaje que pasó por el sillón de Rivadavia tuvo que ajustar para frenar la joda del que estuvo antes, una fiesta que explotó luego de no querer corregir el rumbo del proyecto que le generó éxito cuando empezó, luego de ajustar. Así venimos desde 1860 para acá: cuatro años de bonanza, los números que dejan de cerrar, el déficit generado por el aumento del gasto público para que no se note, y el estallido económico, muchas veces acompañado del social. El famoso ciclo de "cada diez años, lo mismo" lo arrastramos desde la crisis de 1875 y nunca, nunca, nunca aprendimos.

Porque a todos, en algún momento, les agarró el delirio populista y el pueblo, las pocas veces que pudo votar, acompañó. Y el que al día de hoy sostenga que De la Rúa ganó en 1999 por la promesa de combatir la corrupción, y no por la garantía de mantener la Convertibilidad, merece ser enviado al rincón de los desmemoriados.

El mayor daño que nos hizo el menemismo fue esta Patria estatista. El deseo de libertad económica vivido a fines de los ochenta y las ganas de pegarse al primer mundo de principios de los noventa, hoy nos atormentan como si hubieran sido malos deseos, como si querer vivir en un país con luz, gas, teléfono, libertad comercial y sin inflación, fueran pecados a pagar *ad eternum*. Mientras tanto, no nos damos cuenta de que, al momento de escribir este libro, la deuda del Banco Central con el sistema bancario es de 300 mil millones de pesos, mientras que los depósitos de la gente son de 440 mil millones de pesos. O sea que, por cada tres pesos que un argentino depositó, dos son bonos Lebac. Reventaron todas las cajas del Estado y reformaron la Carta Orgánica del Banco Central para financiarse con dinero de reservas. Y en la fiesta de financiar al fisco, emitieron tal cantidad de bonos a bancarse con los plazos fijos de los ciudadanos, que dos tercios de los mismos son Lebac. Y si le suena de algún lado, le doy una pista: un día el Estado empezó a emitir bonos para nutrirse de dinero de plazos fijos hasta que fue impagable y chau ahorros. Se llamó Plan Bonex. Sí, somos una calesita.

Lo único que me genera un dejo de esperanza por lo que pueda llegar a venir es que por primera vez en muchos años hay nostalgia por aquellos deseos. No por el menemismo; por el deseo de libertad, de que el Estado no nos diga en qué debemos gastar nuestra plata, ni se meta en nuestras conciencias. Lamentablemente, y por conocimiento de los antecedentes recientes que abarcan unos doscientos años de historia de tipos inteligentes corrompidos por sus deseos patológicos de ser amados, terminaré haciendo lo que hicieron nuestros antepasados. Luego del próximo ajuste y devaluación —no quiero asustarlos, pero ya empezó— vendrá un período de bonanza en el que amarrocaré hasta los vueltos en caramelos del Chino. Porque tengo mis serias dudas de que el que venga, tenga los patitos suficientemente en fila como para no tirar manteca al techo en pos de mantener lo que tarde o temprano comenzará a fallar, no por imperfecto, sino por desgaste de uso. Cinco, seis años buenos, varios de crisis escondida tras el gasto público que sólo genera déficit fiscal disfrazado y profundizando la crisis, y otra vez al tacho mientras el resto del mundo sigue avanzando y nosotros nos quedamos preguntándonos cómo pasamos del puesto número diez en ingreso per cápita a fines del siglo XIX, al puesto 130.

Antes me conformaba con que me solucionaran la vida en base a todo lo que dejaba en impuestos. Ahora ni siquiera les pido que cumplan con el 100% de su contrato social. Pero un cachito de libertad, un poquito, no más, vendría bien.

El resto se los discuto; la libertad, no. Probemos.

Justiniana

> "Y quiero decirles que aquellas profecías que se desgranaron en radio, en televisión, en ríos de tinta acerca de que íbamos a manipular la Justicia o perseguir a los jueces probos, resultó desestimada, no por otros discursos, sino por la realidad."
>
> CRISTINA FERNÁNDEZ DE KIRCHNER,
> Presidente de la dimensión desconocida.
> 10 de diciembre de 2007

Por su extensión en el tiempo, la más cruenta de las batallas íntimas del kirchnerismo, y de Cristina en particular, se dio en el único poder que no pudo dominar a su antojo: el Judicial. O sea, se pueden comprar jueces, pero no a todos. Se puede tener de amigos a otros jueces, pero no a todos. Se pueden extorsionar a algunos jueces, pero no a todos. Y es posible acomodar a algunos jueces, pero imposible a todos.

Lo que hoy conocemos por Corte Suprema de Justicia era otra cosa allá por 2003. Buena parte de la sociedad informada veía con desprecio al máximo tribunal. Otra parte de la sociedad informada tenía otras prioridades, como llegar a fin de mes. Y al resto le importaba poco y nada. La pelea por la renovación de la Corte fue la primera de las atallas del kirchnerismo y fue una batalla por el poder, no por la Justicia. Legitimidad versus legalidad.

Néstor Kirchner encaró la cruzada contra la Corte Suprema con el estilo que marcaría la década ganada: organicémonos y vayan. Refugiado en el clamor popular, en la voluntad del pueblo, cometió el que sería el peor de sus errores de gestión, más que nada por su estilo de gestionar: cambiar una corte adicta a un ex presidente por otra independiente.

La técnica de utilizar el supuesto deseo de otros para cumplir con los propios se repitiría a lo largo de los años: *es lo que el pueblo quiere*. Podrían haber organizado alguna vez un plebiscito para tantear qué onda, pero no lo hicieron. Incluso lo sugirió Alberto Fernández en plena batalla contra la Corte, pero lo abandonaron rapidito. El kirchnerismo, por definición, siempre sabe lo que el pueblo quiere, aunque el pueblo no lo sepa. De hecho, hicieron lo mismo en cada una de las grandes batallas y sólo una les salió mal: la 125. Y les salió mal porque no quisieron pasar por allí como primer paso, y cuando enviaron el proyecto al Poder Legislativo, la opinión pública estaba tan convulsionada que varios legisladores no pudieron agachar la cabeza. No por patriotas, sino por demagogos. Si las retenciones al campo las hubieran enviado al Congreso de entrada en vez de sacarla por resolución ministerial, quilombo habría habido igual, pero el resultado hubiese sido distinto.

Tras perder las elecciones de 2009 con una lista que incluía a un ex presidente supuestamente amado por todos los argentinos y a dos futuros candidatos a presidente en calidad de testimoniales, Cristina canalizó su furia contra los enemigos a través de las leyes. Si lo que luego se dio en llamar grieta —concepto que, como se explicará luego, repudio por inacabado y sobre todo idiota— tuvo un inicio, fue con la crisis del campo. Pero el jardín de infantes, la primaria y la secundaria, la cursó con la Ley de Medios.

El político argentino, de tanto asesorarse por publicistas, terminó por adoptar las técnicas de la venta de necesidades. Lo que antes a nosotros nos importaba menos que el resultado de Atlas-Sacachispas, de golpe se convierte en cuestión de Estado, las juventudes se revolucionan y cada acto público parece Bahía de los Cochinos. Los publicistas se caracterizan por hacernos sentir una necesidad imperiosa por un producto que en realidad no nos resulta indispensable o cuya existencia directamente desconocíamos. El kirchnerismo de los últimos años nos metió la confusión entre pragmatismo gubernamental y campaña publicitaria. Esta forma de ejercer la política de modo publicitario, que tanto le han achacado a Mauricio Macri, fue practicada por el kirchnerismo desde el día uno, sólo que, en lugar de confundir mercado con ciudadanía, mezclaron gobernabilidad, necesidad de arreglar cagadas y hasta caprichos, con un concepto tan abstracto como el de Patria.

Si bien tuvo un preámbulo en julio de 2008, cuando para tapar el voto no positivo de Julio Cobos, Cristina anunció la "recuperación" de Aerolíneas Argentinas —porque siempre es bueno sumar alguna empresa deficitaria—, la revolución legislativa del kirchnerismo se inició a partir de junio de 2009, cuando perdieron las elecciones, y se profundizaron a partir de diciembre de ese año, cuando pasaron a tener la primera minoría. Durante los seis primeros años que tuvieron la mayoría en el Congreso de la Nación, jamás se les ocurrió tocar ni la ley de medios audiovisuales, ni la reforma a la normativa de familia, ni el matrimonio igualitario.

La tele ya era una mierda antes de la Ley de Medios, siguió siéndolo y lo será más adelante. La utopía de que la televisión sirve de portal de conocimientos —defendida por la inmensa mayoría de los fracasados que no logran medio punto de ráting— nunca fue ni será posible. La tele, básicamente, es ocio. Y si comunica o educa, lo hace cuando el receptor no está haciendo otra cosa. Pero en la Argentina en la que los programas más vistos son conducidos por los mismos líderes naturales de audiencia de siempre, sólo un inocente con daño cerebral puede suponer que, ahora que Paka Paka llega a todo el país, los chicos están mejor formados.

Sin embargo, se nos planteó como una ley vital. La llamaron ley para la democratización de los medios y la plantearon como una garantía a la libertad de expresión, cuando no hay nada más democrático —entendido desde el punto de vista de lo que el pueblo elige— que el capitalismo televisivo. El televidente lo pide, la tele se lo da. La tele lo ofrece, el público decide si lo compra. Y en cuanto a la supuesta garantía de la libertad de expresión, si nunca terminaron en cana todos los de *Pasión de sábado* con la apología a la delincuencia que se realiza cada sábado a la tarde, es porque no pasa nada.

El mayor problema con la Ley de Medios es la gente que metieron en el medio para garantizar un marco de sensatez a una normativa que terminarían utilizando para silenciar, cooptar, adinerar a los amigos y, dentro de lo posible, hacer mierda a un "monopolio que tiene las manos manchadas de sangre", pero que hasta antes de la crisis con el campo tenía una relación tan fluida con el Gobierno que hasta su CEO cenaba en la Quinta de Olivos. Y también, para hacer mierda, silenciar o escrachar mediáticamente al que opinara distinto, así hubiera sido alguien que creyó realmente en el cambio de la Ley de Medios.

Respecto de la Ley de Matrimonio Igualitario, el trato que se le dio todavía está en las retinas de todos. Una ley que podría haberse manejado dentro de la agenda ordinaria del Congreso, se convirtió en el contraataque a los invasores ingleses. Siempre lo mismo: un Gobierno que se había mofado de bardear al Gobierno de la Ciudad por impulsar la Unión Civil, terminó acusando de trogloditas a bloques enteros que en su mayoría votaron a favor.

El kirchnerismo de la nueva era compuesto por los sobrevivientes de la transversalidad y todos los que se hicieron kirchneristas luego de la muerte de Néstor, todavía no cayó en un detalle que podría haber utilizado *alla* Néstor: "Nosotros los pusimos". Por el contrario, prefirieron la actitud adoptada desde el conflicto con el Campo: siempre fueron nuestros enemigos.

Ante la notoria diferencia entre el coro gregoriano compuesto por los ministros del Poder Ejecutivo y los legisladores del Congreso frente al Poder Judicial, la solución consistió en la palabra mágica: democratización. Y en este caso, el blanco fue la Justicia, a la que se le pretendió dar un tinte dictatorial por no estar sometida a la "voluntad popular".

La bronca se originó en diciembre de 2012, cuando en el mismísimo 7D (día del vencimiento "de la medida cautelar presentada por el Grupo Clarín que impide la plena vigencia de la Ley 26.522 de Servicios de Comunicación Audiovisual", según informaba Télam), mientras el Gobierno sacaba los cubiertos para sacrificar a *Clarín*, la Corte apagó el fuego. Fue un día brillante para la historia argentina en el que el cielo de Buenos Aires se tiñó de verde por un incendio en el puerto y en el que muchos se emocionaron al ver al Nestornauta resucitado, caminando entre los diques. Para cuando cayeron en la cuenta de que se trataba de Sergio Berni y que el apocalipsis no vendría ni para *Clarín* ni para ninguno de nosotros, ya era 8D, *Clarín* seguía existiendo tal como lo conocíamos y, al igual que el 1° de diciembre de 2000, el mundo siguió girando a pesar de las promesas de Juicio Final.

La Presi se la pasó de discurso en discurso, ante la sonrisa complaciente de sus funcionarios y el aplauso eufórico de quienes no recuerdan ni Ciencias Sociales de sexto grado, predicando que el Poder Judicial es tiránico y opositor, porque nadie los elige y están ahí por siempre, como si los jueces crecieran por generación espontánea directamente dentro de su despacho. Un buen día se abre la puerta y, *voilá*, ahí tienen al flamante Doctor Gutiérrez.

O sea, en la mentalidad de la Presi creció el deseo de venganza por amargar una fiesta de, casualmente, venganza. Y el plan elaborado pegó en las cabecitas de los fans de El Modelo como si fuera el hit del verano. De hecho, lo fue, pero de medio otoño: para fines de abril, ya nadie se acordaba de la lucha por la democratización de la Justicia.

La idea a aplicar tampoco la explicaban como correspondía: no querían que se votara a jueces, sino que se eligiera por voto directo a los miembros del Consejo de la Magistratura. La aplicación tenía sus pequeños contratiempos: en Argentina nadie se atreve a preguntarle al votante si sabe leer antes de entrar al cuarto oscuro, mucho menos si sabe la diferencia entre un senador, un diputado y un ministro, no hace falta encargar un censo extraordinario para comprobar que la generosamente inmensa mayoría no tiene la más puta idea de para qué sirve el Consejo de la Magistratura.

Y del Poder Judicial puedo hablar por conocimiento de causa, valga la redundancia. Poco tiempo después de terminar la secundaria —el poco tiempo alcanzó para saltar por varios laburos de esos que hacemos de pibes para poder delirar la guita durante el fin de semana—, conseguí ingresar a un Juzgado como "pinche", o meritorio, o cose expedientes, como quieran llamar a esa función de semiesclavo sin salario, pero con buena predisposición y en busca de aquel nombramiento que lo meta de lleno en el Poder Judicial.

Mi primer destino fue un juzgado penal de primera instancia en el conurbano sur. En aquellos últimos años del delarruismo, el lema de ingreso era "seis meses de pinche y te nombran". Para cuando cumplí cinco meses, estalló la crisis social, económica y política de 2001. O sea: no me salió el pase a planta. Podría decirse que no tuve suerte, pero a mis 19 años lo vivía como si fuera un parque de diversiones. Nuestra jurisdicción se convirtió en una marea de cartoneo de una semana para la otra. Sentía el clima laboral como algo maravilloso, los empleados juntaban una linda vaquita mensual para bancarme los gastos y me trataban como un igual, más allá del tortuoso derecho de piso abonado religiosamente a fuerza de jodas tales como ir a buscar los sobres redondos para enviar circulares o de ir a tomar lista a la Alcaidía con el listado del plantel de Huracán campeón del Metro 73. Resumiendo: amaba mi primer juzgado.

Por aquellos años, los que llegábamos a fuerza de remarla, puteábamos a la familia judicial que arrojaba paracaidistas hijos de camaristas, burros como pocos, vagos como casi todos, pero que obtenían cargos al toque. Así y todo, no se puteaba a la corporación judicial, ni se nos cruzaba por la cabeza. Quizás se debió a un sentido de pertenencia a la institución que nos ninguneaba, de ponerse la camiseta a pesar de todo, de resolver los problemas dentro de casa y no afuera.

Durante el debate por la reforma algunas declaraciones oficialistas resultaron lisérgicas. El ya ministro de Defensa Agustín Rossi tiró que "no es bueno para la democracia que la Corte le dé la espalda a la voluntad popular", como si antes de las elecciones generales de 2011 se hubiera propuesto como tema de campaña la reforma judicial. Para Rossi, el haber sido electo diputado y renunciar para asumir como ministro antes de cumplir el mandato, no fue "darle la espalda a la voluntad popular". Por su parte, el adolescente perpetuo Juan Abal Medina manifestó que la Corte ofendía a esa nebulosa argumental denominada "pueblo", que los jueces se aferran a no perder sus privilegios de investigar los privilegios de los funcionarios de turno, y que los argumentos esgrimidos atrasan un par de siglos. Al menos en esto último, tiene razón, dado que los fundamentos utilizados por la Corte se encuentran en nuestra Constitución Nacional desde 1853, al igual que otros conceptos arcaicos como el de la inviolabilidad de la propiedad privada, el derecho a trabajar, la libertad de prensa y la igualdad ante la Ley, todas ideas escritas sin pensar en que "no importa si se roban hasta los sobres de azúcar de las reuniones y no van en cana, lo que vale es la coyuntura política y la revolución social".

Siempre opinando de todo, el Ayatollah de González Catán, Luis D'Elía, no dudó en llamar a reventar las urnas para modificar la Constitución Nacional y obtener un nuevo Estado que permita pasar a disponibilidad a esta Justicia, como si no existieran mecanismos en la actual Constitución que permitiesen librarse de los jueces sin demasiado trámite. Incluso, uno de esos mecanismos fue impulsado por Néstor Kirchner y comandado por la entonces senadora Fernández, cuando limpiaron a buena parte de la Corte Suprema, allá por 2004.

Para cuando el Congreso aprobó la ley —de madrugada, como corresponde—, en la Corte ya tenían preparada la declaración de inconstitucionalidad. Pero Cris es insistente y se decidió a democratizar por otras vías, como reformar el Código Procesal Penal para que los fiscales manejen las causas. Fiscales a los que nadie vota, tampoco, pero la monada kirchnerista que nos tildó de fachos no fue creada para mantener la coherencia.

Cuando Fernández de Kirchner anunció el envío al Congreso del proyecto para un nuevo código de procedimiento en materia criminal y correccional, centró sus explicaciones en una serie de boludeces inexistentes, algunas problemáticas reales y otras que fueron culpa de su Gobierno, que rebota como pelotita de goma entre el progresismo falopa y el conservadurismo más garca.

La primera de las verdades a medias radicó en que el proceso penal es "escrito y lento" cuando debería ser "oral y veloz". Es un concepto confuso, dado que los procesos eran cien por ciento escritos antes de la reforma de los noventa, cuando se impuso una instancia preparatoria y un juicio oral y público. Por otro lado, hay cosas que no pueden dejar de ser escritas por cuestiones de garantía: de cada acto escrito hay copias, si se pierde un expediente —cosa que, según confesara Julio Alak, al Gobierno le pasa seguido— se puede reconstruir, y no creo que haya otra forma práctica de adjuntar pruebas periciales, testimonios y resoluciones.

La otra de las verdades a medias era el cambio de sistema: inquisitivo por acusatorio. En uno de sus paseos orales, Cristina llegó a afirmar que "inquisitivo" viene de "inquisición". Etimológicamente hablando, la embocó, pero luego la embarró al emparentarlo con la Inquisición de la Iglesia Católica, dado que, si bien el sistema judicial inquisitorio tuvo su origen en aquel proceso, las garantías introducidas con la instancia oral quitaron el interés de "juez y parte" que poseía el proceso inquisitivo antiguo.

A grandes rasgos, la diferencia entre los sistemas inquisitivo y acusatorio radica en la contradicción de este último: dos partes enfrentadas frente a un tercero imparcial que debe evaluar las pruebas para condenar o no a un acusado.

Sí, es cierto, el sistema acusatorio es mucho más rápido que el inquisitorio, al menos bajo la teoría de que se cuenta con fiscalías modernas con personal capacitado. Si no, podría verse el resultado del sistema acusatorio ya aplicado en la provincia de Buenos Aires, donde cursando la segunda década del siglo XXI aún hay departamentos judiciales que tienen fiscalías que funcionan en galpones que no pasarían una habilitación. Por otro lado, la velocidad del proceso no indica, precisamente, que el sistema sea el correcto cuando la institución "acusadora" está tan lejos del Poder Judicial a tal punto que es un ministerio más del Ejecutivo: en Argentina, basta con la propuesta de la Presidente y la aprobación del Senado para que una persona quede al frente de la Procuración General de la Nación y se convierta en jefe de todos los fiscales. Vaya paradoja de Cristina: tanto cansó con el discurso de democratización de la Justicia y su gran reforma consistió en la designación a dedo de fiscales macanudos.

Podríamos considerar la reforma judicial con otros ojos si se modificara el procedimiento de selección del titular de la Procuración General de la Nación, dado que la designación a dedo no es igual en todo el mundo donde sí funciona el sistema acusatorio: acá al lado, en Chile, para elegir al Fiscal General de la Nación, la Corte Suprema llama a concurso, y a los que aprueban los someten a una audiencia pública, de donde surgen cinco candidatos que son propuestos al Presidente del Ejecutivo, quien elige a uno para luego intentar que el Senado se lo apruebe. En España, al jefe de los fiscales lo pone el rey, pero recién después de que haya surgido del Consejo General del Poder Judicial —algo así como el Consejo de la Magistratura— y siempre y cuando lo aprueben los diputados.

Acá se arregla con lo que desee el Presidente y basta con el voto de las dos terceras partes de los Senadores presentes. A ese Ministerio Público Fiscal, que entre sus funciones ya tiene las de investigar los actos de corrupción del Gobierno y nunca encuentra nada, le dieron el manejo del proceso penal en las causas federales. Mejor, imposible.

La presentación en sociedad del proyecto de reforma judicial fue precedida por una serie de declaraciones del ministro de Seguridad, el médico militar Sergio Berni, quien señaló a los extranjeros como responsables del delito. Como buen miembro del Gobierno con problemas de memoria a corto plazo, Berni destrozó los argumentos esgrimidos durante más de una década con respecto a la tasa de criminalidad "similar a la de cualquier urbe" además de abusar sexualmente del concepto de Patria Grande y hermanos nuestroamericanos que tanto nos metieron por cuanto orificio encontraron disponible.

El concepto de siempre, básico y elemental, de la batalla cultural del kirchnerismo: disfrazar una idea de lo que no es. Así, la inseguridad que durante más de dos lustros fue negada sistemáticamente con todas las herramientas discursivas de la profusa oratoria kirchnerista —gorilas, fachos, cipayos, fans de Videla, milicos, nazis, procesistas— de golpe sirvió como excusa para meter la herramienta que más chances daría a la impunidad tan buscada, que no es otra que manejar con el celular a los responsables de investigar los delitos del Estado.

Si se lo analizara quitando el verdadero fin de impunidad, el temita de los extranjeros que delinquen sería algo que al Gobierno le jodió recién cuando empezaron a pedirle pista y con el banderillero acomodando el avión. La deportación siempre estuvo vigente. Nunca la aplicaron porque prefirieron el verso progre de la Patria Grande no discriminatoria, inclusiva y reparadora de venas abiertas latinoamericanas. Y al igual que con el cambio veleta de pasar de la "no represión de la protesta social" a la utilización de balas de goma y gendarmes voladores, el giro discursivo frente al inmigrante funciona del mismo modo: chivo expiatorio.

Para tapar el hecho de que al Modelo de Redistribución de Gases Lacrimógenos ya le dieron la extremaunción, pusieron sobre la mesa el debate de la libre circulación por lo que queda de las rutas de la Patria. Para solapar que preparan una salida con trampa judicial, ellos, a quienes la inseguridad siempre les chupó un huevo, nos pusieron a discutir sobre la inmigración obviando un dato fundamental: de los 58 mil presos que tenía el país a diciembre de 2014, 3.500 eran extranjeros. Menos del 6%. Seis de cada cien. Dos brazos de cada diez personas. Y la inmensa mayoría de ellos, están sopres por causas narco. Deportarlos es pagarles el pasaje de vuelta a la casa matriz.

Tan poquito importó la cuestión de los extranjeros y la aplicación de la ley migratoria, que hasta tuvimos en casa a Walter Wendelin, un etarra que recibió mamá Hebe y que fue expulsado hasta de Venezuela por Hugo Chávez. El buenazo de Wendelin pertenece a una agrupación terrorista de reconocimiento internacional y participó en todos los quilombos subversivos latinoamericanos de los 80, motivos que la ley de migraciones pone como impedimento para ser recibido en el país. No sólo ingresó, sino que dio cátedra en la Universidad Popular Estatizada de las Madres de Plaza de Mayo. Lo mismo pasó con Josu Lariz Iriondo, que tenía pedido de captura en España y también fue recibido por la casa de Altos Adoctrinamientos que pagamos todos.

La ley migratoria también pone como impedimento de permanencia en el país el "intentar ingresar o haber ingresado al Territorio Nacional eludiendo el control migratorio o por lugar o en horario no habilitados al efecto". Al Gobierno, que recién en 2014 planteó deportar delincuentes, no le pareció piola cumplir con este punto de la ley. Es más, ingresar o salir del país caminando o sacar un documento de residente argentino es más fácil que procesar a Boudou.

La expulsión de inmigrantes no naturalizados por cometer delitos existe, no es un invento del siglo XXI ni algo que hubiera que crear. La ley de migraciones establece que al ser condenado por un delito, una vez cumplida la pena, se los puede rajar del país. Algunos podrán decir que es mejor mandarlos afuera ni bien son condenados, o antes, para no tener que mantener la estadía en el penal, pero se olvidan de las víctimas, sus familiares y el derecho a resarcimiento, que se lo van a reclamar a Cadorna en caso de viaje con pasaje de ida.

Por otro lado, una vez que los pusimos arriba de un avión de Aerolíneas pagado con nuestra guita y lo expulsamos del país, ¿quién va a controlar que no ingresen nuevamente, ilegalmente y caminando por la frontera, exactamente como ingresaron la primera vez? ¿La Gendarmería que usamos para reprimir en la Panamericana?

Y no quisiera profundizar en otro tema tabú: la usurpación es el delito de ocupar por la fuerza un inmueble ajeno, sea una vivienda o un terreno. La Presi un día dijo que entregarán títulos a los que viven en villas erigidas sobre terrenos fiscales. O sea, usurpados. Y una semana después, dice que a los que delinquen y son extranjeros, hay que deportarlos. Puede ser que la exitosa abogada justo haya faltado a clases de Derecho Penal, parte especial, cuando vieron delitos contra la propiedad, pero alguno de los cráneos que la rodean le podría haber avisado de la contradicción antes de que quedara en orsai por cadena nacional.

Nuevamente, tras todo este chamuyo de qué corresponde hacer, de si el código sirve, no sirve, o hay que expulsar a los bolivianos, peruanos, chilenos, uruguayos, brasileños, veganos y todo aquel que no comulgue con nuestro estilo de vida tan respetuoso de la ley, la moral y las buenas costumbres, se encuentra la verdadera intención de Cristina, que no es quedar para el futuro como la Justiniana del siglo XXI, sino zafar y hacer zafar a todos, de todo.

Es la autoamnistía de la democracia. Para que no suene a que la impone, ofrece cosas que quieren los demás, con discurso, gratis, sin poner un peso, para conformar a todos los sectores, los racistas, los progres, los garantistas y los consumidores de soluciones suizas para problemas argentinos. A cambio, consigue lo que quiere.

Fueron capaces de bajar todos los estandartes —los dos o tres que les quedaban— con tal de hacerlo. Quisieron domesticar a los jueces a través de la reforma del Consejo de la Magistratura. Lo sacaron por ley. La Corte lo derogó. Domesticar a la Justicia Federal es fácil. Un par de carpetas de la SIDE o unos billetines y la mayoría agarra viaje. Pero la tradición local dicta que, cuando al Gobierno lo están saludando en la puerta de embarque, la Justicia se despierta y labura.

El panorama no pintaba bien. Los procesamientos judiciales comenzaron a caer uno tras otro. Ricardo Jaime, Romina Picolotti, Julio De Vido y Amado Boudou, a quien procesaron hasta por truchar un auto de cheto noventoso. En la maraña también cayó un íntimo amigo de Néstor Kirchner, José Ramón Granero, por haber metido 1.800 kilogramos de efedrina de manera irregular a un país en el que se cargaron a tres personas por un escándalo de narcotráfico tras una campaña electoral en la que se descubrió que los muertos fueron aportantes al Cristina, Cobos y vos.

Ante tamaña tragedia justiciera, al Gobierno se le prendió la lamparita: si tenemos a la Jefa de los Fiscales puesta a dedo por la Presidente con el acuerdo de la escribanía senatorial, es más fácil controlar las causas. Alejandra Gils Carbó y la agrupación kirchnerista que la acompaña demostraron que le ponen garra y voluntad a la hora de hacer mierda cualquier resorte de garantía para todo aquel que no tenga las caras de Néstor y Cristina tatuadas en las nalgas. Ése fue el punto a conseguir, no la agilidad de los trámites judiciales: que los investigadores tengan el orgullo de pertenecer al mismo campo nacional y popular que deben investigar.

Por otro lado, si sacamos al personal jerárquico, cada Fiscalía Federal cuenta, con toda la furia y viento a favor, con tres empleados. No hace falta ser Nostradamus o Solari Parravicini para adivinar de dónde sacarán el faltante de recursos humanos, cuando los pibes para la liberación ya están siendo incorporados en las fiscalías existentes.

El resto es sencillo: si Oyarbide pudo archivar las denuncias de enriquecimiento ilícito de la multimillonaria empleada pública, si Casanello se tomó un ciclo lunar para allanar La Rosadita tras una confesión de parte, y si ambos dependen de un Poder Judicial al que no controla la Presidente, imagínense lo que podría haber pasado si la única autoridad que puede cuestionar al que tiene que investigar hubiera sido Alejandra Gils Carbó, o el Procurador que designe el Presidente de turno con acuerdo de su Senado de turno, con el antecedente de lo sucedido con José María Campagnoli o Guillermo Marijuán.

Obviamente, para evitar que la ley se le vuelva en contra y que el que venga utilice el mismo poder creado por Cristina para hacerla ciudadana ilustre de Comodoro Py, la reforma tuvo que salir en 2014 para designar rápido a 18 fiscales, así quedaba todo el 2015 para reventar lo que quedara, sin jueces molestos y a un precio más que módico: gratis. La movida también salió mal y un juzgado de primera instancia revocó las designaciones de Gils Carbó. Por si fuera poco, la Cámara se negó a tratar el tema.

En el medio, tuvimos que tolerar los discursos, las charlas debate, la opinión de los intelectuales del modelo hoy comprendido sólo por actores de telenovelas, los consejos del motochorro de La Boca, el llanto de Cutzarida, uno o dos somníferos de Carta Abierta y los defensores compulsivos de cualquier cosa que tire el Gobierno, así implique morfarse un banquete de sapos. Como el que degustaron en *Página/12*, donde tan sólo siete meses antes de la presentación del proyecto de reforma judicial con la expulsión de inmigrantes como marco de referencia, hicieron una "investigación" para saber si Michetti y Santilli estarían de acuerdo con deportar a los inmigrantes que cometen delitos.

La remodelación de la Procuración General de la Nación se inició mucho antes de que fuera a convertirse en la carta blanca de Cristina. Luego de que Esteban Righi, ex ministro del Interior de Héctor Cámpora, tuviera que dejar su cargo de Procurador General tras un berrinche del nene bien de la UPAU, Amado Boudou, cuando lo acusaron de quedarse con la ex Ciccone Calcográfica, Cristina propuso a Daniel Gustavo Reposo para el cargo. Pero resultó que Reposo no reunía muchas luces. Por un lado, sus exposiciones jurídicas ayudaban a la imagen de Cristina: si tamaño analfabestia obtuvo un título de abogado, el de Cristina tranquilamente podría estar en algún lugar. Pero por otro lado, la aptitud del buen hombre para el cargo era tan consistente como un flan. El siempre senador Miguel Ángel Pichetto es un tipo que rara vez pierde la compostura y, con tal de defender al oficialismo, está acostumbrado a remar en dulce de leche. Pero la propuesta de Reposo le quitó los remos y le dio dos escarbadientes.

Fue irremontable, impresentable y payasesco al extremo de llegar a poner en su currículum vitae que había expuesto junto al presidente de la Organización para las Naciones Unidas, Ban Ki-moon. Cuando le marcaron la pequeña inconsistencia, Reposo afirmó que "había algunos errores de tipeo". Sin embargo, tanta cháchara fue algo redundante dado que, si había un argumento que bastaba para bocharlo, era el cargo que ocupaba y siguió ocupando: Síndico General de la Nación. Si como responsable del control interno de los actos administrativos del gobierno más irregular de este lado de la Vía Láctea nunca encontró una falta, podría suponerse que, o estaba prendido en la joda, o tenía menos luces que el Polo Norte en invierno.

Luego del rechazo senatorial, llegó Alejandra Gils Carbó, quien pasó como por un tubo a pesar de tener, también, sus buenas falencias para el cargo, como el hecho de pertenecer a un movimiento judicial adherente a los postulados Nac&Pop. Previo a ello, Gils Carbó tuvo una meteórica carrera en la Procuración General de la mano del ex Procurador General Nicolás Becerra, designado en el cargo en 1998 bajo el mandato de Carlos Menem e íntimo amigo de Daniel Vila, quien es uno de los dueños del Grupo Vila-Manzano junto a el ex ministro —también de Menem— José Luis Manzano. Incluso, Gils Carbó fue nombrada Procuradora General Adjunta de Becerra.

No quedó otra que pensar que fue todo adrede: un tipo más impresentable que Guillermo Moreno en un seminario sobre pacifismo, que ostenta tantos méritos para acceder a tamaño cargo como los que tiene Luis D'Elía para obtener un Nobel de la Paz, se presenta en el Senado impostando la forma de hablar de Néstor Kirchner y es incapaz de responder algo tan básico y elemental de la carrera de Derecho como las teorías de la suspensión de juicio a prueba.

Que un grupo de legisladores kirchneristas, que han votado a favor de peores cosas, adelanten que no lo apoyarán, generó sospechas. Finalmente, que el vocero oficial quedara al borde del accidente cerebrovascular por intentar leer el compilado de errores de ortografía y atentados a la gramática castellana justo en medio de una protesta, me terminó de cerrar.

Al día siguiente, el gobierno propuso a Gils Carbó, que por el solo hecho de defenestrar a todos los eventuales enemigos del Gobierno también debía ser descartada, pero que al lado del mamarracho anterior parecía ser una creación artificial con los genes de Dalmacio Vélez Sarsfield, Carlos Tejedor, Juan Bautista Alberdi, Guillermo Borda y Sebastián Soler.

De este modo, nació la teoría Daniel Reposo: al igual que cuando se espera a un gordo pelado con acné, cualquier cosa que venga con mejor imagen se convierte en Brad Pitt, cualquier funcionario que sea presentado después de un impresentable, es un cuadrazo. No es la capacidad, es el espanto de lo que podría haber sido peor.

El daño desatado por Gils Carbó dentro del Ministerio Público Fiscal fue básicamente una depuración ideológica sustentada en dos patas: una, la ubicación y expulsión de empleados transitorios no afines mediante "exámenes de conocimiento" que poco tienen que ver con las tareas a desarrollar por una fiscalía; y la segunda, mediante el ingreso de personas que difícilmente pudieran haber ingresado en otros momentos de la historia por cuestiones de ética. Para los primeros, la discriminación; para los segundos, la no discriminación.

El 28 de noviembre de 2014, los empleados interinos de las fiscalías nacionales se desayunaron con un mail de la oficina de personal bastante peculiar: tenían que rendir examen para ver si conservaban el laburo en 2015 o no. Y lo tenían que hacer en diez días.

La convocatoria al test especificaba los contenidos a evaluar en el salón Nelly Ortiz de la sede que la Procuración General tiene en la Avenida de Mayo 760 y era convocada por una resolución de Gils Carbó que, para tranquilidad de los pibes, informaba "que sólo serán prorrogadas para el ejercicio presupuestario 2015 las designaciones transitorias de aquellos/as que aprueben las evaluaciones aquí convocadas, y que esos/as trabajadores/as podrán ser efectivizados/as si existe la vacante presupuestaria correspondiente, son propuestos por el titular de la dependencia y cumplen con los requisitos establecidos en la Resolución PGN 128/10".

Como no podía ser de otra manera, a la evaluación la armaron dentro de los parámetros del Reglamento para el Ingreso, que desde la llegada de Gils Carbó, se llama "Democrático e Igualitario". Los contenidos a evaluar incluían lo de siempre —ortografía, gramática, cómo funciona la Procuración, etcétera— a lo que se sumaba una prueba de conocimientos teóricos sobre historia argentina y latinoamericana. Porque si hay algo más útil para atender una mesa de entradas en Buenos Aires que saber qué pasó en 1890, es conocer qué pasó en Guatemala. También tuvieron que responder sobre la conquista de América, los procesos independentistas y la integración regional en América Latina, elementos absolutamente importantes a la hora de tomar una denuncia por hurto.

Para perfeccionar el conocimiento de quienes se dedican a tomar declaraciones, el examen incluyó historia económica, modelo agroexportador, sustitución de importaciones, neoliberalismo y crisis del modelo neoliberal, revoluciones, construcción del Estado nacional, crisis del modelo liberal, Estado de bienestar, dictaduras, retorno de la democracia, proceso inmigratorio, conformación de la clase trabajadora, represión y resistencia y aparición de los nuevos sujetos sociales.

Antes de encarar los exámenes, Gils Carbó había firmado una resolución mediante la cual se amparaba en el derecho establecido por la Constitución Nacional de que todo habitante de la Nación es admisible en un empleo sin otra condición que la ideoneidad. Un artículo importante y a destacar, pero que da un poco de nervio cuando la

Procuradora autorizó a que en las fiscalías en las que se investigan delitos comprendidos en la legislación penal argentina, ingresen personas que hayan violado esos mismos delitos. Sí, Gils Carbó autorizó el ingreso de personal con antecedentes penales. Curiosidades de la vida judicial argentina: a los que ya estaban laburando, la idoneidad para el cargo pasó por saber la verdad revelada de cuál es el modelo económico que vale o qué hicieron los conquistadores con los mayas de Guatemala. Eso, o a los evaluados se los discrimina por no pertenecer y a los ex sopres no se los discrimina porque así lo establece la Constitución.

Todo normal, nada para preocuparse, ni mucho menos para considerarlo una depuración ideológica de los organismos que, tras la reforma del Código Procesal Penal, serán los encargados de investigar, incluso, los delitos del poder.

Tranquilamente uno podría preguntarse cuál era el motivo para semejante medida cuando restaba menos de un año para que finalizara el ciclo kirchnerista. La reforma procesal que le da a Gils Carbó todo el poder de la investigación no puede prevenir que, en diciembre de 2015, salga eyectada. Ella se puede ir, sí, pero las minas antipersonales ya están todas colocadas dentro de todas y cada una de las dependencias del Ministerio Público Fiscal de la Nación Argentina.

El 20 de mayo de 2014, nos enteramos de que José Guillermo Capdevila, un tipo que había sido director de Asuntos Jurídicos del Ministerio de Economía, se fue del país porque dijo sentirse amenazado, además de no contar con las mínimas condiciones de seguridad para brindar su declaración testimonial en la causa contra el vicepresidente Amado Boudou. La causa Ciccone no sólo genero flor de revuelo mediático, sino además un desconche tribunalicio pocas veces visto.

El rol de Capdevila en el caso de la imprenta de billetines era clave para la causa: en 2010, y por escrito, había recomendado al entonces ministro de Economía Boudou no emitir dictamen alguno respecto de la consulta administrativa efectuada por Ricardo Echegaray, titular de la Administración Federal de Ingresos Públicos (AFIP). Echegaray había preguntado qué debía hacer con Ciccone Calcográfica, empresa que estaba en concurso de acreedores desde 2001 y con una quiebra pedida por la misma AFIP. Como Boudou no le dio bola y Ciccone fue "salvada" de la quiebra en 2010, el rol de Capdevila en la historieta lo convertía en testigo clave.

Cuando Capdevila hablaba de no contar con las mínimas condiciones que garantizaran su seguridad, probablemente se refería a la joda loca que armó Gils Carbó con el programa de protección y atención a las víctimas, mediante la resolución 64 del 2 de febrero de 2014. Antes había creado la Procuraduría de Criminalidad Económica y Lavado de Activos, la de Narcocriminalidad, la de Combate de la Trata y la Explotación de Personas, y la de Violencia Institucional. Fueron bautizadas oficialmente como PROCELAC, PROCUNAR, PROTEX y PROCUVIN, dándole al organigrama del Ministerio Público un aire de vademecum.

En su resolución, Gils Carbó dijo sentir "una firme convicción" de que debía adoptar las "medidas que permitan brindar respuestas adecuadas y acordes a las víctimas de estos delitos" y que el mismo debía llevarse a cabo "a través de un Programa Integral de Orientación, Protección y Acompañamiento a la Víctima, que actúe en forma coordinada en todo el país y que tenga la capacidad de brindar respuestas específicas a las particularidades de cada fenómeno delictivo, pues la misión prioritaria de una sana política criminal en la materia ha de ser, también, el acompañamiento de las víctimas en el complejo y arduo camino de restitución de sus derechos ultrajados". Un amor de texto. Asimismo, la Procuradora sostuvo que "toda víctima debería tener la certeza interna de que hay políticas públicas institucionales y programas especialmente diseñados para problemáticas como las que ha atravesado".

Luego de "reconocer" el trabajo desempeñado por la Oficina de Asistencia a la Víctima de la Procuración (OFAVI) la Procuradora le dio el olivo a María Angélica Tucci, titular de Protección de Testigos, y creó una nueva estructura para —cuándo no— "profundizar" la labor efectuada. Para tamaña labor, Gils Carbó ordenó la creación de la Comisión de Elaboración del Programa Integral del Ministerio Público de Orientación, Protección y Acompañamiento a la Víctima —que aún no entiendo cómo no rebautizaron como COMELA, o CEPIMPOPAV— y puso en su dirección al fiscal Marcelo Colombo, perteneciente a la agrupación Justicia Legítima, al igual que su Jefa. El colectivo también lo integraron Alberto Binder, académico experto en reformas judiciales que también formó parte de Justicia Legítima, Eugenio Pablo Freixas, María Teresa Bravo y Malena Derdoy. Esta última fue militante de la agrupación política "Patria Libre" para luego pegar el salto a La Cámpora, según cuentan sus propios ex compañeros, y venía de cumplir funciones en el Ministerio de Defensa durante los años de gestión de Nilda Garré.

Como podrá verse, no es que uno dé por sentado que Capdevila tiene todos los patitos en hilera, pero convengamos que confiar en Justicia Legítima y La Cámpora la seguridad de una víctima de amenazas que debe oficiar de testigo en una causa seguida contra el vicepresidente de la Nación, da como para paranoiquearse un poco.

Ya que hablamos de magistrados afines, agreguemos que a Capdevila le salieron todas mal. Todas. La causa por las amenazas denunciadas había caído en el juzgado federal de

Sebastián Casanello, un tipo que fue designado a cargo del Juzgado Federal número 7 luego de que el mismo permaneciera cuatro años vacante, tras la partida de Guillermo Montenegro para ser ministro de Seguridad porteño. El juzgado, que al momento de partir Montenegro tenía la causa por las coimas de la empresa Skanska, quedó bajo la subrogancia de Norberto Oyarbide, titular del Juzgado número 5. Fue durante la gestión de dicho juez que apareció la causa de las escuchas telefónicas contra el Jefe de Gobierno porteño Mauricio Macri, un escándalo que se originó en el Ministerio de Seguridad a cargo de Montenegro, o sea el juez anterior del juzgado que pasaba a investigar. Si le parece un dolor de cabeza, imagine pasarlo en limpio para escribirlo.

En el programa *Periodismo Para Todos* del 14 de abril de 2013 se difundió en video lo que muchos en mayor o menor medida ya sabíamos: la joda loca que han hecho con nuestra guita. En 2008, hablábamos de la sobrefacturación de un 400% de la obra del tendido eléctrico de Puerto Madryn a Pico Truncado, para 2013 el Hospital de Ciudad Evita llevaba tres inauguraciones —al cierre de este libro ya van cinco y contando— y los anuncios de las represas Néstor Kirchner-Jorge Cepernic recién iba por la quinta cadena, con lo que faltaban tres anuncios más. Sin embargo, le pusieron un rostro —varios— a un par de testimonios y con eso alcanzó para iniciar una investigación judicial.

Al día siguiente —15 de abril—, Elisa Carrió llevó la denuncia a los tribunales federales de Comodoro Py con intenciones de agregarla a la causa contra Néstor Kirchner por "asociación ilícita", con tanta mala suerte que a Néstor lo sobreseyeron —por razones que hacen a las leyes de la naturaleza— y la Cámara debió sortear un nuevo Juzgado. El sorteo estuvo a cargo de la Sala I y cayó en el juzgado de Casanello, ex secretario de la misma sala que le asignó la causa, un tipo cuya concepción de la independencia de los poderes republicanos generarían dudas, al menos para sus empleados, cuando al tomar posesión de su cargo les aclaró que él era un juez proveniente del campo nacional y popular.

Casanello intentó sacarse la causa del "Lázarogate" de encima. Probó todos los dibujos, pero no hubo caso: la competencia era de él. Finalmente, ante la imposibilidad de mirar para otro lado, le asignó el manejo del expediente a la Secretaría número 13 de su juzgado, cuya titularidad es de Gustavo Russo, pero que la maneja un secretario contratado, que llegó de la mano del juez proveniente de una repartición controlada por La Cámpora.

Éstas son las cosas que, en ese entonces, hacían que uno se preguntara en qué carajo pensaban los opositores cuando repetían que la truncada reforma al Consejo de la Magistratura intentada por el kirchnerismo era para garantizar la impunidad del oficialismo, si la tuvieron siempre garantizada, mejoraron la garantía al copar de militantes —sin concurso— las oficinas de la Procuración General, y seguirá estándolo mientras los juzgados federales sea la joda que hoy son.

Durante los primeros días del caso, Lanata se mantuvo prudente frente al accionar de Casanello. No era culpa suya el error de concepción: Luciana Geuna, por entonces su pata en tribunales, le transmitía esa imagen. Las justificaciones sobre la personalidad del funcionario —del que fuere— son una estupidez que no viene al caso. Si es buen tipo, prepara unos ravioles con tuco riquísimos o es Hannibal Lecter rivotrilizado, debería tenernos sin cuidado mientras cumpla con su laburo. Entiendo que pueda sorprender la austeridad de Casanello frente a los lujos de Oyarbide, pero eso tampoco lo convierte en una garantía: habla de que no roba, no de que esté capacitado para ocupar el cargo que ocupa. Habla, también, de que no está por guita, sino convencido.

Pasa también que la honestidad la medimos solamente en guita. Casanello niega sus vínculos con el oficialismo cuando tiene a todo un juzgado de testigo sobre su "pertenencia al campo nacional y popular". Y como el principio básico dice que los jueces hablan sólo a través de sus fallos, Casanello también cumple con su cuota y procesa a dos mamertos. Porque dentro de la fiesta de choreo que hemos dado en llamar Década Ganada, Federico Elaskar y Leonardo Fariña eran los tarjeteros de la puerta del salón.

Luego del famoso programa de Lanata, Fariña y Elaskar salieron a desmentir lo que habían hecho. Lo cierto es que ambos estaban hasta las tetas y por eso abrieron la boca: por cagazo. Nadie se atreve a confirmar que Fariña le comió catorce palos verdes al jefe, de los cuales encontraron cinco, y que por eso abrió la boca. Tampoco nadie se atreve a pronosticar que, al final, vincularán el lavado con el narcotráfico de Juan Suris.

A Casanello le cuesta dar notas a la prensa, si es que los periodistas no pertenecen a su circuito íntimo, o no cuentan con la venia de alguno de ellos. Salir de la zona de confort lo altera. Vive con miedo a las traiciones de sus empleados y se ampara en que tiene que "armar un equipo de confianza" para reventar el reglamento interno de designación de cargos, ascensos y nombramientos.

Cuando fue a una entrevista en CN23 comentó que se sentía chocho con sus empleados, dado que les encanta quedarse trabajando hasta cualquier hora porque son leales. La realidad dice que se quedan porque los obliga a que se queden. Cualquiera que se encuentre en la escalera de Comodoro Py —o cualquier otro edificio judicial— a las 13.30 horas, corre riesgo de ser víctima de la estampida tribunalicia camino a la salida. Lo que Casanello vende como lealtad en realidad lo llevó a un bolonqui gremial. En la Secretaría 13 se quejaron por los horarios. A ello se le sumó que en la

Secretaría 14, Casanello no quiso efectivizar a un empleado que le correspondía por escalafón y reglamento. Esto llevó a que el titular del sindicato de empleados judiciales, Julio Piumatto, pidiera una entrevista con el juez. Piumatto le recordó al personal el reglamento: el horario es hasta las 13.30 horas, o por habilitación, una extensión de hasta tres horas por un máximo de tres meses. Hasta que llegó el sindicalista, del juzgado se iban cerca de la medianoche.

La explicación de Casanello —armar un equipo de confianza— se cae por donde se la mire. O sea, al secretario Juan Francisco Luena lo trajo de afuera después de haber pasado por el Juzgado Federal de General Roca, donde renunció a su cargo de secretario para ir a trabajar al Renar, comandado por La Cámpora. Pero también nombró secretario a Sebastián Bringas, que formaba parte del Juzgado en el que aterrizó Casanello. En este caso, al Juez no le generó demasiada desconfianza el personal heredado, dado que Bringas también tiene "el orgullo de pertenecer". ¿Cómo confiar en que sabrá mantener la sana crítica y libre convicción a la hora de investigar?

Casanello no se encuentra muy cómodo con el rol que le tocó jugar. Fíjense qué tan grande puede ser el festival de choreo que vivimos que un kirchnerista hace todo lo que tiene a su alcance y, así y todo, tuvo que procesar a un par. Pero su premio puede llegar y con creces. Una de las formas que históricamente han utilizado los distintos gobiernos para sacarse de encima a los jueces molestos con algo de carpa, ha sido ascenderlos a camaristas. También lo han hecho para premiarlos por ser buenos muchachos, como hizo el radicalismo con Gabriel Cavallo, que dejó su cargo de juez federal para ser camarista con el voto de los mismos senadores que estaban siendo investigados en una causa de su juzgado. Vueltas de la vida: la indignada denunciante de la movida judicial fue la entonces senadora Fernández.

Hoy, para fortuna de Casanello, hay una vacante para ocupar un cargo de la Cámara Nacional en lo Criminal y Correccional Federal. Él estaría cuarto en la lista. Desde radio pasillo Comodoro Py afirman que no lo pusieron antes del cuarto lugar para no quemarlo, para que no quede en evidencia que, si hace los deberes, puede irse de camarista antes de cumplir los 40 años. El plazo vence a fines de 2015, justo, justísimo, justisísimo para cuando termina el mandato de Cristina.

Si la Presi hubiera sido un poquito apegada a las normas, a las leyes que dicen que todos debemos respetar, tal vez no tendría los problemas que tiene, esos dolores de cabeza que le dieron cada vez que los demás pedían respetarla porque estaba saliendo de un falso cáncer, de un coágulo cerebral o de un esguince de tobillo. Pero siempre hay un desubicado y a Cris le clavaron una imputación penal por encubrir el atentado a la Asociación Mutual Israelí Argentina justo cuando necesitaba todas sus fuerzas para que sanara su pie izquierdo.

A nosotros nos tiraron con la AFIP por querer comprar un dólar que nos resguardara de la inflación galopante que nunca reconocieron. Nos corrieron con los perros detectores de dólares que no utilizaron para buscar a Lucas Menghini Rey en el tren que se estrelló en Once. Nos obligaron a cumplir con cada pedorrada salida del Congreso aprobada por legisladores que violan las leyes. Nos tiraron con Día de los Valores Villeros, códigos procesales, códigos civiles, ley de democratización de medios, ley de soberanía hidrocarburífera y un montón de pajereadas más que quedan vistosas y se convierten en indiscutibles con tan sólo sumarle los términos "democracia" o "soberanía". Si hubieran sacado la Ley de Democratización de la Prostitución y Soberanía del Garche para obligar a las putas extranjeras a prestar servicios gratuitos, estoy seguro —y apuesto plata— de que la hubieran defendido a muerte.

Curiosidades de la vida democrática argentina: nadie, absolutamente nadie puede decir de memoria el nombre y apellido de cada uno de los diputados por los que votó en la última elección, mucho menos en las de 2009 y 2011, de donde salieron los legisladores que votaron el memorándum con Irán por el atentado en la AMIA, por dar un ejemplo, tan sólo.

Aprobado por los representantes del pueblo las tarlipes. Entre los diputados que votaron a favor se encuentran Andrés Arregui, diputado del Frente para la Victoria por la provincia de Buenos Aires que estaba noveno en la lista de 2013, o su colega electa por el mismo partido y mismo distrito, María Ester Balcedo, que iba en el puesto número diecinueve en las elecciones de 2011. También podemos nombrar a Teresa García, ex inspectora municipal de La Matanza, puesto número doce de la lista del FpV por Buenos Aires en 2009, o María Luz Alonso, una diputada de La Cámpora que se presentó por el Partido Humanista de La Pampa y que, como para despejar toda duda de que no tenía la más puta idea de qué estaba votando, podríamos agregar que contaba con ocho añitos al momento de cometerse el brutal atentado sobre el cual emitió un voto favorable a la negociación.

Podríamos discutir si el voto sábana a esta altura del siglo XXI es democrático o no. Doy por sentado que para los 3 millones de argentinos del siglo XIX era un sistema piola, pero para los 40 millones de hoy, con diputados proporcionales a la cantidad de habitantes, sólo logramos que haya una manga de impresentables decidiendo por ley el destino de nuestras vidas. En 2011, el Frente para la Victoria bonaerense metió veintidós diputados nacionales. Veintidós. ¿Quién los conocía uno por uno, incluso entre sus votantes?

Ése es el gran error de concepción con el que el kirchnerismo nos corrió a todos desde que empezaron a ganar elecciones. Por un lado, está la Constitución que dice que los diputados son representantes del pueblo del distrito al que representan. Por el otro, tenemos este sistema electoral en el que una inspectora municipal de La Matanza que tuvo que renunciar por irregularidades en permisos de construcción puede decidir si toda una nación tiene que transar con los iraníes. No cuestionamos la Constitución, cuestionamos a los impresentables que se montan en un pony por tener un carnet de legislador nacional. No atentamos contra las instituciones, los puteamos.

Iniciado el último año del mandato de Cristina, a la Justicia le sonó el despertador de fin de ciclo y empezó a pasarle el plumero a las causas contra el Poder que ya no es Poder. Primero se cargaron la aplicación de la adecuación de oficio de *Clarín*. Luego hicieron avioncitos con la designación de dieciséis fiscales de Gils Carbó. Más tarde, imputaron a Cristina por el pacto con la AMIA. Ni siquiera le respetaron su imagen de ser superior de la historia y la metieron en la misma bolsa de imputados con los impresentables Luis D'Elía y Fernando Esteche.

En el caso de Gils Carbó, el interbloque de legisladores oficialistas llamaron a conferencia de prensa para defender a la Procuradora General y atacar a la Justicia por interferir en el sistema republicano de división de poderes. Divinos incoherentes: miembros del Poder Legislativo salen en defensa de la Procuradora General de la Nación por algo que le compete al Poder Judicial y acusan a este último de no respetar la decisión de una funcionaria que no es del Legislativo. Más de lo mismo, apelaron a la misma excusa que utilizaron todas y cada una de las veces en las que la

Justicia cumplía con uno de los roles que le compete: controlar la constitucionalidad de lo aprobado por los poderes Legislativo y Ejecutivo.

Lamentablemente, ésta es una costumbre que nunca cambió, que el kirchnerismo profundizó y que será parte de la pesada herencia a tal nivel que muchos ni se calentarán en pensar si se puede cambiar, o sólo hay que resignarse a putear al sistema por el sistema en sí. Que en el Congreso haya impresentables que nadie conoce es una cosa, que nadie sepa cómo llegaron es otra: la respuesta está en la primera parte y nos jodemos por no conocerlos. Si el sistema impone la lista sábana que garantiza que cualquier pelotudo termine votando leyes que nos afectan a todos, no hay forma de esperar que el sistema cambie desde adentro porque nadie atenta contra su propio estilo de vida por cuestiones básicas de dos millones de años de evolución: supervivencia. Queda en nosotros tomar conciencia de a quién estamos votando, quiénes son cada uno de los NN que figuran en esa guirnalda que doblamos y metemos en la urna.

Sin embargo, como todas y cada una de las patriadas del kirchnerismo, la de la Justicia no terminaría bien. Nos equivocamos en el pronóstico varias veces: que aflojarían tras la reforma de la Corte, que levantarían la patita del acelerador tras la declaración de inconstitucionalidad de la ley de democratización del Consejo de la Magistratura, o que se calmarían tras la aprobación del nuevo Código Procesal Penal de la Nación. Pero, como todo en la era kirchnerista, el epílogo siempre, siempre fue épicamente peor. El judicial no tenía por qué zafar.

Tras la muerte del fiscal federal Alberto Nisman, la justicia se convulsionó. Durante los días posteriores al 18 de enero, la fiscal Viviana Fein, a cargo de la investigación para determinar los causales de muerte de Nisman, recibió tanta presión que casi se convierte en diamante. Al menos dos veces por día tuvo que salir a desmentir informaciones. Incluso hubo una muy simpática, que fue cuando el portal fiscales.gob.ar, perteneciente a la injustificadamente gran oficina de prensa de la Procuración General, a cargo de Luis "el Topo" Villanueva, publicó un comunicado en el que afirmaba que Fein había desmentido a *Clarín* respecto de la existencia de un borrador de otra denuncia de Nisman en su tacho de basura. Fein salió a desmentir. A desmentir el comunicado que desmentía a *Clarín*. A la semana del hallazgo del cadáver de Nisman, empieza a circular que Viviana Fein no había suspendido sus vacaciones programadas para la segunda quincena de enero y que el reemplazante de Fein sería Fernando Fiszer, uno de los fiscales que Alejandra Gils Carbó quiso poner como subrogantes ante la Cámara, pero que la misma Cámara volteó por un amparo. Oficialmente, Fein "suspende" sus vacaciones y se queda. Entre idas y vueltas, la Justicia Federal parece que se tomó a mal lo que le pasó a Nisman y empezó a tirar con todo contra el Gobierno y como munición utilizaron todo lo que el Gobierno hizo mal. A las 13.30 del viernes 13 de febrero, el fiscal federal Gerardo Pollicita tomó por válida la denuncia efectuada por Nisman cuatro días antes de morir y presentó ante el Juzgado Criminal y Correccional Federal 3, a cargo de Daniel Rafecas, el pedido formal para que se inicie una causa contra Cristina Fernández de Kirchner, Héctor Timerman, Andrés Larroque, Luis D'Elía y Fernando Esteche. Por la tarde, Gils Carbó anuncia al reemplazante de Nisman, que no fue uno, sino tres, coordinados por un cuarto. Los tres fiscales pertenecen a Justicia Legítima.

El #18F ya estaba en marcha. La manifestación silenciosa en homenaje al fiscal Nisman y pidiendo justicia para sus deudos fue convocada por varios de sus colegas, jefes y hasta el líder del sindicato de los trabajadores judiciales. En la previa, Cristina tiró que "nosotros nos quedamos con la alegría, a ellos les dejamos el silencio". La bronca de la Presi era entendible, dado que los que convocaron ni siquiera tuvieron la delicadeza de considerar que al día siguiente era su cumpleaños, el cual, obviamente, es mucho más importante que el cumplimiento del primer mes de la muerte del fiscal que la denunció.

Increíblemente, desde Justicia Legítima salieron a cuestionar a los fiscales que pusieron la caripela y el nombre bajo el argumento de "no haber sido designados por concurso". De todos los cargos que ocupó Gils Carbó a lo largo de su carrera en la Procuración, sólo ganó uno por concurso, pero eso no pareció importar. Desde la misma agrupación, la fiscal Cristina Caamaño juntó firmas antimarcha a través de un mail. De forma natural, los que bancaron a ex funcionarios menemistas, presidentes multimillonarios, militares sospechados, responsables de espionaje interno masivo, de represión a pueblos originarios, muertes por desnutrición y masacres en trenes sin frenos, hicieron un notable esfuerzo por hacernos entender en qué casos está bien marchar, sobre qué se puede protestar, y con quiénes deberíamos hacerlo. Otros hablaron de Golpe Blando y no faltó el mamerto que quiso desacreditar la convocatoria porque se sumaba Cecilia Pando. Esas cosas que tiene el kirchnerista que cree que la presencia de la esposa de un teniente retirado es más recriminable que bancar a un jefe del Ejército acusado de crímenes de lesa humanidad. Como siempre, el resto se dedicó a mencionar que la marcha estaba politizada, como si existieran marchas que no fueran políticas, como si toda protesta no fuera política, como si todo ciudadano no fuera un *zoon politikón* desde que a los griegos se les dio por crear un sistema de gobierno participativo. Todo lo que hacemos en sociedad, incluso cuando creemos que nos chupa un huevo la política, es política.

La sorpresa me asaltó desde el mismo anuncio de la movilización del 18F. No tanto por quiénes la convocaban, sino por una palabra que me resultó ensordecedora: silencio. Muchas veces entendí que el silencio es la peor forma de vivir en una sociedad en la que todos callan por temor, por vergüenza, porque no les importa o porque los ruidos de sus problemas son más fuertes que cualquier otra voz. Siempre creí que el silencio como mecanismo inconsciente y colectivo estuvo arraigado en nuestras mentes. Nuestra historia nos dio motivos suficientes para adquirir ese sistema de preservación egoísta, lo que les pasaba a quienes hablaban cuando otros callaban contribuyó al desarrollo del método de supervivencia silenciosa "no te metás". Sin embargo, el silencio tiene mala fama. No es lo mismo el silencio que callarse la boca, aunque nos hayan recordado que la mejor forma de callar a alguien es silenciarlo. A un gobierno que ha hecho de los simbolismos un estilo de vida, no hay mejor forma de jugarle que en su ley. Una marcha silenciosa en un día conmemorativo.

Por eso me sorprendió y me sigue sorprendiendo la propuesta del silencio. Porque cuando miles de personas hablan sin decir nada, no hay respuesta más ruidosa que un silencio estruendoso, colectivo y visible. Como cuando esa persona que debía respetarte te insulta en la cara y sólo te quedás mirándola. En silencio. Un silencio que, como afirmaba Nietzsche, el agresor interpreta como desprecio. Y no hay nada más lindo que responder a una agresión de ese modo.

Cebados por la proximidad de la marcha, desde el oficialismo cargaron contra los fiscales, a quienes acusaron de querer sacar partido político "con el pretexto de defender las instituciones". También utilizaron todos los medios de comunicación posibles para carpetear a los fiscales que convocaron a la marcha. Fueron tan simpáticos que nos recordaron que a José María Campagnoli lo suspendieron por "mal desempeño", pero se les pasó que todo quedó en la nada, a excepción del quilombo que se armó por la suspensión del fiscal que había querido investigar a Lázaro Báez. Cual náufragos en un mar de incoherencia sin agua potable para beber, tiraron que el fiscal Carlos Stornelli estaba vinculado con los barras de Boca y se lo pegaron al Jefe de Gobierno porteño, Mauricio Macri. Si no tuvieran el lóbulo temporal dañado, habrían tirado un freno de mano al hablar de Stornelli, ex ministro de Justicia y Seguridad de Daniel Scioli. Y si vamos a hablar de barrabravas, mejor no recordar que el hermano de la Ministro de Seguridad de la Nación, Cecilia Rodríguez, apareció pegado a la barra de River en las escuchas por lavado de dinero de Lázaro, o la ONG Hinchadas Unidas que "ayudó a crear" Marcelo Mallo, de la agrupación Compromiso K de Rudy Ulloa. Y, ya que estamos, cómo olvidar aquel hermoso discurso en el que Cristina manifestó su "admiración y respeto" hacia "esos tipos colgados del paravalanchas" que "nunca miran el partido y arengan".

El último intento lo llevó adelante la Presidente el mediodía de la mismísima jornada del 18F, cuando convocó a un acto para inaugurar la central atómica Atucha II... por tercera vez. Enojada con la vida, quiso encontrar alguna explicación a una cuestión sencilla: ¡¿por qué no la quieren?! La explicación hallada a esta notable injusticia romántica del pueblo radicó en que "no le perdonan la política de derechos humanos".

No sé si habrá sido un problema de comunicación, o que a la hora de la cadena nacional estaban todos en otra o, directamente, que a todos les resbaló lo que tenía para decir la Presi, pero las marchas se hicieron igual. Esa cosa que tienen algunos de no entender el mensaje conciliador de los gritos recriminadores y ser tan tercos de salir a reclamar justicia cuando tenemos satélite.

La marcha del silencio fue distinta a todas las grandes marchas que se comió el kirchnerismo. No fue mejor, no fue peor, fue distinta. No hubo más gente que en el 8N de 2012, pero tampoco coincidían los motivos, ni los organizadores, ni el clima. Juntar 400 mil personas un día de semana bajo una lluvia torrencial es algo que no se ve todos los días. Familias enteras, padres con hijos, abuelos con nietos, ancianos en bastones y pibes que jugaban, que gateaban cuando llegó el kirchnerismo al poder, se juntaron en la Plaza de los Dos Congresos. Como es normal en gente que no colapsa ideológicamente tras la bajada de línea del personalismo populista, cada uno llevó su propia consigna de por qué se sumaban al homenaje al fiscal Alberto Nisman. Algunos dijeron que estaban para defender a la República, otros gritaban que estaban hartos de todo, y muchos, sencillamente, pedían justicia.

Los que plantearon la politización desde el punto de vista de la concurrencia de la oposición, se quedaron con la sangre en el ojo. Ningún político habló y no hay otra cosa que un puñado de fotos. Los que la encararon para el lado de que "los fiscales deberían encargarse de hacer Justicia en vez de reclamarla", no tuvieron en cuenta el detalle de que la marea de paraguas se detuvo en la puerta de la Unidad Fiscal de la AMIA, que queda en el mismo edificio donde funciona la Procuración General. Como tampoco tuvieron en cuenta que los fiscales que convocaron y marcharon no intervienen en la investigación del asesinato de Nisman. Del mismo modo, no se detuvieron a pensar que son fiscales y no jueces. Como era de esperar, no se les cayó la idea de que además de fiscales, son ciudadanos con libertades y colegas de un compañero muerto. Y mejor ni hablar de las ganas que tenían las hijas de Nisman de formar parte de algo que represente a ese padre que ya no tienen. Supongo que también son golpistas.

Y todo esto pasaba mientras Alex Freyre aprovechó la lluvia para tuitear: "Néstor hace pis". ¿En qué tipo de cabeza puede entrar la idea de que una manifestación de familias con paragüas que tiene hora de inicio y hora de vuelta a casa, es un "golpe de Estado blando"? Si realmente hubieran sido jodidos, los manifestantes habrían bancado hasta la medianoche para cantarle el feliz cumpleaños a Cristina y desearle buenos abogados. El kirchnerismo sobrevivió a la crisis con el campo que tuvo al país paralizado durante cinco meses, se sobrepuso a que una lista encabezada por un ex presidente y dos futuros candidatos a presidente perdiera en una legislativa, y sobrellevó las multitudinarias marchas de 2012 y 2013. Lo único que aproximó una explicación a la reacción desmesurada hacia una manifestación de dolor y bronca organizada por los amigos y familiares del muerto, es el cagazo a dejar de ser Gobierno.

La marcha de la ciudad de Buenos Aires se replicó en las ciudades de Ushuaia, Mar del Plata, Mendoza, Salta, Rosario, Santa Fe, Paraná, Catamarca, Río Gallegos, Chubut, Bariloche, Sidney, Berlín, Madrid, Barcelona, Río de Janeiro, Ciudad del Cabo y Toronto. Una serie de marchas de gente anónima alrededor del mundo reclamando algo tan básico y elemental que forma parte del cimiento de cualquier Estado de Derecho occidental moderno, aunque a algunos se les olvide a la hora de enumerar los logros de un Gobierno nacional y popular. Una masa humana convirtió el paisaje urbano en una salpicré multicolor que contrastaba con la oscuridad del cielo, utilizando paraguas para dejar de mojarse, manifestándose para que dejen de mojarlos. Un grupo de amigos homenajearon a un colega, dos chicas lloraron nuevamente a su padre, y cientos de miles de desconocidos salieron a hacerles el aguante. Evidentemente, fue un intento de Golpe de Estado tan, pero tan blando, que sus actores sólo pidieron Justicia.

Pero si pensábamos que a Cristina le resbaló, sólo hubo que esperar unos días. El 1º de marzo de 2015, la Presidente dio su último discurso ante la Asamblea Legislativa para inaugurar las sesiones ordinarias del Congreso. Fueron cuatro horas interminables en las que tiró toda la fruta que le quedaba en stock y festejó tantos logros de su gobierno que se le acabaron y empezó a nombrar logros de otros, como cuando recordó que los medicamentos para combatir el sida son gratuitos, algo que ocurre por ley desde 1995.

Sin embargo, luego de casi cuatro horas montada en el unicornio de la sarasa rumbo al infinito de la incoherencia, se despachó contra los medios, la Justicia y los que marcharon. Y todo bajo un mismo concepto.

Miren, alguien me alcanzó un artículo de *Clarín*, de fecha, bueno, cuando se designó... Escuchen este título porque es maravilloso: "Designan fiscal a la pareja del operador K en la Magistratura". Ustedes pensarán ¿Julián Álvarez o "Wado" de Pedro? No, la historia es simple: "El concurso para designar fiscales generales ante los tribunales orales en lo Criminal y Correccional Federal de la Capital duró 5 años. Pero se zanjó de pronto. El mes pasado fue designada en ese puesto la abogada Estela Fabiana León, actual pareja de Hernán Ordiales, representante del Poder Ejecutivo en el Consejo de la Magistratura". Bien, ¿saben quién es esta fiscal? Es una de las principales organizadoras de la marcha del 18F. Fíjense. Pero no salió en ninguna parte, ahora. Sale cuando acá era pareja de un operador K, y de pareja de operador K, no fue designada. Por eso, evidentemente, pasó a organizar la marcha del 18F. Y esto me lo contó Parrilli, no es que esté espiando a nadie, eh, no acostumbro. ¿Saben qué? Me encantan las redes sociales, métanse en el Facebook y, como hay gente que pone cualquier cosa en el Facebook, uno se entera también de cualquier cosa. Miren: Fabiana León. ¿Y qué nos dice la fiscal Fabiana León, que para *Clarín* la habían designado porque era la pareja del operador K en la Magistratura, qué nos dice hoy en su Facebook? 28 de enero: "En estos años de desasosiego laboral que vengo viviendo, he podido anticipar muchísimas graves circunstancias, lo que jamás imaginé fue que estaría concurriendo a las exequias de un compañero. Mi país me duele mucho, me duele en el alma, me duele como hace muchísimos años no me dolía, me duele para peor. Me gustaría que la señora Presidenta"... Bueno, empieza a pedirme cosas. Y acá viene... "Acá les dejo el link de la nota que dio el fiscal de Cámara Ricardo Sáenz sobre la investigación de la muerte de nuestro compañero fiscal Alberto Nisman".

Y ahí la tenían a Cristina faltando a la verdad y demostrando que los servicios de inteligencia laburan en pelotudeces. Dos en uno. Y en un acto fundamental de la Constitución Nacional. Faltó a la verdad cuando dijo que la doctora Fabiana León empezó a pedirle cosas. El texto que citó Cristina termina en "me duele para peor". Y el muro del perfil de Facebook de León no es público. O alguien se le metió de "amigo" infiltrado, o hicieron lo mismo que hacen con los teléfonos y las casillas de correo. Si se lo hicieron al presidente de la Corte Suprema de Justicia de la Nación, Ricardo Lorenzetti, qué podíamos esperar de una fiscal.

Mientras la causa por la muerte del fiscal Nisman se empezó a farandulizar a fuerza de chicas con ganas de quince minutos de fama y la atención pública se volcaba hacia las circunstancias de la muerte del funcionario judicial, se corrió el eje de lo central: lo que denunció Nisman. El juez Rafecas desestimó la presentación del fiscal Pollicita fundamentada en la denuncia de Nisman contra la Presidente y sus acólitos. Le llevó horas decir que, para él, no había delito en una denuncia que contaba con más de novecientas horas de grabaciones telefónicas. Fue tanta la celeridad del señor juez que hasta hubo un desconfiado que llegó a sospechar que, en realidad, lo carpetearon con el dinero que hace su hermano en el Instituto Nacional de Cine y Artes Audiovisuales.

Mientras todo esto pasaba, el oficialismo empezaba a jugar una de sus últimas cartas en busca de la impunidad. El 4 de febrero de 2015, la Sala II de la Cámara Nacional en lo Criminal y Correccional Federal ordenó al juez federal Sebastián Casanello que cite a indagatoria a Lázaro Báez, a casi dos años del estallido del escándalo por el lavado de dinero. Ese mismo día, se presentó un acta de la Comisión de Selección de Magistrados y Escuela Judicial del Consejo de la Magistratura firmada por Eduardo "Wado" de Pedro y Gabriela Vázquez, en el cual informaban el "resultado de las entrevistas" previstas en el reglamento para la desginación de magistrados del Poder Judicial de la Nación en el Concurso 212, el cual está destinado a cubrir una vacante en la Sala I de la Cámara de Apelaciones. En dicha acta, afirmaron que por cuestiones de mérito, la terna a elevar a consideración del Poder Ejecutivo debería ser compuesta en el siguiente orden: 1° Julio César Báez; 2° Javier López Biscayart y 3° Sebastián Norberto Casanello. Sí, el mismo Casanello a quien ese mismo día obligaron a citar a indagatoria a Lázaro Báez.

El acta de evaluación está llena de elogios a los tres candidatos principales, entre los que se destaca como meritorio que el doctor López Biscayart "consideró que confiar en el pueblo la decisión de los temas judiciales es la forma de democratizar la Justicia". También celebraron la solidez del "postulante Casanello". Vázquez y De Pedro destacaron "el lenguaje claro que denota la solvencia con que maneja los conceptos sobre los que fue preguntado", entre los que figura sus exposiciones sobre Derechos Humanos y su concepto de "necesidad de mantener la independencia en relación al conjunto de factores que rodean al Juez, en particular la capacidad de resistir críticas a su actuación".

Ahora bien, el mismo 4 de febrero se fijó como orden del día de temas a tratar para el 5 de febrero el Concurso 212, o sea, la terna para nombrar camarista. La comunicación al resto de los participantes del plenario se realizó vía correo electrónico a las 16.38 horas, según consigna uno de los consejeros, y la reunión inició a las 11.00 horas del día siguiente, sin que transcurrieran el día hábil que exige el artículo 5 del Reglamento de la Comisión presidida por los mismos que citaron a la reunión.

Sin embargo, el Plenario del Consejo de la Magistratura se reunió igual, según consta en el Dictamen número 4/15 del 5 de febrero, el cual lleva las firmas de "Wado" de Pedro, Julián Álvarez, Héctor Recalde, Jorge Candis, Gabriela Vázquez y Adriana Gigena de Haar. El dictamen replicó el acta anterior, y dejó el orden del mérito para el cargo fijado del siguiente modo: 1) Julio César Báez; 2) Javier López Biscayart; 3) Sebastián Norberto Casanello; 4) Domingo Esteban Montanaro; 5) Mariano Llorens, y 6) Sergio Delgado.

Pero la orden del mérito original arrojó puntajes bien distintos y orden de prioridades diferente: 1) Báez, 143,5 puntos; 2) Montanaro con 140,3 puntos; 3) Llorens con 137,6 puntos; 4) López Biscayart con 136 puntos; 5) Delgado con 135 puntos; 6) Casanello con 130 puntos. Y de un modo poco ortodoxo, el mismo dictamen aclara que Vázquez y De Pedro llevaron a cabo sus evaluaciones "en base a las grabaciones de las audiencias oportunamente llevadas a cabo". El motivo radica en que fueron puestos en funciones en dicha subcomisión el 3 de diciembre de 2014, cuando las audiencias personales se efectuaron el 17 de junio.

Al día siguiente de conformarse la terna de la cual será elegido el proximo camarista, el consejero, Juez y Presidente de la Asociación de Magistrados, Luis María Cabral, envió una carta a "Wado" de Pedro en la cual asegura compartir los elogios hacia los postulantes Báez y López Biscayart. Pero también manifiesta su sorpresa por el nuevo orden de mérito, dado que "no contiene ningún tipo de mención negativa o crítica respecto del desempeño de los postulantes Montanaro y Llorens", quienes ocupaban el segundo y tercer lugar de la terna desde 2010, "a partir de su rendimiento satisfactorio en un examen técnico, calificado por un jurado técnico, y la valoración también técnica de los antecedentes correspondientes a sus trayectorias profesionales".

El planteo del doctor Cabral se basa en que el dictamen abunda en amplios fundamentos esgrimidos para ascender a Biscayart y para que Casanello pase del último puesto al tercero, y ningún argumento para justificar la baja de quienes ocupaban esos mismos lugares hasta el 4 de febrero, cuando la Sala II de la Cámara Nacional de Apelaciones en lo Criminal y Correccional Federal obligó a Casanello a citar a Lázaro Báez. El dato es que, de prosperar la tramitación del concurso, la última instancia queda en la selección que haga sobre la terna el Poder Ejecutivo con acuerdo del Senado. Si por alguna de esas casualidades que siempre pasan en el kirchnerismo, decidieran optar por Sebastián Casanello, el Juzgado Federal 7 quedaría vacante. Y la causa del lavado de dinero, sin Juez hasta nuevo aviso.

A lo largo de mis años judicialísimos me he divertido como nadie, me cagué de risa de broma en broma —era la única forma de poder sobrellevar una madrugada de sábado en el Juzgado por culpa del turno— y he pertenecido a esa curiosa casta que puede salir de joda después del trabajo y reincorporarse al día siguiente sin dormir, sello histórico de los judiciales. Y también he visto demasiada miseria humana en la calle, de esas cuyos detalles nunca saldrán en los diarios.

De todos los jefes que he tenido, el Juez de mi primer juzgado fue uno de los que más me enseñó. Era un tipo raro, de esos que son los primeros en llegar y los últimos en irse. Quien haya pisado alguna vez un juzgado, sabe bien que es extraño que al juez se le vea la cara. El mío venía a dar una mano a la Mesa de Entradas cuando colapsaba. De él aprendí que los códigos laborales valen tanto como la capacidad de laburo, que no hace falta saberse los números de los artículos de memoria —para eso están las leyes impresas— y que puede haber mucho pedante memorioso pero incapaz de resolver lo que corresponde; así como también aprendí que coser los expedientes es casi una obra de arte, que cebar mate no es para cualquiera, que las leyes se deben aplicar aunque no se esté de acuerdo con las mismas, y que el Poder Judicial realmente tiene la misma importancia que los otros dos poderes del Estado.

Más temprano que tarde, comprendí, también, que la política siempre estuvo, está y estará presente en el Poder Judicial, y que no está mal que así sea: somos humanos, somos seres políticos aunque algunos no lo asuman abiertamente o no sean conscientes de ello. (...) La política, siempre presente, mueve sistemáticamente la designación de jueces de cualquier instancia. La creación del Consejo de la Magistratura no cambió el panorama dado que se convirtió en otro organismo con favores a satisfacer.

(...) En los años que transcurrieron desde que a Cristina le pareció que con tener el 70% de los Juzgados Federales debiéndole favores no alcanzaba, y que sería mejor que todos le respondieran, he escuchado decenas de frases incoherentes, cientos de pajereadas intelectuales, miles de argumentaciones idiotas, carentes de sentido y ajenas de legalidad. Todas partían de los mismos preceptos: más democracia, menos corporativismo. Curiosidades de la modernidad, los corporativistas del oficialismo, militantes de los Testigos del Néstor de los Últimos Días, acusan de corporativos y antidemocráticos a los demás, como si no hubiera algo más corporativo, acomodaticio y ajeno a la voluntad popular que ser designado Subsecretario, Director o Cagatintas en alguna repartición del Estado por el solo hecho de pertenecer. Tan idiotas fueron los argumentos que nadie explica por qué más democracia debe implicar menos república, si ambos conceptos son iguales de esenciales para la existencia del Estado occidental moderno.

(...) La idea de democracia ha sido utilizada sistemáticamente por el kirchnerismo para disfrazar cualquier medida que pudiera resultar polémica. El mecanismo es fácil: cualquiera que se oponga a algo denominado democrático es, gracias a la magia de las palabras, un tipo que está en contra de la democracia. De este modo, una reacción virulenta y en caliente contra un ex socio, se convirtió en una batalla épica por la recuperación de los goles que nos fueron secuestrados y que derivó en la democratización del fútbol, como si pudiéramos votar quién desciende y quién sale campeón, como si los clubes ya no fueran democráticos en sus estatutos. Así fue que también nos metieron el verso de la democratización de los medios, cuando lo único que se buscaba era desarmar un gigante creado por decreto presidencial. Era obvio que, en cuanto el Poder Judicial se pusiera a hinchar las tarlipes, usarían al pueblo como escudo para reventarlo, porque es necesaria más democracia, porque nos secuestran la Justicia, porque algunos magistrados no se enteraron de que ésta fue la década ganada.

Lo que pareciera difícil de hacerles entender a los mamertos de siempre es que no hay nada que garantice más la vigencia de los derechos individuales en democracia que un Poder Judicial no sometido a la voluntad popular. Porque si por estar en democracia puedo putear libremente al gobierno, no estaría para nada bueno que el juez de turno considere que soy un golpista desestabilizador, porque así lo dice la Jefa del Movimiento al que pertenecen los compañeros del Consejo de la Magistratura. Actualmente existen jueces más oficialistas que camporita con pechera nueva, pero al menos está sometido al azar.

A Cristina llegó a molestarle que uno de los jueces contreras lleve en su cargo más de treinta democráticos años, aunque esté pisando los 100 años de edad. Pero no le jodió ni un poquito que el único miembro de la Corte que dijo estar algo a favor de la democratización, haya jurado velar por el cumplimiento del Estatuto Militar impuesto por la Dictadura el 24 de marzo de 1976. Cuestión de valores, le dicen por mi barrio.

Por mi parte, me gustaría hacerle llegar una humilde opinión al oficialismo, casi como un consejito: es mejor que el Poder Judicial quede así de choto como está ahora y sin la posibilidad de ser empeorado en base a una buena performance electoral. Incluso conviene para cuando se acabe la joda. No es lo mismo sentir la adrenalina de no saber si les tocará un juez gomía o uno contrera, a tener la certeza de que perder las elecciones les garantizará una estadía en Marcos Paz. Porque los funcionarios judiciales que impusieron, más todos los que quieren imponer, podrán aplaudirlos hoy. Pero en cuanto cambia el Gobierno, siguen conviviendo con sus colegas, en sus circuitos académicos y lidiando con el nuevo poder de turno. No hay nada menos fiel a la política que el Poder Judicial. Y podrá sonar feo y sucio, pero estando en Argentina, qué bueno que así sea. Porque al menos nos queda ese dejo de esperanza de que, por más tarde que resulte, la Justicia empieza a molestar de verdad, aunque duela que sea en la proximidad de un cambio de gestión.

Y si el político en general quiere más democracia para lo que sea, que la aplique y llame a referendo. Nadie tuvo los huevos para hacerlo. Que consulten a ese pueblo que tanto nombran para que decida si quiere o no una ley. No es nada del otro mundo, de hecho, también figura en la Constitución Nacional y sólo hay que cumplir con dos pasitos: convocar a la consulta popular y tener los huevos para bancarse el resultado. Eso es democratizar. Pero democratizar la República.

Relato derecho y humano

"Hebe, con ayuda de ustedes, el Ejército está dispuesto
a ir por todos los cambios y yo quiero ser el más transgresor."

TENIENTE GENERAL CÉSAR MILANI, milico progre,
entrevistado por Hebe de Bonafini. Diciembre de 2012

La gran obsesión del kirchnerismo fue la reinvención de la
historia. No es algo que se haya dado por necesidad, pero
resultó ser un camino rápido: mejor tergiversar pasados ajenos antes que explicar los propios. Sumar a las agrupaciones
de derechos humanos históricas fue el modo más veloz de
plantarse como distinto. Hacer notar de ese modo que el
suyo es el verdadero peronismo y no el de Carlos Menem,
el rival que no se presentó a balotaje, o el de Duhalde, el
presidente interino que le prestó el aparato para que el futuro Nestornauta saliera de su 8% de conocimiento nacional.

Ni siquiera les dio para decir que era otro peronismo,
sino EL peronismo. Una mezcolanza medio extraña para
cualquiera que se detuviera a pensar tres cuartos de segundo sobre el origen que Néstor declaraba tener, sobre lo que
Perón pensaba de ese grupo de origen, sobre el silencio que
hizo cuando los indultos de 1989 y 1990 y sobre lo callado

que se mantuvo en 2002 tras los asesinatos de Maximiliano Kosteki y Darío Santillán.

Son todas cosas que se le pueden escapar a un Casey Wander por haber nacido en 2003 y tener padres ingleses, pero que en la era de Internet es difícil de perdonar a cualquiera que sepa leer y escribir.

El nivel del relato pretérito es tan inaudito que, para dimensionarlo, habría que dividirlo en tres: el relato de los setenta, el de los noventa y, probablemente el más divertido, el relato de lo hecho de 2003 en adelante.

La reescritura de lo ocurrido en los 70 es abrumadora. Por un lado, por el nivel de las figuras que salieron a opinar, en su mayoría funcionarios que en su puta vida tuvieron más de dos minutos de cámara y que también fueron beneficiados por los indultos de Menem. Pero también lo es por el daño efectuado a la memoria de quienes cayeron, de quienes lucharon, de las vidas inocentes perdidas por "daños colaterales" y de la remoción de mierda que se generó a raíz de todo ello.

Lentamente, los medios cayeron en el juego de no querer quedar afuera de la constricción de un *pensamiento* sobre aquellos años, aunque varios de ellos ya funcionaban y con buena parte de su comisión directiva actual. La opinión única se hizo carne en los rodillos de las imprentas hasta llegar a puntos extraños, como cuando *La Nación* tituló "Arrestan a siete ex miembros de la Triple A" en una causa que nunca llegó a juicio, por lo que nunca hubo sentencia firme ni floja en la que se declarara que esos detenidos fueron miembros de la Triple A. Lo único que se sabía fehacientemente al momento de la detención, era que la mayoría de ellos fueron funcionarios del tercer gobierno de Perón. Pero nadie se animó a titularlo de ese modo.

Esas detenciones se produjeron en 2012 y fueron el corolario de una historia que se inició en 2003, cuando Néstor

Kirchner encabezó la movida que terminó con la derogación de las leyes de Obediencia Debida y Punto Final, más la anulación de los indultos por parte de la Corte Suprema de Justicia. Meses después, una abogada del Movimiento Socialista de los Trabajadores se presentó en Comodoro Py a denunciar a todos los funcionarios peronistas. Y allí nomás los sindicatos empapelaron el centro porteño con afiches que por todo contenido exhibían la leyenda: "No jodan con Perón". El riesgo existía: la justicia había pedido la extradición de María Estela Martínez, ex presidenta constitucional, tercera esposa y viuda del General.

Por esos días, y a modo de vuelto, el sindicalismo reactivó la causa por el homicidio de José Ignacio Rucci, en una forma de marcar la cancha y mantener el equilibrio: si te vas a poner a revisar, te hundís con nosotros.

El 24 de marzo de 2004, en el primer aniversario del golpe de Estado de 1976 conmemorado con Néstor Kirchner como presidente, se produjo un hecho que pasaría a formar parte del folklore kirchnerista: en el Colegio Militar, el Presidente de la Nación le pidió al Jefe del Ejército que se subiera a un banquito para descolgar los cuadros de Jorge Videla y Reynaldo Bignone. Años más tarde, los pibes que no lograron ganar un solo centro de estudiantes dirían que "bajando un cuadro formaste miles", lo que terminaría siendo el mejor resumen de la militancia: nada de enseñar, nada de pensar, nada de acción; sólo gestos y simbolismos.

Sí, simbolismos. Horas más tarde, en la Escuela de Mecánica de la Armada, se produciría un acto intenso con la creación del Museo de la Memoria. Estaban las Abuelas y Madres de Plaza de Mayo, la agrupación H.I.J.O.S. y otros organismos de derechos humanos dispuestos a escuchar las palabras del Presidente en una ya ex ESMA con una bandera roja con el rostro del Che Guevara flameando por encima del Escudo Nacional. Allí Kirchner pronunció un discurso en el que pidió perdón por "la vergüenza" de que el Estado "haya callado durante 20 años de democracia por tantas atrocidades". El pedido de disculpas lo hizo, según sus propias palabras, "no como compañero y hermano de tantos compañeros y hermanos que compartimos aquel tiempo, sino como Presidente de la Nación Argentina". Al menos fue coherente. Porque si alguien se calló la boca durante 20 años de democracia por las atrocidades cometidas por la dictadura, ése es Néstor Kirchner y no el Estado, que juzgó a las Juntas Militares y tuvo que lidiar con alzamientos de las Fuerzas Armadas durante dos gobiernos, sin que se supiera qué opinaba el gobernador de Santa Cruz.

Minutos antes de las palabras de Néstor, un todavía ignoto Juan Cabandié dio un discurso con un pedido especial: "La verdad es libertad absoluta y como queremos ser íntegramente libres necesitamos saber la verdad total, como mencionamos recién, los archivos escondidos". Juan, que finalizó su oratoria con un "hasta la victoria siempre", se subió enseguida al bondi kirchnerista como secretario de la Juventud Peronista. Juan se convirtió primero en legislador porteño y luego en diputado nacional. Los archivos siguen sin abrirse y lo único que se consiguió fue que, después de 10 años del Gobierno "que más hizo por los derechos humanos", Agustín Rossi entregara la lista negra de los artistas en la Dictadura. Semejante golazo de media cancha ya había sido publicado por *Clarín* en 1995.

Las palabras de Néstor en la ESMA resultaron molestas para varios, y esto incluyó a Raúl Alfonsín, quien ordenó iniciar el proceso que terminó con el Juicio a las Juntas. Ese mismo 24 de marzo de 2004, Alfonsín recibió el llamado de Néstor Kirchner, quien le dijo "sé que está enojado", a lo que el primer presidente del nuevo ciclo democrático respondió: "No, estoy dolido". Kirchner le dijo que nunca iba a olvidar el Juicio a las Juntas y que quería que el ex mandatario lo supiera. Lo de siempre: agitar en público, hacer lo contrario en privado, en voz baja. Alfonsín declaró:

> Se podrá considerar que se hizo poco o mucho ante tanto horror y dolor. Lo que no puede afirmarse es que durante mi gobierno se haya guardado silencio. Si queremos alcanzar la verdad y la justicia algún día, será necesario recuperar el valor de las palabras y no permitir que la emoción borre la diferencia ética que existe entre los indultos y el *Nunca Más* o el Juicio a las Juntas.[1]

Unos meses más tarde, Alfonsín denunciaría un intento de "la derecha, con fuertes apoyos de grupos especulativos y algunos inversionistas extranjeros", que planeaba sacar a Kirchner del Gobierno en marzo de 2005. A la derecha la calificó de "neoliberal" y afirmó que Elisa Carrió era funcional a esos grupos reaccionarios gracias a "sus constantes manifestaciones de que todos son malos y de que todos se tienen que ir".

Más adelante, Alfonsín y Kirchner protagonizarían un nuevo cruce de declaraciones, cuando el 30 de agosto de 2006 el radical se presentó a declarar en calidad de testigo en el juicio que el Tribunal Oral Federal número 1 de La Plata llevaba a cabo contra Miguel Etchecolatz, por su accionar como Director de Investigaciones de la Policía de la Provincia de Buenos Aires entre 1976 y 1977, bajo el mando del entonces general Ramón Camps. Etchecolatz había formado parte de los condenados en los años ochenta, de hecho recibió una pena de 23 años, pero luego fue alcanzado por la ley de Obediencia Debida. Alfonsín defendió la aplicación de dicha ley utilizando un argumento extraño

---

[1] "Alfonsín: 'Estoy dolido porque Kirchner fue injusto'", *La Nación*, 25 de marzo de 2004.

para los tiempos kirchneristas: la contextualización histórica. Básicamente, lo que consta en el expediente es que afirmó que su gobierno había llevado adelante "un accionar en materia de derechos humanos que no tenía parangón en el mundo, pero evidentemente la situación militar estaba muy complicada; los jefes del Estado Mayor le hacían conocer la situación en que se encontraban las fuerzas que comandaban, esto le hacía suponer muy claramente que era necesario producir algún tipo de acción con el propósito de aliviar las tensiones existentes". Por ello, llevó a cabo la ley de caducidad de instancia, conocida por todos como ley de Punto Final. Alfonsín dijo que en su momento supuso que "la ley iba a circunscribir el universo de procesados a unas 100 personas, pero la ley no se cumplió para nada, haciendo que se ampliara más el universo de quienes eran imputados". Con dicha situación en las manos, "las presiones seguían, hubo que sufrir tres levantamientos militares, había que buscar otro tipo de soluciones". Así que su Gobierno decidió fijar "tres niveles de responsabilidad: los que dieron la orden, sobre los que había que hacer recaer todo el peso de la ley, los que se habían excedido y los que habían cumplido lo ordenado por sus superiores, sobre los que se había decidido no actuar; la primera obligación como presidente era lograr la continuidad de la democracia, y era necesario defender los derechos humanos de los habitantes". El ex presidente también sostuvo que "la ley de Obediencia Debida quería evitar una interrupción del orden constitucional, en ese sentido se puede decir que era para pacificar el país, pero debe tenerse presente que esa ley tenía además de las excepciones sobre inmuebles apropiados y niños apropiados, también excepción a quienes tenían capacidad decisoria". Respecto de su accionar previo a la Presidencia —o sea, durante la Dictadura— dijo que fue vicepresidente de la Asamblea Permanente para los Derechos Humanos y que desde allí sentaron las bases para lo que luego fue la Conadep y el primer registro de delitos cometidos por los militares. Finalmente, sostuvo que "en esos años en la Argentina evidentemente hubo un plan sistemático, un hecho de terrorismo de Estado y que en este momento celebra que se pueda llevar adelante lo que en su momento era absolutamente imposible que él llevara adelante ya que las cosas cambiaron abismalmente".[2]

Lo que no figuró en el fallo fueron las declaraciones posteriores de Alfonsín, a quien se notó molesto por una boludez digna de adolescentes de secundaria que llevaron a cabo las organizaciones de derechos humanos que presenciaban las audiencias: le dieron la espalda cuando ingresó al auditorio. "Yo me jugaba en la época del Proceso cuando otros no aparecían y ahora critican, y en la época de mi gobierno me volví a jugar", sostuvo Alfonsín ante la prensa que lo aguardaba a la salida y agregó: "Kirchner está diciendo que antes que él no se hizo nada y nosotros hemos trabajado como ningún otro país del mundo en materia de derechos humanos. Se olvida de lo que ha hecho la democracia con anterioridad".[3]

Al día siguiente, el presidente que venía de dar un acto con el radical Julio Cobos, se presentó en Avellaneda junto a Felipe Solá para entregar viviendas en Villa Tranquila. Fiel a su estilo conciliador, pacifista y, sobre todo, veraz con la historia, Kirchner dijo que "cuando el doctor Alfonsín decía que él luchó contra la dictadura y que no sabía dónde estaba este compañero que les está hablando, él sabe bien cómo fuimos perseguidos y cómo en algún momento tuvimos que sufrir detenciones por levantar nuestra voz". Para completar el combo, aplicó un poco de mala leche y

---

[2] Sentencia condenatoria del TOF 1 de La Plata en causa número 2.251/06.

[3] "Alfonsín defendió su política de derechos humanos y replicó críticas", *La Nación*, 30 de agosto de 2006.

sostuvo: "No teníamos amigos militares que nos dieran pasaportes o que nos pudieran defender; nos tuvimos que ir allá, a nuestras tierras, en los lejanos lugares", en una clara alusión a la relación entre Raúl Alfonsín y Albano Harguindeguy, el general que ofició como ministro del Interior de Jorge Rafael Videla. Por último, Néstor dijo que él no contaba con "asesores de nuestro partido gobernando mi provincia".[4] Obviamente, se olvidó de su hermana Alicia, quien ejerció el cargo de subsecretaria de Acción Social de Santa Cruz durante toda la dictadura. Pocos días después, Jorge Julio López desaparecía de su domicilio para nunca más dar señales de vida. Pasaron los años y sigue sin darlas. Y eso que Cristina pidió que no tengamos miedo, que en democracia no desaparece nadie. Un par de años más tarde, Luciano Arruga acompañaría a López en la actitud golpista y desestabilizadora de contradecir a la Presi y desaparecer en medio de un gobierno Nacional y Popular, sólo que esta vez sus familiares tuvieron más suerte: tras siete años de búsqueda, encontraron el cuerpo en una morgue.

Kirchner no se caracterizaba precisamente por ser un gran orador. De hecho, siempre se recuerdan más los contextos de sus actos que sus propias palabras, más allá de alguna frase suelta o perteneciente a otro, como el "vengo a proponerles un sueño" del día de su asunción en el cargo, cuando también afirmó que formaba parte de una generación diezmada. En la ESMA volvió a recurrir a esa herramienta y afirmó que ésa fue "la generación que creyó y que sigue creyendo que este país se puede cambiar", con lo que se podría afirmar, a la luz de los resultados, que el país que buscaban era una fiesta de la corrupción

---

[4] "Kirchner le contestó a Alfonsín: 'Ni usted ni yo somos héroes o mártires'", *Clarín*, 1° de septiembre de 2006.

estructural en el que cualquiera que pase cerca del despacho presidencial tiene serias chances de convertirse en empresario multimillonario, así se trate de un jardinero, un chofer o un empleado bancario.

Nunca más en la historia de la Argentina se volvieron a vivir los indicadores sociales que existieron hasta la primera mitad de la década de los setenta, cuando estos iluminados que a los 60 años dicen tener los mismos valores que a los 20 luchaban "por un ideal". Ideal que, desde la vuelta de la democracia, nunca explicaron bien si consistía en tomar el poder para instaurar la Patria Socialista con un teniente general de la rama nacionalista del ejército a la cabeza o, si en cambio, su lucha era para acabar con la desigualdad de tener menos del 5% de la población bajo la línea de la pobreza y desempleada.

"Cristina y Néstor vinieron a cumplir los sueños de sus compañeros", afirmó Estela de Carlotto el 24 de marzo de 2014, para luego agregar que "estamos buscando lo mismo: queremos que no exista el hambre, la desocupación". Sin embargo, los indicadores históricos revientan la idea de que ésos sean esos los sueños perseguidos. Por otro lado, si nos ponemos un poquito en la piel de quienes llevaron adelante la lucha armada en los setenta, flaco favor les ha hecho el kirchnerismo, a no ser que aquellos ideales consistieran en tener un gobierno enemigo de algunas corporaciones, muy amigo de otras, con funcionarios incapaces de justificar medio centavo de los millones de verdes que poseen, con los recursos no renovables mineros regalados a multinacionales como la Barrick Gold.

Que se levantaran en armas contra un gobierno elegido por el 62,2% del padrón electoral para garantizar una administración democrática, nacional y popular suena a verso. Más allá de eso es bueno destacar el bolonqui armado. O sea: un tipo que al tercer petardo rajó para el sur dice pertenecer a los que lucharon por un mundo mejor, un puñado de tipos que sí estuvieron se hacen los boludos y se suman a la comparsa y una banda de pibes aburridos de la vida compra todo el paquete. Y finalmente, como corresponde a un país con la concepción del paso del tiempo anulada, la sociedad entera se encuentra sumergida en un debate sobre lo ocurrido cuatro décadas atrás.

Al proyecto le conviene. Las acusasiones dejaron de ser por cuestiones de políticas de Estado y pasaron a ser debates ideológicos. La defensa del Gobierno estuvo a la altura y cualquier denuncia, así fuera escrachar que el vicepresidente que formó parte de quienes pedían el Punto Final se quedó con la máquina de imprimir billetes, se convirtió en una operación mediática orquestada por *los grupos de siempre* que desde las sombras pretenden retrotraer al país a sus épocas más oscuras.

A personas que no leen historia ni contando con Wikipedia en la palma de la mano, es difícil pedirles que visiten una hemeroteca. Si lo hubieran hecho, si hubieran tenido espíritu crítico en vez de repetir como neuróticos ideológicos lo que les dijeron en el último semestre, podrían haber chusmeado con sus propios ojos la cronología de aquellos años y los personajes que la conformaron. Se podrían haber encontrado, por ejemplo, con Osvaldo Cornide, que nunca faltó a un acto de Néstor o Cristina que tuviera que ver con el sector empresarial.

Cornide fue defensor de los puntos más importantes de la gestión kirchnerista, muchos de los cuales exceden lo meramente económico y comercial. Eterno presidente de la Confederación Argentina de la Mediana Empresa (CAME), al ser reelecto en 2013 para permanecer al frente de la misma, dedicó sus primeras palabras a abrazar al Gobierno y diferenciarse del otro sector empresario, el cual emitió un documento de "convergencia" culpando al Gobierno por las distintas crisis que a principios de aquel año ya atravesaban varios sectores de la producción nacional.

"Es un sector de la sociedad que nosotros no integramos", afirmó Cornide respecto de los empresarios rebelados. "Nosotros creemos que una parte de la inflación es responsabilidad del Estado, pero otra parte es responsabilidad de grupos empresarios monopólicos que sobrefacturan los precios y llegan a esta situación de alza constante", agregó el titular de la misma CAME que todos los meses informaba cuántos locales cerraban sus puertas para no volver a abrir.

Tan cerca estuvo Cornide del Gobierno que hasta abrazó las políticas de derechos humanos del kirchnerismo y le entregó un premio a Estela de Carlotto, que lo recibió contenta, sin hacer mención a que el mismo tipo que la homenajeaba, a principios de 1976 y desde la Unión Comercial Argentina, encaró la coordinación del paro empresarial, el famoso *lock-out patronal* que desabasteció al país en enero de aquel año, con lo que echó leña y aeronafta al fuego del golpe.

Orgulloso de su accionar, al cumplirse el primer aniversario de la llegada de Videla y compañía, el 24 de marzo de 1977, dio a conocer su felicitación y apoyo al dictador, como así también a la Junta Militar que lo acompañaba, Emilio Massera y Orlando Agosti. Del violento gobierno inconstitucional, Cornide destacaba "el restablecimiento de la moral y la seguridad de los ciudadanos".

Otro registro de la época lo muestra a Cornide molesto en una solicitada de 1981, en la cual se pidió que se impidiera el reconocimiento a la trayectoria del periodista Jacobo Timerman —padre de quien más tarde fuera ministro de Relaciones Exteriores del kichnerismo—. Aquella vez, Cornide no firmó como presidente de ninguna cámara empresarial, sino como titular de la "Comisión de Afirmación de la Revolución Libertadora", un grupo de personajes que se dedicaba a glorificar el golpe de septiembre de 1955 contra el gobierno constitucional de Juan Perón y que finalizó con fusilamientos, persecuciones, exilios y la proscripción del Partido Justicialista.

Durante los años de la gestión de Raúl Alfonsín, Cornide apoyó a los grupos de carapintadas que coparon los regimientos del país para condicionar el accionar del entonces presidente. En la década de los noventa se calmó y, con la fiesta del uno a uno, jugaba al tenis con Carlos Menem y le entregaba un premio al ex subcomisario de la Policía Bonaerense Luis Patti, al igual que haría años más tarde con la titular de Abuelas de Plaza de Mayo. En 2001, como si al país le faltara algo de agitación, promocionó el bocinazo contra la "inseguridad" de la gestión de Fernando de la Rúa. Los registros de delincuencia de la década ganada dejarían embarazados a los de 2001, pero esto a Cornide no le jodió. Una buena: al menos no fue tan extremista contra De la Rúa como la entonces senadora por Santa Cruz, quien directamente le pidió que dé un paso al costado.

Con la llegada de Axel Kicillof al Ministerio de Economía, y la consecuente partida de Guillermo Moreno de la Secretaría de Comercio para ser reemplazado por un ex tenista de medio pelo, Cornide buscó ganarse la confianza del miniministro. Las fotos del empresario tomando mate en el despacho del Palacio de Hacienda lo muestran dado a la faena de querer acomodarse a pesar de quedar de espaldas al resto del sector empresariado, que desde la llegada de Kichi sólo vio cómo las condiciones de 2013 empezaron a agravarse y el país ingresaba definitivamente en una recesión con todas las letras, con suspensión de personal hasta en fábricas del empresario K Cristóbal López, despidos, la inflación más alta de la gestión kirchnerista —lo cual ya de por sí es más que un récord— y el cepo al dólar cagando a trompadas a los sectores productivos que dependen de insumos importados.

Fiel a su estilo, en agosto de 2014 Cornide dejó de visitar el despacho de Kicillof para empezar a viajar a Tigre, y no precisamente a pasear por el Puerto de Frutos. Flor de cuadro democrático y respetuoso de las instituciones tuvo el kirchnerismo sentado en primera fila de sus actos, pero a la militancia monotributista que oficia de coro de niños cantores en cada misa de Cristina se le pasó por alto.

Para terminar de garantizarse el respaldo de una nueva historia, Cristina firmó el decreto N° 1.880/2011 para crear un nuevo centro destinado a reescribir los hechos protagonizados por aquellos que ya no pueden opinar, al que llamó Instituto Nacional de Revisionismo Histórico Argentino e Iberoamericano Manuel Dorrego.

Si nos quedaba alguna duda de hacia dónde apuntaba con el espíritu revisionista, los considerandos del decreto la disiparon al afirmar que, entre sus principales funciones, en lugar de revisar la historia debía dedicarse a "la reivindicación de todas y todos aquellos que defendieron el ideario nacional y popular ante el embate liberal y extranjerizante de quienes han sido, desde el principio de nuestra historia, sus adversarios, y que en pro de sus intereses han pretendido oscurecerlos y relegarlos de la memoria colectiva del pueblo argentino".

Otros aspectos de la historia que no debían revisar, sino reivindicar, eran los de la participación femenina y "la importancia protagónica de los sectores populares, devaluada por el criterio de que los hechos sucedían sólo por decisión de los grandes hombres". O sea, Cristina creó un instituto al que llamó "revisionista" para que le den un perfume de legitimidad a los argumentos que ya venían esgrimiendo tanto ella como su difunto esposo desde hacía varios años.

Si bien la designación inicial de Mario "Pacho" O'Donnell al frente del Instituto le dio un halo de mediana independencia intelectual a la hora de acomodar la historia argentina a gusto de la Jefa, la composición del equipo que lo acompañó desde la partida sugirió todo lo contrario. Más allá de la conocida posición histórica del mediático *best seller* Felipe Pigna —quien también formó parte de la plantilla inicial—, la nómina incluyó a Araceli Bellotta, quien se ha destacado por diversas publicaciones referentes a aspectos íntimos de personajes históricos, entre los que podemos contar *Aurelia Vélez, la amante de Sarmiento*, *Margarita Weild y el general Paz*, *Aurelia Vélez, la mujer que amó a Sarmiento*, *Los amores de Yrigoyen* y *Las mujeres de Perón*. O sea, la primera mujer del instituto destinado a reivindicar el rol femenino en la historia argentina, basó su carrera en contar las intimidades piratas de los grandes hombres de nuestra Patria.

Bellotta había generado una pseudo polémica desde una columna publicada por el diario *La Nación* referente a la Triple A, en la cual pidió a los historiadores que se funden en documentos y no en dichos a la hora de hablar de la situación de aquellos años, para luego sostener que Perón no echó a los Montoneros de la Plaza por revoltosos, sino que se trató de una represalia "porque insultaron a su esposa". A pesar de existir un video que puede ubicarse fácilmente en YouTube, la historiadora fundó su afirmación en un dicho de Juan Manuel Abal Medina padre. Como no podía ser de otra manera, una mujer con tal apego a los hechos históricos relevantes nombró a la Presi "miembro de honor" del Instituto Revisionista. Algunos dirán que fue de chupamedias, yo creo que Cris se lo merecía por su ardua labor deformadora de sucesos.

Otro cuadrazo que supo ser de la partida fue Ernesto Jauretche, quien además de portar el apellido de su tío Arturo, fue Oficial Primero del Ejército Montonero. Desde que Néstor bajó el cuadro de Videla, consideró que el kirchnerismo es la expresión de "la hora de los pueblos" de la que hablaba Perón en aquellos años en los que los montos lo mandaron a la mierda.

También integró el instituto original el profesor de historia Enrique Manson, de prolífera pluma peronista. Entre otras expresiones que demostraron que merecía formar parte de un instituto independiente, Manson había intentado poner paños fríos en la disputa generada por Sandra Russo, la periodista que pasó de analizar el look de Zulemita Menem en la contratapa de *Página/12* en los noventa, a convertirse en analista antropóloga de la sociedad kirchnerista gracias al poder conversor de los salarios de *678*. Russo había afirmado que "el kirchnerismo es un proyecto superador del peronismo". Oleadas de discusiones al pedo más tarde, Manson sostuvo que "comparar a Perón con Kirchner, es como comparar a Maradona con Messi".

Eduardo Anguita se sumó al instituto desde su inicio. No hace falta recordar que fue militante del Ejército Revolucionario del Pueblo, la organización guerrillera que más atentó contra el gobierno democrático de Perón, pero no es esto lo que podría hacer mella en su credibilidad, sino los años que llevaba reivindicando cualquier cosa que hiciera el kirchnerismo, además de laburar en los medios de comunicación estatales y paraestatales.

Cristina también sumó a un personaje con todas las letras, Luis Launay, un tipo tan ubicado en tiempo y espacio que desafió a duelo —de verdad— a un Infante Paracaidista que se había quejado porque la Presi se puso a pelotudear con una boina roja de la Fuerza Aérea. Launay había marcado su disconformidad con una cuota del kirchnerismo en 2007, cuando se enojó por la boleta de candidatos a diputados compartida entre Carlos Heller y Julio Piumato, acusando al primero de "figurón, progresista, gorila y capitalista". También Presidente del Instituto del Pensamiento Nacional —antepasado directo de otro esperpento de la biosfera kirchnerista que se llamó Secretaría para el Pensamiento Nacional—, en una exposición escrita citó un discurso de Cristina para justificar el nuevo movimiento revisionista. El discurso elegido es aquel en el que la Presi mencionó como próceres a José de San Martín, Manuel Belgrano, Juan Manuel de Rosas, Mariano Moreno, Juan José Castelli... y Néstor Kirchner.

Uno de los casos más llamativos del lumpenaje intelectual recolectado por Cristina para su Instituto es el historiador Pablo Vázquez, quien el día en que fue asesinado el dictador Muamar el Gadafi, tuiteó "¡Hasta la Victoria Final, Coronel!", para luego aseverar que "fue asesinado como héroe junto a su pueblo en la lucha". Como era de prever, también se la agarró con la ONU, que para él "es un organismo ruin, farsante, pérfido, fariseo, indigno y despreciable". Además de demostrar que tiene un diccionario de sinónimos a mano, Vázquez sumó más porotos para ser elegido para un organismo revisionista independiente cuando, al conocerse la victoria de Cristina en las elecciones de 2011, dijo que los perdedores "tienen el falo peronista adentro".

Daniel Brion, hijo de Mario —fusilado por la dictadura de Isaac Rojas y Pedro Aramburu en José León Suárez en 1956— también integró el elenco revisionista. En un editorial escrito a los pocos días del fallecimiento de Néstor Kirchner, sostuvo que la Presidente no debe dar "ni un paso atrás, ni siquiera para tomar carrera", luego de tildar de "hijo de puta" al consultor Rosendo Fraga por haber hecho lo que hace para vivir: analizar el contexto político. Probablemente Brion tenga un conocimiento de la historia único, pero donde había un velorio él vio "el detonador para que el pueblo todo se levante" para defender "este sistema económico donde el capital se ha puesto al servicio de la economía invirtiendo lo que desde hace más de cincuenta años se venía practicando". Luego de escribir columnas que podrían ganarle en aliento a medias presidenciales a las de cualquier gloria de *Página* o *Tiempo*, Brion se ganó un lugarcito en ese instituto creado para revisar la historia. Una tarea que se le da de maravillas.

Otro caso maravilloso fue el de Julio Fernández Baraibar, quien integra ese enorme colectivo de locos lindos que se autodefinen como "políticos de la izquierda nacional" pero que adhirieron al kirchnerismo que se autodefinió como peronista. Uno puede creer que alguien que vincula a la izquierda con Perón no debería tener licencia de opinión histórica, pero a Cristina le encantó la idea, dado que Baraibar fue autor de la tesis de que Néstor puso fin a una dictadura liberal que duró 35 años, además de devolverle la dignidad al país, claro.

Para darle un tinte que no oliera tanto a librería troska, la Presi incorporó al instituto a Cristina Álvarez Rodríguez, quien si bien no aportaba con el apellido, le dio un toque justicialista por ADN: es la sobrina nieta de Evita. Sus aportes al conocimiento de la historia no son demasiados, más allá de haber ocupado el cargo de directora del Archivo Histórico de la provincia de Buenos Aires durante la gestión de Carlos Ruckauf, y de ser presidenta *ad honorem* del Museo Evita por ser su parienta, pero se dedicó a congraciarse con la Presi cada vez que le ponían un micrófono, arrojando frases como: "Evita hizo todo con trabajo, enfrentándose a la injusticia con una postura revolucionaria y su lucha hoy toma sentido con una mujer presidenta como Cristina".

El "conocido" del grupete revisionista fue Jorge Coscia, un empedernido romántico que ve en cada hecho humano una historia de amor. "Cineasta y político", parte del grupo fantasioso "peronistas de izquierda", afirma que participó del Cordobazo a los 16 años. Investigado por presunto enriquecimiento ilícito, presidió el Incaa (el Instituto Nacional de Cine y Artes Audiovisuales), ocupó una banca en diputados y se convirtió en secretario de Cultura.

Coscia no era el único integrante del elenco de kirchneristas de primera línea, ya que al instituto se sumó Aníbal Fernández, quien ya había dado sobradas muestras de creer que la realidad tiene dos versiones —la suya y la equivocada— además de sacar un libro de actualización de la parte de la obra de Arturo Jauretche que le conviene al kirchnerismo.

Finalmente, la selección nacional de historiadores se completó con la incorporación de Víctor Jorge Ramos, quien además de haber sido funcionario durante los dos gobiernos de Carlos Menem, es hijo de Jorge Abelardo Ramos, uno de los pensadores de izquierda más interesantes que ha dado la historia argentina. Varios de los textos escritos por Jorge Abelardo harían sonrojar, enfurecer o avergonzar a varios simpatizantes del kirchnerismo, a pesar de las suposiciones de Forster sobre el sueño cumplido del *Colorado*, gracias al kirchnerismo.

Víctor Ramos se convirtió en el eje de la disputa de la intención de monopolizar el pensamiento cultural del kirchnerismo al protagonizar el gran escándalo de la gestión cultural de Teresa Parodi, quien lo despidió. Al parecer, Parodi se había dado cuenta de que Ramos estaba haciendo lo que cualquier otro peronista hubiese hecho en su lugar: buscar nuevo colchón para cuando cierre el albergue kirchnerista en 2015. Luego de manifestarse a favor de Daniel Scioli, le mostraron la puerta de salida y lo mandaron a la casa.

El discurso sobre derechos humanos retroactivos y con beneficio de inventario fue enarbolado por Néstor Kirchner recién cuando prometió no dejar sus convicciones en la puerta de la Casa Rosada —vaya forma de arrancar—, dado que históricamente el asunto le resbaló lo suficiente como para negarse a recibir a las Madres de Plaza de Mayo durante todos los años en que fue gobernador. De un modo increíble, pero entendible si lo enmarcamos en su forma de gobernar, Kirchner glorificó a las Madres y Abuelas de Plaza de Mayo desde el primer día de su mandato. Y, obviamente, se puso a hacer negocios. A los 1.200 millones de pesos que recibió el programa Sueños Compartidos administrado por la Asociación Madres de Plaza de Mayo entre 2006 y 2011, hay que sumarle el dinero en subsidios. Sólo en 2007, el 65% del dinero de Secretaría de la Presidencia destinado a subsidios, fue a parar a la asociación comandada por Hebe de Bonafini: 4,5 millones de pesos en subsidios directos en sólo 12 meses.

Durante los 80, Hebe se opuso a la Comisión Nacional por la Desaparición de Personas porque quería que estuviera manejada por las Madres. En los 90, se opuso a las reparaciones económicas impulsadas por el gobierno de Carlos Menem. Si alguno se olvidó, le recuerdo que la política de DD.HH. del menemismo no se limitó a los indultos, sino que también se aplicó el pago de indemnizaciones cercanas a los 400 mil dólares a quienes hubiesen sido víctimas de la represión ilegal de la última dictadura militar. Según el periodista Luis Gasulla, "la distancia entre Hebe y otras Madres de Plaza de Mayo se acrecentó con su permanente crítica y ninguneo a la lucha por la búsqueda de la identidad de Abuelas de Plaza de Mayo". Esto llevó a que algunas Madres "que acompañaban a Hebe todos los jueves en las marchas, se trasladaran a escondidas a dejar sus datos en el banco genético de Abuelas en busca de algún posible nieto".

Durante el kirchnerismo, los proyectos de las Madres afines a Hebe fueron concretados: la imprenta, la revista que llegó a distribuirse en kioscos de diarios, la radio y la universidad. Todos estos emprendimientos "recibieron cuantiosos subsidios, aportes y billetes en concepto de pauta oficial, al tiempo que, desde el gobierno venezolano de Hugo Chávez, la universidad obtenía importantes donaciones a cambio de albergar cursos de orientación política afines al movimiento bolivariano", explica Gasulla. Nunca pagaron impuestos por nada, y eso que la AFIP fue anunciante de la Radio de las Madres, AM 530, "la primera de la izquierda". Según contó el histórico director de la emisora, Pedro Lanteri, a Gasulla para su libro *El negocio de los Derechos Humanos*, "las Madres, en general, no tienen permiso nunca, por eso hacen. No creen en la legalidad, sino en la legitimidad. Si buscamos la legalidad, más de la mitad de las cosas que estamos haciendo, no las podríamos hacer". Nacida en 2005, la radio recibió la licencia recién en 2006, a pesar de estar en funcionamiento de modo ilegal. Según contó Julio Bárbaro en el libro ya citado: "No quisieron la licencia para no pagar impuestos".

Ya en charla para este libro, Gasulla especificó que "entra guita por todos lados, por Obras Públicas, la Secretaría de Derechos Humanos, la Secretaría General de la Presidencia, provincias, municipios, y a través de los distintos programas de fortalecimiento de la democracia, con los que se les da plata a instituciones entre las que están las Madres del Dolor, a las que les alcanza sólo para mantener la página web, mientras que Abuelas recibió nueve millones y Madres de Plaza de Mayo de Hebe, cerca de seis millones por año para su emisora de radio. La Línea Fundadora de las Madres, comandada por Nora Cortiñas y no tan pegada al kirchnerismo, recibió 140 mil pesos por año".

Gasulla afirma que los ideólogos de las nuevas indemnizaciones —las que empezaron durante el gobierno de Néstor Kirchner— fueron el entonces secretario de Derechos Humanos Luis Eduardo Duhalde y Nilda Garré. La única que no cobró es Hebe, dado que siguió en su postura de "la sangre derramada no será negociada". Lo que no le costó fue hacer negocios en nombre de esa sangre.

"Las indemnizaciones de los noventa se terminaron de pagar", afirma Gasulla, "pero después sacaron una ley en la que dicen que, si vos estuviste detenido o te tuviste que exiliar, también cobrás por día que estuviste fuera del país o en cana". Si le parece un poco retorcido, estimado lector, Gasulla puso un ejemplo hermoso: "El secretario de Derechos Humanos de la provincia de Chaco me dijo 'me rompieron la nariz en prisión, estuve quince días y la verdad no tenía interés de cobrar, pero bueno, después hablé con el Procurador General, Esteban Righi, y me dieron 200 mil pesos'".

"El juez federal Claudio Bonadío tiene identificadas a tres personas que cobraron el equivalente a 180 mil dólares y no fueron detenidas", profundiza Gasulla y afirma que "el quilombo empezó cuando [el ex funcionario menemista] Julio César 'Chiche' Aráoz, quien sí estuvo dos años detenido, no figuró en los planes de pagos. Evidentemente no le interesaba, porque Duhalde le ofreció un palo y Aráoz lo mandó a la mierda. Pero la denuncia por discriminación en el pago de indemnizaciones surgió ahí".

Durante los años previos a la estatización de la Universidad de las Madres, los aprietes a los que piensan distinto fueron moneda corriente. Tampoco se permitió la conformación de un centro de estudiantes, se evadieron las cargas sociales de los trabajadores y se dejó una deuda total de 200 millones de pesos —en la que se mezclan los buracos financieros de Sueños Compartidos— y a la que hay que sumarle los nueve años en los que la casa de estudios no pagó un peso por el servicio eléctrico.

Frente al debate de la teoría de los dos demonios versus quién era el bueno, Kirchner tomó la tangente y creó una nueva postura: la del que no estuvo, pero "le duele" lo que pasó. De pronto, cualquiera que tuviera un par de canas en las sienes se emocionaba ante cada muestra de afecto o reivindicación de algunos valores de aquellos años, aunque en 1973 estuviera jugando con plastilina. Reivindicaciones acto tras acto, muchos se dedicaron a recordar las figuras desaparecidas sin mencionar qué hacían de sus vidas, en lo que Martín Caparrós ha definido como "una nueva forma de desaparecer" a quienes dejaron todo para servir a una causa que creyeron válida. Obviamente, a Néstor y Cristina les convenía este tipo de reivindicación porque les resultaba más cómoda a la hora de no tener que explicar cómo hicieron para recibirse —vamos a darles la derecha por un instante y hablemos en plural— en una universidad nacional intervenida por las Fuerzas Armadas en la capital de la provincia de Buenos Aires y en plena Dictadura militar.

Luego de la pelea con *Clarín* en medio del conflicto con el sector agropecuario en 2008, el Gobierno decidió encarar la vendetta. Primero encaró la Ley de Medios que, si bien se planteó académica y legislativamente como una necesidad superadora, pluralista y moderna, en el discurso político apuntaba directamente al enemigo, al que acusaron de monopolio sin sonrojarse. Y tenían motivos para ponerse colorados, dado que Néstor había autorizado la fusión entre Cablevisión y Multicanal el 7 de diciembre de 2007. Sí, el último acto administrativo del Presidente fue darle luz verde al monopolio de la televisión por cable.

El conflicto posterior a la Ley de Medios fue simpático, dado que nunca llegó a aplicarse. Y cada vez que se producía un fallo judicial que frenaba la adecuación en lo único que importaba —*Clarín*—, todos éramos testigos de la furia televisada de Cristina, que llegó a su punto cúlmine cuando se fijó como plazo máximo para su aplicación el 7 de diciembre de 2012 —justo cuando la fusión autorizada por Néstor cumplía la edad necesaria para arrancar preescolar— y una medida cautelar la frenó.

Mientras la disolución del gigante solidificado por el propio kirchnerismo daba más vueltas que un trompo envaselinado, al oficialismo se le dio por jugar la carta de los hijos adoptivos de Ernestina Herrera de Noble, viuda del fundador de *Clarín*, directora y emblema de la empresa. Felipe y Marcela Noble Herrera habían sido adoptados por Ernestina en 1976 y, desde 2002 eran el centro de una disputa judicial iniciada por las Abuelas de Plaza de Mayo, quienes suponían que eran descendientes directos de las familias García-Gualdero y Lanuscou-Miranda. La causa fue una papa caliente dentro de la justicia federal, que incluyó a jueces desplazados, procesamientos, desprocesamientos, definiciones de primera, segunda y máxima instancia hasta que, en 2010, la Cámara Federal de San Martín dispone que la investigación quede en manos de la titular del Juzgado Federal en lo Criminal y Correccional Federal número 1 de San Isidro, Sandra Arroyo Salgado. La jueza, oficializada en su cargo mediante el Decreto 713/2006 firmado por Néstor Kirchner con aprobación del Senado de la Nación, fue quien ordenó la obtención de material genético por la fuerza para ser cotejado con las muestras del Banco Nacional de Datos Genéticos. El procedimiento fue un tanto controvertido, dado que a los hermanos Noble les quitaron la ropa interior que llevaban puesta. La pelea judicial prosiguió, la Cámara decidió que se extraigan muestras de verdad —sangre, saliva, pelos, piel, etcétera— pero que los datos obtenidos sean cotejados sólo con los de personas de las que se tuviera certeza de que hubieran desaparecido entre las fechas en que fueron adoptados los hijos de Ernestina. Finalmente, los propios hermanos Noble se presentaron voluntariamente y pidieron que se haga la comparación con todo el banco. El primer dato: no eran hijos de las familias que reclamaban. El segundo: no eran hijos de personas desaparecidas entre 1975 y 1976. El tercero: no eran hijos de ninguna de las personas que obran en el banco genético.

Más allá del resultado, en los años que llevó desde el surgimiento de la campaña "devuelvan a los nietos" a mediados de 2008, hasta el resultado final en 2012, surgió un debate interesante sobre los derechos de cada parte y en el que casi nadie se atrevió a resumir el tema en una sola cuestión: si la identidad es un derecho o una obligación. En caso de ser un derecho, los hijos de Noble tenían la posibilidad de elegir saber, o no. Si el derecho a la identidad es de los deudos de la persona desaparecida por sobre los hijos de ésta, es una suerte de derecho tercerizado que se convierte en obligación del supuesto hijo de desaparecidos. Si es una obligación —que también podría ser válido—, no hablemos de derechos.

El tercer frente que abrió el gobierno contra *Clarín* fue Papel Prensa Sociedad Anónima, la empresa que produce y distribuye el papel con el que se imprimen los diarios de la Patria. En 2008, el Gobierno ordenó "investigar" la adquisición de la empresa por parte de *Clarín* y *La Nación* en 1976. La investigación y elaboración del informe le fue encargada al secretario de Comercio, Guillermo Moreno, con lo cual no entiendo qué pudo salir mal, si se trataba de un hombre probo, imparcial, cauteloso, pacifista y, por sobre todas las cosas, capacitado.

El diario *Crítica de la Argentina* publicó una extensa nota firmada por Jorge Lanata, Luciana Geuna y Jesica Bossi en la cual hacían un repaso de lo que fue el negocio de la utilización del papel de diario en la Argentina por los sucesivos gobiernos desde 1950 en adelante. Es algo que hoy sabemos, pero que en aquel entonces nadie recordaba, porque había pasado hacía mucho o porque importaba casi nada, mientras el país se encaminaba a la crisis económica de la que nunca más salió. O sea: que el 31 de marzo de 1971 el gobierno de facto de Alejandro Lanusse dispuso que la fábrica de papel a crear debía tener un 51% de capital nacional, que el Estado aportaría el resto, que se declaró una licitación desierta por falta de cumplimientos de los oferentes, que se entregó una adjudicación directa a César Civita, su tocayo Doretti y Luis Rey, que dos años después este último había comprado el ochenta por ciento de las acciones, y que allí entra el banquero David Graiver. El informe de Lanata y compañía sostuvo, directamente, que Graiver estaba más que ligado a los Montoneros, dado que "manejó parte del rescate de 60 millones de dólares que Montoneros cobró por el secuestro de Jorge y Juan Born" y que ya en 1976, "a través de testaferros, Graiver controlaba la totalidad de Papel Prensa".[5] Luego de que Graiver muriera en un accidente de avión en México, Lidia Papaleo, su mujer, reunió a su suegro Juan y a su cuñado Isidoro para que firmaran la sesión de acciones a *Clarín*, *La Nación* y *La Razón*. Más tarde, toda la familia sería detenida por la Dictadura. Bajo tortura, Lidia contó que Montoneros había invertido 17 millones de dólares con David Graiver y que eso devengaba unos 200 mil dólares mensuales de interés y que poco después de la muerte de su esposo, recibió una llamada en la que le reclamaban una deuda de 30 palos verdes. Años después, en 1989, Lidia Papaleo publicó una solicitada en *Clarín* en la que afirmaba que "con posterioridad a la muerte de David fuimos extorsionados y amenazados de muerte bajo el reclamo de una suma que variaba, de exigencia en exigencia, por quienes se

---

[5] "La historia se escribe en papel", *Crítica de la Argentina*, 14 de abril de 2008.

decían Montoneros" y denunció que la familia Born estaba de joda con la justicia a quienes acusó de haber guardado "un prudente silencio durante catorce años de pretender recuperar, a nuestra costa, parte de lo que tan ilegítimamente les sustrajera la subversión, escudados en la actuación de funcionarios estatales ávidos de notoriedad y sin asumir la responsabilidad que implica la interposición de una demanda temeraria".[6] La bronca con la justicia tenía su origen en un fallo del juez Carlos Luft, quien el 1º de septiembre de 1989 embargó los bienes de la familia Graiver por más de 46 millones de dólares por considerarlos "verdaderos socios de una asociación subversiva". Seis años de democracia, nadie hablaba de *Clarín* y la pelea era por los millones de dólares que la familia del banquero venía cobrando en concepto de indemnización desde la firma de un decreto por parte de Raúl Alfonsín.

Pasando en blanco: Graiver habría ligado guita de los Montoneros producto del secuestro extorsivo de los Born, que terminaron en buena sintonía con los Montos, la invirtió, murió, con la subversión en crisis los Montos reclamaron la guita, los Graiver fueron obligados a ceder sus acciones en Papel Prensa para cerrarle el chorro a los Montos —de paso se la quedaron los principales diarios—, Alfonsín indemnizó a los Graiver, la justicia los embargó y la pelea giraba por quién se quedaba con la plata que habría sido originariamente de los Born, de los Montos o de los Graiver. Según Juan Gasparini, "los Born desistieron de que el Estado le quitara a los Graiver lo que les estaba dando, a cambio de otorgarles a ellos un bocado proporcional. Los Graiver cesaron de pretender la totalidad de la indemniza-

---

[6] Juan Gasparini, *David Graiver: el banquero de los Montoneros*, Grupo Norma, Buenos Aires, 2007.

ción definida por decreto del Poder Ejecutivo Nacional, sacrificando lo mínimo indispensable, protegiendo el grueso del botín". De una indemnización de 84 millones de dólares, los Graiver se quedaron con 68 palitos. Nada mal.

Sin embargo, la cuestión volvió a las primeras planas gracias a la bronca del kirchnerismo por no poder vencer al enemigo construido. La presentación del informe "Papel Prensa S.A.: la verdad" elaborado por la Secretaría de Comercio fue hecha por Cristina Fernández de Kirchner mediante una cadena nacional en la que, al recordar que la empresa fue creada por Lanusse, afirmó que dicho gobierno de facto fue una "dictablanda". A pesar de que la presidencia de Lanusse la agarró con 19 años, parece que Cristina no recuerda que fue la continuidad de una dictadura iniciada con el golpe de 1966 que derrocó al presidente Arturo Illia, que primero tuvo a Juan Carlos Onganía, luego a un fugaz Roberto Levingston y que, finalmente, Lanusse decidió salir del perfil bajo y tomar el poder por su cuenta. Del mismo modo, tampoco recuerda que el Congreso permanecía cerrado, el peronismo proscripto, la democracia en un cajón. Los fusilamientos de Trelew tampoco le quedaron grabados. Sí, Lanusse fue crítico de la última dictadura y de su metodología. Sí, declaró en los juicios a las Juntas. Pero convengamos, estimado lector, en que por más aprecio que tengamos por las acciones de una persona, una dictadura no cambia de nombre por el solo hecho de que lo que vino después fue peor.

Como todo lo que toca el kirchnerismo, el caso Papel Prensa se convirtió en un escándalo de vedetongas de verano. Lidia Papaleo, que fue secuestrada, vejada y picaneada durante tres días consecutivos por Miguel Etchecolatz en persona, dijo que prefería "ver los ojos de sus secuestradores que la cara de Héctor Magnetto cuando le pedía que firme". Isidoro Graiver y María Sol —hija de

David Graiver y Lidia Papaleo— publicaron una solicitada en *Clarín* y *La Nación* afirmando que los diarios no tenían responsabilidad en la metodología de la compra de Papel Prensa y, al día siguiente, *Tiempo Argentino* publicaba un reportaje anterior en el que el mismo Isidoro Graiver bancaba el informe del Gobierno.

En el medio de la joda, entró en juego la figura de Julio César Strassera, quien desmintió la afirmación de Lidia Papaleo y el informe del propio Gobierno. Aníbal Fernández, por entonces jefe de Gabinete de la Nación, cargó contra Strassera con su ya clásico estilo refinado y sutil: "Que aparezcan estos personajes despreciables yo no se lo creo, no le creo a este señor. Strassera se ocupaba de maltratarlos y ahora resulta ser un señor buenito. Que venga a contarnos la verdad de la milanesa. Ahora se trata que es el abuelito de Heidi".[7]

Strassera sabía de qué hablaba. En julio de 1983, con los militares en plan de retirada, la Justicia Militar derivó al Juzgado Federal en lo Criminal y Correccional número 6 la causa de los Graiver. El fiscal federal que intervino fue Strassera y pidió una pena de prisión de cinco años para Lidia Papaleo e Isidoro Graiver por el artículo 225 quater del Código Penal que tipifica "al que entregare medios económicos, propios o de terceros, o los pusiere a disposición de quienes, para lograr las finalidades de sus postulados ideológicos, intentaren o preconizaren alterar o suprimir ilegítimamente el orden institucional o la paz social de la Nación". El juez interviniente los absolvió y Strassera apeló. Finalmente, la Cámara confirmó el falló del Juez. Ante el ataque de Aníbal Fernández, Strassera

---

[7] "Aníbal F. defendió a Papaleo: 'Ahora Strassera es el abuelito de Heidi'", Perfil.com, 3 de septiembre de 2010.

sostuvo que "charlé mucho con Lidia Papaleo y jamás mencionó una palabra de Papel Prensa".[8]

Otro que también la ligó fue Alejandro Borensztein, quien desde su columna humorística dominical del diario *Clarín*, no pudo ocultar su bronca sobre la presentación de Cristina y, dirigiéndose irónicamente a Néstor Kirchner, dijo:

> Descubrí que al lado suyo, más precisamente a su derecha, estaba sentado Osvaldo Papaleo, el secretario de Prensa y Difusión del gobierno de Isabelita y uno de los alfiles de López Rega. (…) No sabe la emoción que me dio verlo. Tantos recuerdos. Fue hace mucho, pero como yo era un adolescente, son recuerdos marcados a fuego. Literalmente a fuego. En 1974, los amigos de Papaleo entraron a los canales y le explicaron a sus dueños que era mejor que se fueran a sus casas. Goar Mestre (canal 13), García (canal 11) y Romay (canal 9), entendieron inmediatamente la sugerencia, sobre todo porque les pusieron un revólver en la cabeza a cada uno. Una vez que ocuparon los canales ¿a que no sabe a quién echaron primero? Exactamente: a mi viejo, Tato. Le prohibieron pisar un canal acusado de hacer "humor elitista". Mi papá reclamó que al menos le pagaran su contrato. La respuesta fue una ráfaga de ametralladora en el frente de casa. Nos vino muy bien, porque el hall del edificio ya estaba viejo y había que reciclarlo. Para que mi viejo no se sienta solo, empezaron a prohibir a muchos otros artistas, así le hacían compañía y no se aburría. A algunos más afortunados, los mandaron a pasear al exterior a través de una agencia de viajes que creo que era de primera clase porque se llamaba Triple A. Entre mediados del '74 y fines del '75, hizo furor. Viajaban todos: Luis Brandoni; Héctor Alterio; Mercedes Sosa; Norman Brisky; Luis

---

[8] "Strassera respondió a Aníbal F.: 'Hay ofensas que hay que agradecer'", Perfil.com, 3 de septiembre de 2010.

Politti; Tomás Eloy Martínez; David Stivel, y tantos más. (…) En esa época existía el Ente de Calificación Cinematográfica, dirigido por Miguel Paulino Tato (imposible olvidar ese nombre), bajo la batuta de López Rega y Papaleo. Prohibieron tantas películas que en todos los cines daban la misma: *Lo que el viento se llevó*, pero sin los besos de Clark Gable. (…) La prohibición sobre mi viejo, dicho sea de paso, duró por el resto del gobierno de Isabel y la gestión de Papaleo, y siguió los primeros tres años del Proceso. Ya que estaban… Con las radios tampoco había problemas. Salvo Continental, y un par más, las demás eran todas del Estado, pero hay que reconocer que se podía elogiar al Gobierno con absoluta libertad. La única radio donde el gobierno permitía que lo critiquen, era Radio Colonia. Los medios gráficos también andaban fenómeno. Había tantos diarios y revistas que, para hacer un poco de lugar en los kioscos, decidieron prohibir algunos: entre muchos otros, prohibieron el diario *Noticias* con Bonasso y Verbitsky; el diario *Crónica* de García; la revista *Satiricón* con Blotta, Cascioli, Mactas, Dolina, Fontanarrosa, Osky, Guinzburg, Abrevaya, y tantos más. ¿A que no sabe qué diario clausuró Papaleo por 10 días, para coronar la faena? No me lo va a creer: *La Opinión*. El decreto de clausura preparado por la Secretaría de Prensa y Difusión, acusaba al diario de Jacobo Timerman de pertenecer "a la subversión antinacional y buscar, no sólo deteriorar la imagen del Gobierno, sino destruir sus instituciones, provocar la guerra entre hermanos y sumir la nación en el caos". Lindo, ¿no? Por eso, cuando el martes vi que nuestro canciller aplaudía y se abrazaba con este buen señor, me caían lágrimas de emoción.[9]

Osvaldo Papaleo, hermano de Lidia, se lo tomó a mal y respondió mediante una carta en la que lo acusó de usar

---

[9] "No tan a la derecha, Jefe", por Alejandro Borensztein, *Clarín*, 29 de agosto de 2010.

el nombre de su padre, de quien imagina "el dolor y la vergüenza que sentiría por ver a su hijo exponiéndolo para cambiar el escenario del juicio por Papel Prensa". Por un lado, afirmó que los canales fueron intervenidos "porque habían caducado las licencias concedidas en 1960". Dijo que no participó de ninguna toma de posesión de los canales, pero aseguró que no se les puso una pistola en la cabeza a ninguno de sus directores. Después cayó más bajo al enrostrarle a Borensztein que "su padrino Goar Mestre" era "un cubano de Fulgencio Batista cuando Cuba era el paraíso de la mafia y la prostitución para diversión de los americanos" y que "Fidel Castro y el pueblo de Cuba lo expulsaron". En honor a la verdad, Papaleo podría haber dicho que Goar Mestre fue financista de los revolucionarios cubanos cuando aún no tomaban el poder, además de haber fundado el Circuito CMQ, las bases de las telecomunicaciones cubanas que, 60 años después, aún funcionan. Incluso, Mestre se opuso a Batista por una ley que éste quería imponer para regular los servicios de comunicación.[10] Pero Papaleo también obvió responder al resto de los recuerdos de Borensztein sobre la censura en cine, radio y prensa gráfica que tan bien graficara Charly García en "Las increíbles aventuras del señor Tijeras" en el disco *Instituciones* de Sui Generis que... también fue censurado en 1975. Por último, lo desafió a que encuentre una foto suya con López Rega, como si esto pudiera probar alguna otra cosa que la realidad de haber integrado el mismo gobierno.

Borensztein hablaba obviamente de su padre, Tato Bores. Y si bien agregaba sus vivencias personales, cuesta creer que nos falle tanto la memoria. En 1989, desde la

---

[10] Quien abordó en profundidad la vida de Goar Mestre, es el periodista Pablo Sirvén en su libro *El rey de la TV: Goar Mestre y la pelea entre gobiernos y medios latinomericanos*, Sudamericana, Buenos Aires, 2013.

pantalla de Canal 13, el propio Tato celebraba su monólogo número dos mil. Allí, en medio del texto escrito por Santiago Varela, el Actor Cómico de la Nación agregó a título personal:

> Cuando se murió Perón, estaba laburando en este canal, me llamaron para decirme "vamos a parar un poco con los programas humorísticos, hay que hacer duelo". Y yo pensé que estaba bien para que lo suspendan un par de semanas... La verdad es que no lo suspendieron un par de semanas, lo suspendieron un par de años. Porque después vinieron los muchachos del '76 de vuelta y la siguieron. Porque en aquel entonces eran largos los duelos, ¿comprende?

Luego de la movida generada por Papel Prensa, cuyos costos de horas hombre en tribunales, informes, peritajes y gastos varios fueron pagados con la nuestra, lo único que se obtuvo fue un dictamen de una fiscalía federal de La Plata que dice que "podría tratarse de un delito de Lesa Humanidad". *Podría, en una de esas, porái.* El resto quedó en la nada o, como dijo Osvaldo Papaleo en febrero de 2015 "preocupantemente paralizado".

El relato de los setenta, sumado a los juicios a los militares tras la derogación de las leyes de Obediencia Debida y Punto Final, más la anulación de los indultos por parte de la Corte Suprema de Justicia de la Nación, colisionó de frente con la realidad. Y varias veces. El kirchnerismo produjo un quiebre entre los que participaron directa o indirectamente de todo el proceso civil y judicial que concluyó con la condena a tres de las cuatro juntas militares que gobernaron de facto el país entre 1976 y 1983. León Arslanián, presidente del tribunal especial creado para el juicio a los militares, nunca se declaró abiertamente kirchnerista, pero ha defendido tantas cosas de las gestiones de Néstor y Cristina Kirchner que hasta formó parte de un panel de abogados que explicaron por qué la denuncia de Alberto Nisman contra Cristina por encubrimiento era "inconsistente". Por otro lado, su compañero de tribunal Ricardo Gil Lavedra se sumó a las filas de la Unión Cívica Radical y ha sido opositor al kirchnerismo. Por parte de los fiscales que acusaron a los militares durante el juicio, Julio César Strassera se convirtió en un férreo detractor de las políticas de derechos humanos y el manejo de la Procuración General por parte de la gestión tanto de Néstor como de Cristina, mientras que su colega en el estrado de los acusadores, Luis Moreno Ocampo, fue más bien un tipo simpático con el gobierno y que también opinó sobre las falencias de la denuncia de Nisman.

El fiscal titular del juicio a las juntas militares, Strassera, fue una voz crítica del kirchnerismo aunque en un principio destacó las políticas tendientes a revertir la impunidad de los indultos y las leyes de Obediencia Debida y Punto Final. En 2008, cuestionó al Gobierno por tener paralizadas las causas por lesa humanidad para utilizar la política de derechos humanos con fines políticos. La Corte Suprema había pedido celeridad. Cristina culpó a la justicia. La verdad es que, para ese entonces, existían más de 800 causas penales abiertas y, para 2015, el número de personas privadas de su libertad sin sentencia por presunción de haber cometido crímenes en la última dictadura, ascendían a más de mil. La opinión de Strassera sobre el conflicto por Papel Prensa lo pintó de blanco móvil para cualquier agresión verbal disparada por el Gobierno que nos devolvió la dignidad y se embanderó en la causa de los DD.HH. Y eso que estamos hablando del fiscal cuya voz nos quedó grabada, con eco y todo, cuando pidió: "Señores jueces, nunca más".

El rol desempeñado en el pasado, que se convirtió en el latiguillo pajero de "qué hizo fulanito durante la dictadura" —un "algo habrá hecho" versión progre— ante cada cuestionamiento al Gobierno, fue aplicado sin compasión contra Strassera. Primero le pegó Horacio Verbitsky con un carpetazo disfrazado de nota en *Página/12* en el cual cuenta el rol del fiscal durante la dictadura que ya fue detallado más arriba. Luego se sumó Cristina Fernández de Kirchner, en calidad de "Presidenta y militante", con un texto en homenaje al ex gobernador de Santa Cruz Jorge Cepernic en el cual la Presi recordó detalles de su detención:

Como era de esperar en esos casos, se presentó inmediatamente un pedido de hábeas corpus. El Juez, no recuerdo su nombre, le corrió vista al Fiscal. Este Fiscal dictaminó que no se hiciera lugar al pedido de libertad, porque las actas del autodenominado Proceso de Reorganización Nacional eran constitucionales y, por lo tanto, las actas de responsabilidad institucional —que no imputaban ningún delito y sólo decían quién tenía que estar preso— también lo eran. Ese Fiscal duro en sus apreciaciones y firme en sus convicciones a la hora de hacer cumplir el Estatuto del autodenominado Proceso de Reorganización Nacional, era Julio César Strassera. Don Jorge estuvo varios años detenido hasta recuperar la libertad. Siempre me pregunté cuántos habeas corpus y otros tantos argentinos o argentinas habrán corrido la misma suerte. Presos sin ninguna razón ni causa, sin juez, sin derechos, sin garantías y cuántos de ésos, tal vez nunca fueron liberados porque aún continúan detenidos desaparecidos.

Con la cajita de pañuelos descartables en la mano, Cristina escribió que esos detalles fueron contados por Cepernic "bien avanzada la democracia". Strassera se limitó a afirmar que "ninguno de los Kirchner se preocuparon nunca por sacar a los militares, cuando él, ni ella, firmaron ningún hábeas corpus, y ella no creo que pudo haberlo firmado porque no es abogada". Nuevamente con la doble vara, con todos los medios oficialistas pegándole al fiscal más famoso de la democracia, se olvidaron de un pequeño detalle: Zaffaroni.

En un país plagado de culposos sobrevivientes de cualquier crisis, que flotan hacia donde el viento los lleve, Eugenio Raúl Zaffaroni vino al pelo. Un hombre ilustrado que trajo lo mejor de la progresía garantista europea y que le dio un marco de mediana credibilidad a los burros que lo consultaban. Al día de hoy, sigue cumpliendo con su misión en el mundo: utilizar tecnicismos judiciales para justificar lo injustificable y darle coherencia a lo absurdo. Siguiendo la línea que se ha trazado para la sociedad en los últimos años, Zaffaroni también ha hecho mérito suficiente para los laureles progresistas. Habiendo sido designado Juez Federal en lo Criminal por María Estela Martínez de Perón con acuerdo del Senado de la Nación, no tuvo ningún tapujo en jurar como Juez Nacional de Sentencia ante Videla un año después, mientras varios de los jueces nombrados por la democracia marchaban al exilio. Obviamente, el proceso de selección y promoción de jueces se había simplificado bastante y con que Massera y Agosti dieran el visto bueno, alcanzaba. Lo que se había complicado un poco era el proceso de juramento. En democracia, alcanzaba con jurar sobre la Constitución. Zaffaroni juró defender y observar el cumplimiento del Estatuto del Proceso de Reorganización Nacional, el Acta para el Proceso, el Acta de Propósitos y recién ahí lo que quedaba de la Constitución. No eran tiempos para hacerse los pistolas, así que Zaffaroni se convirtió en funcional al sistema y rechazaba cualquier hábeas corpus, por las dudas. Lo mismo que le cuestionaron a Strassera, sólo que éste era fiscal y Zaffaroni juez. El primero pedía, el segundo decidía. Tan mal la pasó

Zaffaroni en esa Dictadura que tuvo tiempo y libertad para poder escribir la primera edición de su tan famoso *Manual de Derecho Penal*. Como premio a su accionar en la resistencia contra la Dictadura, ya en democracia fue promovido a Juez de la Sala VI de la Cámara de Apelaciones, donde comenzó a hacerse conocido fuera de los pasillos judiciales gracias a sus opiniones, como aquella que sostenía que una menor de 7 años de edad no había sido violada por haber sido obligada a practicarle sexo oral al portero del edificio, dado que no era consciente de lo que hacía y que se había hecho a oscuras. Alejado de la función judicial, a mediados de los noventa se sumó al Frepaso, donde junto a Eduardo Jozami y Aníbal Ibarra se encargaron de redactar desde la flamante Legislatura Porteña el Código de Convivencia, que sepultó el sistema de Edictos Policiales. Luego fue interventor en el Instituto Nacional contra la Discriminación (Inadi) durante la presidencia de Fernando de la Rúa. Zaffaroni fue el candidatazo que encontró el Gobierno para iniciar la renovación de la Corte Suprema de Justicia. Méritos no le faltaban, pero, en honor a la verdad, tampoco tenía el legajo de conciencia limpio, ese que sacaron a relucir con Strassera.

Dentro de los miembros de la Comisión Nacional sobre la Desaparición de Personas (Conadep) hubo más cohesión. Al menos entre los que llegaron con vida a la década ganada —Magdalena Ruiz Guiñazú, Ernesto Sabato y Graciela Fernández Meijide—, quienes se mantuvieron discursivamente lejos de la fiesta de los derechos humanos que encaró el Gobierno. El caso de Sabato fue paradigmático, dado que quiso conocer a Néstor Kirchner antes de que asumiera la presidencia y luego de haber sido electo tras el abandono de Carlos Menem previo al balotaje. En aquella ocasión, Sabato le manifestó al presidente electo que lo veía como "una esperanza" pero también le pidió que no volviera al pasado. Está claro que a Néstor le entró por un oído y le salió por el otro, dado que el Gobierno se tomó la libertad de reeditar el informe de la Conadep, el *Nunca más*, con un nuevo prólogo que antecede al original.

La idea, que se venía debatiendo en esos bares donde se juntaba la gente que no tenía nada para hacer hasta que Carta Abierta habilitó el auditorio de la Biblioteca Nacional, radicaba en que la posición de Sabato no estaba buena, dado que afirmaba que hubo "dos demonios" y que, por lo tanto, se trató de una guerra de "malos contra malos". Para quien no lo recuerde, o no haya leído el prólogo del informe de la Conadep, Sabato iniciaba su redacción del siguiente modo:

Durante la década del 70 la Argentina fue convulsionada por un terror que provenía tanto desde la extrema derecha como de la extrema izquierda, fenómeno que ha ocurrido en muchos otros países. Así aconteció en Italia, que durante largos años debió sufrir la despiadada acción de las formaciones fascistas, de las Brigadas Rojas y de grupos similares. Pero esa nación no abandonó en ningún momento los principios del derecho para combatirlo, y lo hizo con absoluta eficacia, mediante los tribunales ordinarios, ofreciendo a los acusados todas las garantías de la defensa en juicio; y en ocasión del secuestro de Aldo Moro, cuando un miembro de los servicios de seguridad le propuso al General Della Chiesa torturar a un detenido que parecía saber mucho, le respondió con palabras memorables: "Italia puede permitirse perder a Aldo Moro. No, en cambio, implantar la tortura". No fue de esta manera en nuestro país: a los delitos de los terroristas, las Fuerzas Armadas respondieron con un terrorismo infinitamente peor que el combatido, porque desde el 24 de marzo de 1976 contaron con el poderío y la impunidad del Estado absoluto, secuestrando, torturando y asesinando a miles de seres humanos.

Independientemente de toda opinión sobre el abordaje filosófico de las causas, no hace falta contar con otra cosa que con un mínimo de comprensión de texto para entender que Sabato nunca equiparó el poder de daño de la subversión con el desplegado por los militares desde el Estado. Y lo deja claro en el segundo párrafo. Recuerdo los debates que se armaban en los noventa y, desde mi embole adolescente, siempre me preguntaba si, lo que realmente les jodía, era que alguien recordara que hubo grupos subversivos que utilizaron la violencia con la intención de apropiarse del poder.

El nuevo prólogo del *Nunca más* publicado con motivo de cumplirse treinta años del golpe de Estado de 1976, era una enumeración de los logros en materia de derechos humanos de la gestión Kirchner. De hecho, su redacción fue efectuada por orden del mismísimo Presidente. Luego de hablar de la bajada de cuadros, de la derogación de las leyes y todas las medidas adoptadas por la gestión pingüina, el prólogo entra en una fase extraña al afirmar:

Es preciso dejar claramente establecido —porque lo requiere la construcción del futuro sobre bases firmes— que es inaceptable pretender justificar el terrorismo de Estado como una suerte de juego de violencias contrapuestas, como si fuera posible buscar una simetría justificatoria en la acción de particulares frente al apartamiento de los fines propios de la Nación y del Estado que son irrenunciables. Por otra parte, el terrorismo de Estado fue desencadenado de manera masiva y sistemática por la Junta Militar a partir del 24 de marzo de 1976, cuando no existían desafíos estratégicos de seguridad para el statu quo, porque la guerrilla ya había sido derrotada militarmente. La Dictadura se propuso imponer un sistema económico de tipo neoliberal y arrasar con las conquistas sociales de muchas décadas, que la resistencia popular impedía fueran conculcadas.

Reventar la postura de Sabato (o, mejor, de la Conadep) y justificar la política económica de Néstor. Dos pájaros de un tiro y utilizando un documento histórico que es material de estudio en universidades del mundo. Y de paso, ya que estábamos, aprovecharon para desdibujar un poquito los hechos, dado que sólo contando desde el 24 de marzo de 1976, murieron un centenar de personas víctimas de atentados, secuestros seguidos de muerte y ejecuciones, entre los que se encuentran una veintena de empresarios, otros tantos de policías, varios civiles por "daño colateral", mujeres y niños. Todo ello sin olvidar la bomba "vietnamita" colocada en el comedor de la Superintendencia de Seguridad Federal, dentro del Departameno de Policía, en el que el fallecieron 16 personas, y quedaron heridas otras sesenta y pico, varias de ellas civiles.

Obviamente, es un número un tanto menor de víctimas a las provocadas por la represión ilegal. Y quizás sea por ello que Sabato afirmó que no se podía comparar el poderío de la segunda por sobre el de la primera. Por otro lado, la intención del prólogo de la reedición al afirmar que "la guerrilla ya había sido derrotada militarmente" al momento de la toma del poder por parte de los militares no sólo miente en cuanto a los hechos que continuaron sucediéndose, sino que deja claro, por decantación, que los movimientos subversivos operaron antes de marzo del '76, y ese lapso de tiempo incluye el período democrático iniciado en mayo de 1973. Linda patinada ordenada por quien dijo que representaba "los sueños de aquella generación".

La otra integrante de la Conadep que sí generó controversias de modo activo fue Graciela Fernández Meijide. En una entrevista para el diario *Clarín*, quien fuera miembro de la Asamblea Permanente por los Derechos Humanos en plena Dictadura esbozó una idea que nadie se había animado a decir públicamente: negociar condenas a cambio de información. Allí, Fernández Meijide cuenta que, al dialogar con la fundadora de Abuelas de Plaza de Mayo, Chicha Mariani, le preguntó si prefería que condenaran a quien robó a su nieta, o que apareciese, tras lo cual, Mariani le respondió un escueto: "Conocerla". Meijide buscaba confirmar lo que ella misma ya venía pensando y lo explicó al sostener que le "cuesta cerrar la muerte de Pablo" su hijo desaparecido en 1977, "porque no tenés cadáver, ni entierro, ni ceremonia". La activista por los DD.HH. y ex funcionaria del gobierno de De la Rúa aclaró que no cree que esa información provenga de los "dinosaurios", dado que "no deben tener la mínima idea", sino que los que eran más jóvenes seguro lo saben, dado que eran quienes llevaban a cabo las ejecuciones. "Así como están, los juicios no van a ninguna parte", sostuvo Meijide sobre los procesos llevados a cabo tras las anulaciones de las "leyes del olvido" y postuló que "una cuestión superadora sería rebajar condenas según la información que se aporte". Para finalizar aquella entrevista, Meijide se quejó del "chiquitaje" de "llenar con mentiras" de parte del oficialismo al sostener que los desaparecidos por los militares no son 30 mil, dado que "había un conteo de 9 mil".[11]

La polémica desatada por Fernández Meijide fue replicada por Estela de Carlotto, quien dijo que seguramente podrían ser 45 mil los desaparecidos, dado que un militar en la década del 70 dijo que "habría que desaparecer a 30 mil".[12] Tiempo más tarde, Fernández Meijide afirmó que en el nuevo listado anexado a la reedición del *Nunca más* figuraban personas que cayeron en enfrentamientos armados

---

[11] "Fernández Meijide: 'Deberían bajar condenas a represores por información'", *Clarín*, 3 de agosto de 2009.

[12] "Para Meijide, los desaparecidos no fueron 30.000: Carlotto le contesta", Perfil.com, 3 de agosto de 2009.

mucho antes del 24 de marzo de 1976 y que fueron identificadas y sepultadas, como Fernando Abal Medina. Fue la contracara de la medida adoptada por Nilda Garré como ministra de Seguridad, quien mandó a retirar las placas de todos los policías "caídos en cumplimiento del deber" de las comisarías y dependencias de la Policía Federal Argentina, tomando como fecha de inicio el año 1973, con lo cual afectó dos cuestiones: primero, los muertos eran los policías y, si fue por enfrentamientos con fuerzas subversivas, o caídos en tiroteos con delincuentes, no importó. Lo que tampoco importó es que hayan muerto en democracia.

Pero si podía ir aún más lejos, Fernández Meijide lo hizo de nuevo en 2014, luego de años de recibir destrato de parte de miembros de agrupaciones de derechos humanos y otros animadores del amplio arco kirchnerista, cuando en una entrevista con el diario *La Nación* dijo:

> Que no me digan a mí que Firmenich arreglando con Massera estaba resistiendo la Dictadura, no me digan que FAR y Montoneros juntos matando a Rucci para negociar con Perón tirándole un cadáver querían la democracia. ¡Perón había sacado 62 por ciento de los votos! Desde dónde se dice que era un movimiento popular. (…) Entonces, cuando desde algún lugar ahora me dicen "yo lucho por lo que querían mis hijos" yo digo "no es verdad", porque tus hijos no querían la democracia, porque era un concepto pequeño burgués para ellos y lo que querían era la revolución socialista, impulsados por Cuba.[13]

En 2008, Martín Caparrós escribió una columna en el fugaz diario *Crítica de la Argentina*, en el que hacía referencia al alegato final brindado por Luciano Benjamín

---

[13] "Graciela Fernández Meijide: 'Bajar el cuadro de Jorge Rafael Videla no tuvo ningún valor'", *La Nación*, 26 de mayo de 2014.

Menéndez, ex jefe del III Cuerpo de Ejército desde 1975 hasta 1979, el mismo día en que el Tribunal Oral Federal número 1 de Córdoba lo condenó a prisión perpetua por hallarlo culpable de haber sido coautor mediato de los secuestros, torturas y desapariciones de cuatro miembros del Partido Revolucionario de los Trabajadores, estructura desde la cual funcionaba el Ejército Revolucionario del Pueblo. Recordaba que Menéndez, sobrino de otro Benjamín Menéndez que quiso derrocar a Juan Domingo Perón en 1951, y también pariente del fugaz gobernador militar de Malvinas, Mario Benjamín —no eran originales los Menéndez al buscar nombres—, había hecho un alegato en el que afirmaba:

El propósito de los subversivos al declararnos la Guerra Revolucionaria era asaltar el poder para instaurar un régimen comunista bajo el cual, en lo externo nos convertiríamos en un satélite de Rusia y en lo interno, no seríamos libres para pensar, expresarnos, poseer bienes, entrar y salir del país, disponer de nuestras vidas y la de nuestras familias, porque todo le pertenecería y manejaría el estado totalitario.

Luego de dar su versión sobre los orígenes de la guerrilla en Sudamérica, su origen marxista, la cantidad de atentados efectuados, tras de preguntarse a quién se oponían si mantuvieron la misma actitud hostil frente a los gobiernos de Arturo Frondizi, José María Guido, Arturo Illia y Juan Perón, recordar que la subversión fue declarada ilegal por el decreto 1.454/73 (ERP) y 2.452/75 (Montoneros), que la orden de "aniquilar" a la subversión tucumana también fue por decreto 291/75 y que la orden final de "aniquilación de la subversión" también salió por decreto 2.772/75 de gobierno constitucional, Menéndez agregó:

Y nosotros estamos siendo juzgados. Vuelvo a decirlo: ostentamos el dudoso mérito de ser el primer país en la historia del mundo que juzga a sus soldados victoriosos que lucharon y vencieron por orden de y para sus compatriotas.

Frente a este alegato, Martín Caparrós, que en los años 70 militaba en las Fuerzas Armadas Revolucionarias, de las que se quedó afuera —según sus propias palabras— cuando se fusionaron con Montoneros, no pudo resistirse a la incorrección y afirmó "yo también lo creo":

La subversión marxista —o más o menos marxista, de la que yo también formaba parte— quería, sin duda, asaltar el poder en la Argentina para cambiar radicalmente el orden social. No queríamos un país capitalista y democrático: queríamos una sociedad socialista, sin economía de mercado, sin desigualdades, sin explotadores ni explotados, y sin muchas precisiones acerca de la forma política que eso adoptaría —pero que, sin duda, no sería la "democracia burguesa" que condenábamos cada vez que podíamos. Por eso estoy de acuerdo con el hijo de mil putas cuando dice que "los guerrilleros no pueden decir que actuaban en defensa de la democracia". Tan de acuerdo que lo escribí por primera vez en 1993, cuando vi a Firmenich diciendo por televisión que los Montoneros peleábamos por la democracia: mentira cochina. Entonces escribí que creíamos muy sinceramente que la lucha armada era la única forma de llegar al poder, que incluso lo cantábamos: "Con las urnas al gobierno / con las armas al poder", y que falsear la historia era lo peor que se les podía hacer a sus protagonistas: una forma de volver a desaparecer a los desaparecidos. (...) Es curioso cómo se reescribió aquella historia. Hoy la mayoría de los argentinos tiende a olvidar que estaba en contra de la violencia revolucionaria, que prefería el capitalismo y que estuvo muy satisfecha cuando los militares salieron a poner orden. (...) Pero la sociedad argentina se armó un relato según el cual todos estaban en contra de los militares o, por lo menos, no tenían ni idea. Es cierto que no podían haber imaginado que esa violencia era tan bruta, tan violenta, pero había que ser muy esforzado o muy boludo para no darse cuenta de que, más allá de detalles espantosos, las fuerzas armadas estaban reprimiendo con todo. (...) Pero la sociedad argentina se ha inventado un pasado limpito en el que unos pocos megaperversosasesinos como éste hicieron a espaldas de todos lo que ellos jamás habrían permitido, y les resulta mucho más cómodo. (...) Es obvio que no es lo mismo la violencia de un grupo de ciudadanos que la violencia del Estado, pero es tonto negar que nosotros proponíamos la guerra popular y prolongada como forma de llegar al poder. Y también es obvio que la violencia de los militares no les sirvió sólo para vencer a la guerrilla: lo habrían podido conseguir con mucho menos.

Caparrós, quien luego amplió este concepto en su libro *Argentinismos*[14], también apuntó a Néstor Kirchner, a quien criticó por la "mentira" de afirmar que su Gobierno representaba los sueños por los que lucharon los militantes de aquella generación. En su coincidencia con el represor, el escritor y ex militante, terminó por afirmar que no dejaba de inquietarlo "que todo sea tan fácil y que sólo un asesino hijo de puta suelte, de vez en cuando, ciertas verdades tremebundas".[15]

El recurso setentista de Néstor y Cristina se lo debemos a una mina que tuvo sus quince minutos de fama en 2014, por culpa de —o gracias a— Amado Boudou, cuando quedó descolocada al ser entrevistada por Marcelo Longobardi, quien le preguntó si, al momento de votar a favor de la expropiación de Ciccone Calcográfica, sabía a quién

---

[14] Planeta, Buenos Aires, 2011.
[15] "El peor acuerdo", *Crítica de la Argentina*, 25 de julio de 2008.

se la estaban comprando. La pregunta no era menor, dado que la misma mina que había votado a favor de la expropiación, ahora preside la comisión que podría enjuiciar a uno de los principales beneficiados por la joda. Sin embargo, la vinculación de Adela Segarra con el negocio va más allá de ser marplatense y del Frente para la Victoria.

Primero habría que hablar de Mario Montoto, quien tuvo una relación con la familia Ciccone: a través de su gestión, durante la década de los noventa, los dueños de la calcográfica lograron todos los contratos para documentos, diplomas de diferentes casas de estudio, y otras yerbas por el estilo. Ése es el nexo al que Boudou apuntaba y se hacía el pelotudo cuando quería disparar por elevación hacia Daniel Scioli o Sergio Massa: Montoto es el que vendió las famosas cámaras de seguridad del municipio de Tigre y es un habitué de Villa La Ñata.

Lo que le echa sal a todo este asunto es que la presidente de la Comisión de Juicio Político de la cámara de Diputados, Adela Segarra, fue pareja de Mario Montoto y no terminaron precisamente en buenos términos, lo cual explica cómo es que Boudou obtuvo esos escasos recursos para despegarse del tema Ciccone, con los resultados a la vista.

Para el que no sepa, Mario Montoto es un ex montonero devenido en exitosísimo empresario de insumos para fuerzas de seguridad. En sus tiempos en la orga, Montoto, cuyo nombre clandestino era Pascualito, ofició como secretario de Mario Firmenich. Acabada la joda, pasó a ser el apoderado legal del líder montonero y fue quien le acercó a Carlos Menem el proyecto de los indultos, para horror de los que aún creen que fueron un insulto de la derecha.

Pero antes de pegarse a Montoto, Segarra primero tuvo un hijo con Joaquín Areta, un correntino militante que fue desaparecido en 1978 con 22 años. Y aquí empieza lo bueno: Areta es el autor del poema "Quiero que me recuerden", que Néstor Kirchner leyó en la Feria del Libro en 2005 y que la militancia usó como epitafio presidencial a partir de 2010. Kirchner no eligió el texto al azar, sino que le fue entregado por Segarra, a quien le debemos, de este modo, el enorme aporte de haber sido autora de gran parte del pasado ficticio construido por el matrimonio Kirchner mediante un mecanismo sencillo y perverso: les contó anécdotas de cosas que pasaron durante los años de la lucha armada tras el golpe, cuando era algo lógico que el matrimonio hotelero no participaba. O sea, cuando el marido de Segarra desapareció en 1978, los Kirchner tenían cosas más importantes para hacer, como aprovechar la resolución 1050 recién, recién firmada. Segarra, quien llegó a los Kirchner gracias a Giselle Fernández, la hermana de Cristina y cuñada de Néstor, de quien fue compañera en sus años de la Unión de Estudiantes Secundarios, se despachó con numerosas anécdotas que tenían como participantes a otros militantes muertos que, por razones que hacen a las leyes de la biología, no podían dar fe ni refutar todo y nada de lo que se decía de ellos.

El resto es historia conocida. Cristina ha utilizado la retórica militante hasta hacerla moco ante la impasividad de tipos que sí estuvieron en la pesada mientras ella se dedicaba a ser recepcionista del estudio jurídico del marido en Río Gallegos. Nos ha regalado una y otra vez gloriosos momentos en los que utilizó "el sueño de la generación diezmada" para darle un poco de color a meros actos administrativos. La retórica setentista fue una de las caras de la moneda que tenía, por contraparte, la resistencia a los noventa, en la que Cristina integraba el bloque del oficialismo. Y entre las cosas que le recriminaron a Menem, además de las privatizaciones en las que Kirchner y Parrilli fueron hábiles lobbistas y miembros informantes, estuvo la política de derechos humanos amparados en los indultos que Menem otorgó a todos los condenados por la represión de la Dictadura. Lo que nunca contaron, es que entre los beneficiados de los indultos también se encontraban los subversivos. Entre los sujetos alcanzados por los indultos, se encontraban Mario Firmenich, Fernando Vaca Narvaja, Roberto Perdía, Norman Brisky, Juan Gelman y Miguel Bonasso.

Independientemente de cualquier juicio que se quiera hacer sobre Menem como presidente, hay una verdad que se puede constatar con chusmear cualquier hemeroteca: mientras los Kirchner, como afirmaba Strassera, no presentaron un puto hábeas corpus a lo largo de toda la Dictadura que dicen haber resistido, Menem se la pasó en cana, o ejerciendo la matrícula en defensa de presos políticos.

La primera vez que Menem conoció la gayola fue en 1956, luego de apoyar el levantamiento del 9 de junio encabezado por el general Juan José Valle contra su par, el general Pedro Eugenio Aramburu, quien ocupaba el gobierno de facto luego del derrocamiento de Juan Perón en septiembre de 1955. Menem tuvo más suerte que los militares sublevados, quienes fueron fusilados en lo que más tarde Rodolfo Walsh describiría como la *Operación Masacre*. Salió en libertad en 1957. Desde entonces, laburó como asesor legal de la CGT. En 1963, volvería a tener problemas con los militares: electo diputado provincial, el derrocamiento de Frondizi le impidió acceder al cargo. Un año después, decidió competir por la gobernación riojana y, como el Partido Justicialista estaba proscripto, utilizó la misma agrupación con la que se presentó para diputado: Unión Popular. Por orden de Perón, quien no quiso que el justicialismo participara disfrazado si se encontraba proscripto, retiró la candidatura. Finalmente se le dio en 1973, cuando ganó la gobernación de la provincia con el 67% de los votos. Héctor Cámpora había ganado la presidencia con el 49,5%. La alegría le duró poco y en 1976 otra vez le tocó bailar con la renga vestida de uniforme. Otra vez en cana. Primero cumplió una estadía de casi una semana en el Regimiento 15 de Infantería. De ahí fue trasladado al buque *33 Orientales*, donde compartía el crucero junto a Antonio Cafiero, Jorge Taiana (padre), Jorge Triaca, Pedro Arrighi, Miguel Unamuno, José Deheza, Diego Ibáñez, Jorge Vázquez, Pedro Eladio Vázquez, Raúl Lastiri, Osvaldo Papaleo —sí, el mismo— y Lorenzo Miguel. Después vino un año y medio en la cárcel de Magdalena. Durante sus vacaciones forzadas en el penal murió la madre de Menem, pero Videla no le dio permiso para ir al sepelio. Más tarde, el mismo Videla le dio una suerte de libertad condicional en lo que se conocía como "domicilio forzado". O sea, tenía que residir en una ciudad fuera de su provincia. Afincado en Mar del Plata, el Turco empezó a demostrar su alto perfil recibiendo las visitas de famosos de la talla de Susana Giménez o Alberto Olmedo. Esto y las buenas migas que el riojano mantenía con los muchachos de la Armada, hicieron que Albano Harguindeguy lo "reacomodara" en Tandil, donde le impusieron una nueva condición, que era la de presentarse todos los santos días ante el comisario Hugo Zamora. Esas cosas que tiene Menem: Zamora terminó siendo jefe de la Policía de La Rioja años más tarde. En febrero de 1980, la Dictadura lo soltó del todo. El Turco volvió a La Rioja y se puso a presentar hábeas corpus, además de organizar reuniones políticas. Obviamente, duró poco: en septiembre del mismo año lo encanaron de vuelta y luego lo mandaron a Formosa, donde estuvo en cana en un cuartel de Gendarmería y luego fue alojado por la familia de Marta Messa. Sí, la mamá de Carlitos Nair. El 8 de marzo de 1981, recuperó nuevamente la libertad y, nuevamente, retomó el vicio de romper las tarlipes armando reuniones políticas, presentando hábeas corpus y otras cosas por el estilo. El viernes 30 de marzo de 1982, la CGT Brasil de Saúl

Ubaldini, que ya había llevado varias medidas de fuerza, convoca a una masiva protesta en la Plaza de Mayo contra el gobierno de facto, ya en manos de Leopoldo Galtieri. La jornada que se replicó a nivel nacional fue brutalmente reprimida, dejando un saldo de dos muertos, casi dos mil quinientos heridos entre balas de goma, de plomo y gases lacrimógenos, y cuatro mil detenidos. Entre ellos, Saúl Ubaldini, Adolfo Pérez Esquivel... y Carlos Menem. Finalizada la Dictadura, Menem fue electo nuevamente gobernador de La Rioja y el resto, medianamente, ya lo sabemos.

Del mismo modo que hay que contextualizar las leyes aplicadas por Alfonsín que, según sus propias palabras, fueron necesarias para aplacar los ánimos de los militares, Menem justificó sus indultos con varios considerandos que, al día de hoy, parecieran escritos por un marciano:

Visto que las secuelas de los enfrentamientos habidos entre los argentinos desde hace dos décadas obran como constante factor de perturbación en el espíritu social que impide alcanzar los objetivos de concordia y unión a los que el Gobierno Nacional debe atender prioritariamente y considerando que pese al tiempo transcurrido desde la reinstauración plena de las instituciones constitucionales, las medidas hasta ahora instrumentadas (no obstante el importante número de encausados que ellas alcanzaron) han sido insuficientes para superar los profundos desencuentros que persisten en el seno de nuestra sociedad, y cuya responsabilidad última debe ser asumida por todos, como integrantes y partícipes de una comunidad jurídicamente organizada (...) La debida conducta social no ha de ser la de negarlos o fingir cínicamente que no existieron, más tampoco ha de ser —en el extremo opuesto— una actitud que someta la vida comunitaria al cotidiano, depresivo y frustratorio influjo de ellos y mantenga abierta las heridas que causaron y nos coloque a todos bajo un signo fatalmente divisionista. Se trata de tener la grandeza de ánimo que supere el sentimiento de rencor —por comprensible que sea— y lo reemplace por la magnanimidad, sin cuya presencia nunca lograremos la paz interior y la unión nacional que la Constitución nos impone como un mandato. (...) Es el requisito que debemos cumplir para unirnos solidariamente, como un solo pueblo, sin la división en dos bandos que quiere arrastrarnos al pasado. (...) La idea fuerza de este tiempo es la de reconciliación. Jamás la obtendremos si nos aferramos a los hechos trágicos del ayer, cuyo solo recuerdo nos desgasta y nos enfrenta. (...) Que para ello es menester adoptar las medidas que generen condiciones propicias para que a partir de ellas, y con el aporte insustituible de la grandeza espiritual de los hombres y mujeres de esta Nación, pueda arribarse a la reconciliación definitiva de todos los argentinos, única solución posible para las heridas que aún falta cicatrizar y para construir una auténtica Patria de hermanos. (...) Esta medida no implica en manera alguna que estos objetivos hayan sido alcanzados, ni que esté garantizado alcanzarlos: es una más entre las muchas medidas que el Gobierno Nacional, sacrificando convicciones obvias, legítimas e históricas, está dispuesto a propiciar para lograr la pacificación de la República.

Una fuente tan indubitable como inconfesable, me comentó que buena parte de los considerandos fueron escritos por el mismísmo Mario Montoto. Sí, el integrante de la conducción montonera, quien en la campaña de Menem por la presidencia se le acercó con la idea de indultar a todos. O sea, los que armaron parte del quilombo que luego los militares utilizaron como excusa para hacerse con el poder una vez más, años más tarde no tenían ningún problema en "perdonar", con tal de que los liberaran a ellos también. En este punto habría que agregar un detalle: cuando Menem habla de "sacrificando convicciones obvias, legítimas e históricas", no se refería solamente a la proscripción de casi 25 años del peronismo, o a que el último gobierno derrocado fue del Partido Justicialista. Uno de los indultados fue Albano Harguindeguy, quien estaba procesado y condenado junto a Jorge Rafael Videla por la privación ilegítima de la libertad de Carlos Menem. O sea, Menem indultó a sus propios captores.

Además de la notoria diferencia entre el rol del malo de la película de los derechos humanos en la Dictadura y la ausencia de los buenos de la misma película, existe otro silencio difícil de explicar: no se conocen declaraciones contemporáneas a los indultos en contra de los mismos, ni por parte de Néstor Kirchner ni de Cristina Fernández. Y eso que tuvieron tiempo para quejarse entre cada una de las elecciones en las que acompañaron al oficialismo menemista, que fueron seis e incluyen una reforma constitucional.

El problema no es que hayan reinventado sus historias, dado que cada uno es libre de mentirse como quiera. El problema, en todo caso, pasa porque también se lo creyeron otros y quedó tan, pero tan arraigado, que difícilmente se pueda borrar. Atrás de Néstor y Cristina pintados como militantes peronistas que combatieron a un gobierno peronista y luego resistieron a la Dictadura desde el exilio interno de vivir en la capital de una provincia, o retratados como las voces disidentes de una década en la que la oposición interna del PJ a las políticas de Menem se fue para crear el Frepaso, aparece la justificación de todos los males. Todo, absolutamente todo lo bueno que pasa en el país, se lo debemos a ellos. Lo malo, a la convertibilidad que finalizó en 2002, al menemismo que se acabó en 1999 o a la Dictadura que terminó en 1983.

Pibes que en 2003 estaban en primer grado, en 2013 pudieron votar por primera vez. A muchos de ellos se los educó bajo la normalidad de que no hay pobreza y que, si la hubiera, es culpa del modelo neoliberal iniciado por Videla que Kirchner combatió recién a partir de 2003. El espíritu crítico histórico desapareció para buena parte del futuro de nuestro país, que cree que militar en alguna agrupación de Unidos y Organizados, sea La Cámpora, la JP Evita o los diez gatos locos del Miles de Luis D'Elía, es comparable con el compromiso de la juventud peronista de los setenta.

El daño generado fue tan grande y tan poca la coherencia de Cristina, que en enero de 2015 el Gobierno Nacional emitió un insulso comunicado condenando los atentados cometidos por terroristas islámicos en París, donde entraron a los tiros a una redacción y asesinaron a doce personas que hacían humor gráfico sobre cualquier tema. Así, mientras buena parte de los musulmanes del mundo salía a repudiar los ataques y hasta el líder de Hezbollah decía que el terrorismo ya no era la vía, el gobierno reivindicador de la única juventud con ideales no se detuvo a pensar que la única diferencia con los cientos de atentados producidos en el país sólo en el período democrático 1973-76 era el color del objetivo final perseguido. Los medios, el mecanismo, la infraestructura, la inteligencia previa, los juicios condenatorios y la imposición del adoctrinamiento por la fuerza de las balas fueron, cómo no, más de lo mismo.

El Homo Militante

"No queremos ayudar a conjugar y a que todo el mundo
nos diga que sí, a tener tropas 'disciplinadas', como se estila.
Queremos tener compañeros que piensen, que nos digan
la verdad, que tengan capacidad transgresora, que ayuden
a equivocarnos lo menos posible."

NÉSTOR KIRCHNER antes de La Cámpora.
11 de marzo de 2004

Hablar de juventud no es fácil. Hablar de militancia, tampoco. Hablar de ambas cosas a la vez… hagan la cuenta.
Sobre todo cuando se ha usado hasta el desgaste el concepto
de *juventud comprometida*, como si se tratara de una moda,
una tribu urbana más, un estado de ánimo, un dato en la
info de Facebook o la bio de Twitter.

El concepto de juventud militante fue redefinido en los
últimos años por el kirchnerismo cuando ya lo había redefinido todo. La tarea la llevaron adelante quienes cobran por
algo que debería hacerse de corazón, por convicción, por
respeto a la ideología o simplemente para levantar minas.
Ejemplares como estos abundan en el oficialismo, ocupan
cargos gerenciales dentro del Estado o, cuando no, en algún

diario que no leen ni los parientes de los editores. A estos muchachos, sin mayores problemas para llegar a fin de mes, los siguen otros tantos —de lejos— que entienden que la participación política se limita a cantar canciones de arenga fuera de toda lógica, participar de alguna que otra peña o pelotudear en las redes sociales.

Ante la carencia de proyectos que enamoren, la lógica llevó a la conformación de épicas inexistentes. Hoy ya no importa el resultado final de una política de gobierno, sino que basta con el enunciado de intención de la Presi en algún discurso como para salir a la velocidad de la luz a repetir lo que ayer no creían, hoy sí, mañana tal vez. Todo depende de la bajada de línea.

Con la necesidad de buscarle algún pasatiempo a Máximo y con el Partido Justicialista intervenido, a Néstor Kirchner le pareció mejor idea crear una nueva agrupación juvenil que rearmar el partido. Si bien pintaron que la agrupación existe desde 2003, lo cierto es que la formalización de La Cámpora data del 28 de diciembre de 2006. Sí, fue en el Día de los Inocentes. En esa misma jornada, la familia de Héctor J. Cámpora le entregó el bastón y la banda presidencial del ex mandatario a Kirchner.

Casi como un acto de honestidad brutal, los muchachos —que en un inicio eran un puñado— adoptaron el nombre del "Tío", quien a lo largo de su vida se caracterizó por ser un títere sin demasiado poder de decisión. En su gobierno mandaba cualquiera menos él. No se puede tomar en serio el espíritu crítico y rebelde de una agrupación que lleva el nombre de un tipo al que los Montoneros le tomaron los principales cargos ministeriales y a quien Perón en persona le tuvo que pedir que dé un paso al costado.

Sin embargo, le dieron para adelante. Como la militancia propia no aportaba demasiado, aprovecharon que estaba de moda la "transversalidad" del kirchnerismo y se nutrieron de militantes de diversas agrupaciones tan muertas de hambre que no les importó que sus bases ideológicas no tuvieran absolutamente nada que ver con las del kirchnerismo. En ese sentido, emularon a los más grandes. Leer *La comunidad organizada* no es para cualquiera, *Conducción política* es aburrido y chusmear qué opinaba Perón de los revoltosos durante la presidencia de Cámpora es un tema que les produce urticaria cerebral. Gracias a estas limitaciones, muchachos de Patria Grande y del Partido Comunista pasaron a militar en la agrupación supuestamente comandada por un mórbido a quien nadie le conoció la voz hasta 2011, cuando hicieron un documental sobre la vida de su padre.

> *Néstor, mi buen amigo*
> *Esta campaña volveremo' a estar contigo*
> *Militaremos de sol a sol*
> *somos los pibes, los soldados de Perón*
> *No me importa lo que digan*
> *los gorilas de clarín*
> *Vamos todos con Cristina a liberar el país!!!*[1]

[*Canciones de libertad antiliberal*, track 3, La Cámpora Music.]

Gran verso de la década es que los jóvenes se interesan por la política recién ahora. Hablar de generalidades siempre es molesto, pero ya que el mismo concepto es general, cuesta que su refutación no escape a esa misma línea. Decir que los jóvenes se preocupan por la política

---

[1] En realidad, pertenece al cancionero oficial de La Cámpora, publicado en su página oficial y fue transcrito literalmente.

recién ahora es creer que antes no pasaba. O que los únicos jóvenes comprometidos con la política de la historia son los que buscaban la Patria Socialista con Perón a la cabeza, aunque tuvieran que matar al mismo Perón para convencerlo.

El furor de la juventud por Néstor Kirchner surgió cuando éste se empezó a comportar de forma iracunda en público, puteando a ex socios, cargando contra quienes le dieron de comer, en definitiva, comportándose como un adolescente. Cómo no generar simpatía entre la manga de conformistas que por una vez se sintieron parte de algo por lo que no había que hacer demasiado esfuerzo más que decir "soy parte del Proyecto Nacional y Popular". Ser parte de un proyecto que no proyecta no puede resultar cansador.

Además, cuando hay una masa crítica que piensa, que elabora, que participa, evita que aquellos que tenemos que ir a cumplir responsabilidades nos creamos más de lo que somos y nos olvidemos de dónde venimos y para qué.

Las palabras que inician este capítulo fueron dichas por Néstor Kirchner el 11 de marzo de 2004, con motivo de cumplirse un aniversario del retorno de la democracia en 1973, cuando ganó la fórmula Héctor Cámpora-Vicente Solano Lima. Ese día, el entonces presidente esbozó una serie de pretensiones que resultaron muy poco creíbles:

> No queremos más la práctica de un culto al individualismo, a la personalidad y a la teoría del jefe. Esas teorías que tanto daño han hecho a la política argentina y han quebrado su calidad y hasta su propia moralidad los que quisieron llevarlas adelante. Tampoco queremos más generar ese desaliento de que los compañeros, los amigos, donde les toque actuar, sea la fuerza que sea, salen a trabajar políticamente y saben que cuando terminan las elecciones se cierran las puertas

del ida y vuelta que deben tener aquellos que son elegidos y aquellos que ayudan a que sean elegidos. Queremos terminar con la idea del influyente, del "vení conmigo que yo tengo conexiones" para generar el acomodo en la historia, porque eso también quebró la moral de la política, de la práctica, que tanto daño hizo.

Tan hermosas palabras pudieron ser dichas porque la militancia kirchnerista no existía. Cuando Eduardo Duhalde se vuelca por el único candidato que contaba con dinero para bancarse la campaña —casi la misma cifra correspondiente a los fondos de Santa Cruz, vaya coincidencia—, a Néstor Kirchner lo conocía el 8% del electorado. La campaña militante de pegatinas de afiches y pintadas de paredes las llevaron a cabo los sindicatos aglutinados en las 62 Organizaciones Peronistas conducidas por Gerónimo "Momo" Venegas. Los muchachos no sabían ni cómo se escribía el apellido. Y lo digo literalmente: he visto "Kirner", "Kichner" y hasta un inexplicable "Quirner" decorando paredones del conurbano bonaerense.

El caso del Momo merecería un capítulo aparte. Al igual que el peronismo compitiendo con tres candidatos, las centrales de trabajadores peronistas se repartieron las candidaturas. Luis Barrionuevo apoyó a Carlos Menem, Venegas a Kirchner, y Hugo Moyano a Adolfo Rodríguez Saá. Vueltas de la vida, Moyano se convirtió en un aliado enorme para el oficialismo —hasta poco después de la muerte de Néstor, claro— y al Momo lo metieron en cana.

Vamos Cristina, La Cámpora Va al frente
Y a vos te banca, Toda la Gente (bis)
Una bandera que diga Néstor Kirchner
Los pibe' a la patria vamo' a liberar

No importa qué digan los gorilas
Con Néstor y Cristina, Todo el año es Carnaval[2]

[*Canciones sin lógica*, track 7, La Cámpora Music.]

El verso de que "Néstor nos devolvió la dignidad" —frase del cantante cubano Silvio Rodríguez— no estuvo en boga ni en los primeros años de su mandato y, a grandes rasgos, no se desarrolló hasta que llegó la era de los conflictos, alcanzando su escalada notable tras la muerte del Estadista que vino a proponernos un sueño y nos durmió.

El segmento "militantes kirchneristas" fue monopolizado por La Cámpora en reemplazo de una Juventud Peronista tan fragmentada como el propio PJ. Los muchachos se hicieron conocidos en sociedad allá por los días del conflicto con el campo en la primera mitad de 2008: aparecieron disfrazados de huevos en la Plaza de los Dos Congresos. Si bien el siguiente paso hubiera sido convertirse en publicidad de casa de empanadas, de allí en adelante, todo fue para arriba a fuerza de presupuesto y organización. La militancia desde el poder y no por el poder.

Básicamente, La Cámpora se divide en dos subgrupos: la mesa chica —un puñado de millonarios funcionarios, legisladores o gerentes de empresas del Estado inviables— y el resto. Por más que hagan encuentros federales y demás, todo se decide en una mesa enana que, por si fuera poco, es incapaz de cuestionar absolutamente nada del poder porque, precisamente, son parte del mismo.

Siguiendo el ejemplo del relato gubernamental, la militancia también se convirtió en parodia de la de los 70. Y eso que tenían tipos en el Gobierno que podían dar fe

---

[2] No, no es broma. Dice eso: oficialmente.

de rebeldía, como Carlos Kunkel, quien ostenta el dudoso récord de formar parte de un grupo de legisladores que fueron invitados a abandonar el peronismo por el mismísimo Perón y delante de todos los medios nacionales. Sin embargo, de la Juventud Peronista que se le plantó a Perón quedaron solamente los cantitos de los monotributistas en los actos de Cristina.

Cualquiera es un referente juvenil. Antiguamente, la regla decía que se era parte de la juventud partidaria hasta los 30 años, a no ser que se forme parte de alguna juventud sindical, donde el límite se estiraba hasta los 35 pirulos. Hoy, La Cámpora es comandada por tipos que pasaron los 40 años, Kicillof es una joven promesa de cuatro décadas y Boudou fue presentado como un candidato a vice joven y con onda, a pesar de pisar los 50 a la hora de anunciarse la fórmula.

Que el resto de la muchachada aceptara tener por referentes de la juventud a tipos más cercanos a los problemas de próstata que a los de acné es una señal. Podrían detenerse a pensar cómo es que a los 30 no tienen una casa propia cuando sus propios padres ya la tenían, pero eso implicaría cuestionar al Gobierno y da miedo que les escuchen aunque sea el razonamiento.

El histórico dirigente justicialista Oraldo Brito me dijo, en una tarde de entrevista entre mates, que se deja de ser militante en el mismísimo momento en que se es elegido para ocupar un cargo. Para él, la militancia ocupa el lugar de un organismo de control tácito: están ahí para recordarle al poder que ellos los apoyaron y los llevaron hacia allí y que no deben correrse del camino. Y ése es el drama de las juventudes militantes oficialistas, se trate de La Cámpora en la gestión nacional, o de cualquier partido oficialista regional.

Te llevamos en el corazón!
yo soy de Eva Duarte y Juan Perón

Yo soy así / peroncho soy
de la cabeza siempre voy
ya van a haber vamo' a volver
es la Gloriosa JotaPe!!!
Vayas donde vayas voy a ir!!!
vos sos la razón de mi existir!![3]

[*Atentando contra la gramática*, track 9, La Cámpora Music.]

Como en todo lo encarado por el oficialismo, también les copó monopolizar la militancia extrapartidaria. O sea: jóvenes interesados en política son los kirchneristas, el resto son niños ricos del PRO, pibes troskos del MST, o narcosocialistas. Esto se dio como el lado B del debate por la "vuelta de la política", que desde la cabecita kirchnerista se concibió como una vía de diálogo unilateral en la que la única política que volvió es la de ellos, que son lo nuevo, y el resto son resabios del pasado, que si sobreviven, quiere decir que nunca se fueron.

Está claro que afirmar que *volvió la política* es un poco exagerado. Primero, porque es dar por sentado que desde hace décadas nos gobiernan seres apolíticos. Algunos trazan el límite en los 90. Otros, estiran la frontera al golpe de Estado de 1976. Muchos de éstos se mezclan, de vez en cuando, con los extremistas que desconocen al Perón de los setenta y extienden el punto de inflexión al derrocamiento de septiembre de 1955.

La conformación del oficialismo del período 2003-2015 debería dividirse en períodos para poder encarar, aunque sea, una aproximación al asunto. Arbitrariamente, po-

---

[3] Posta. Los errores son del cancionero original.

dríamos dividir la cosa en un primer período entre
2005. Corto, pero potente: el kirchnerismo inició
tión sin el grueso de los funcionarios heredados d
tión interina de Eduardo Duhalde, pero sí con las figuras
más sobresalientes. Aníbal Fernández pasó de ser ministro de Producción a ministro del Interior, Ginés González
García y Roberto Lavagna conservaron sus cargos en los
ministerios de Salud y Economía, respectivamente. Carlos
Tomada pasó de ser secretario de Trabajo a ministro de la
misma cartera. Hasta ahí, la parte ejecutiva, si aceptamos
que Daniel Scioli —secretario de Turismo de Duhalde—
cumplió más las tareas de presidente del Senado que las de
vicepresidente a cargo del Poder Ejecutivo.

En el ámbito del arco progresista de la Patria kirchnerista
de los primeros días, aparecen otro tipo de reciclados más
difíciles de pulir. Aníbal Ibarra había llegado a la Jefatura de
Gobierno de la mano de la Alianza en el año 2000, cuando
le ganó a la fórmula Domingo Cavallo-Gustavo Béliz, cuya
campaña fue comandada por Alberto Fernández. En 2003,
Alberto Fernández era el Jefe de Gabinete de Kirchner, Béliz el ministro de Justicia e Ibarra, kirchnerista. La primera
en apoyar la campaña por la reelección de Ibarra en 2003
fue Elisa Carrió. Y lo hizo tan abiertamente que recorría la
ciudad con él. Para el último tramo de su campaña, Ibarra
sumó a Néstor Kirchner y hasta se llegó a negociar una lista
conjunta de legisladores porteños que contemplara al ARI,
al Frente Grande y al kirchnerismo porteño.

Obviamente, Aníbal Ibarra no fue el único caso de con-
versos interpartidarios extremos. O sea, de los provenientes
de la Alianza que llamó a combatir la fiesta de la corrupción
de Menem, que acusó al duhaldismo de instigar los conflictos
que terminaron con la salida de Fernando de la Rúa, y que
terminaron acuñándose en el kirchnerismo compuesto por
ex menemistas, ex duhaldistas y ex menemistas-duhaldistas.

El segundo período de esta segmentación arbitraria —"Todos somos K", 2005 a 2008— se empezó a gestar con la temprana huida de Gustavo Béliz, marcado por un personaje que volvería a cerrar el círculo kirchnerista en el fin del ciclo —Antonio "Jaime" Stiuso— y se concretó con la salida de Roberto Lavagna, el hacedor de la primera de las dos reestructuraciones de la deuda externa durante la gestión de la década larga ganada. Para 2006, Ibarra era destituido de la Jefatura de Gobierno de la Ciudad de Buenos Aires, pero ya estaba fuera de cualquier juego desde el incendio de Cromañón el 30 de diciembre de 2004. En este segundo período, Néstor encaró un esperpento que se dio en llamar "Concertación".

El 12 de agosto de 2006, 183 intendentes y varios gobernadores radicales celebraron el "Encuentro Federal". Allí llamaron al diálogo y la concertación con el gobierno de Néstor Kirchner. El kirchnerismo presentó discursivamente el mejunje como si se tratara del Pacto de la Moncloa, aunque los resultados demostraron que estaba más cerca de Versalles, en el que los partidos que adhirieron a la propuesta salieron tan perjudicados como si hubieran perdido una guerra.

Sin embargo, esta zona de promesas creada por Néstor derivó en una fórmula presidencial entre Cristina Kirchner y el entonces gobernador mendocino y miembro de la Unión Cívica Radical, Julio César Cleto Cobos. Para esa altura, ya existían los radicales K y el Gobierno había negociado con Fabiana Ríos, la gobernadora de Tierra del Fuego, que había llegado a su cargo de la mano del ARI de Elisa Carrió.

Para 2007, Eduardo Brizuela del Moral ganó la gobernación de Catamarca aliado al Frente para la Victoria, Miguel Saiz le ganó al Frente para la Victoria la gobernación de Río Negro, pero él ya formaba parte de la "concertación". Cobos canjeó la gobernación mendocina por la vicepresidencia de la Nación, entregando el mando provincial al oficialista nacional Celso Jaque. En Buenos Aires ganaba

Daniel Scioli; en Jujuy, Walter Barrionuevo; en La Pampa, Oscar Jorge; en Misiones, Maurice Closs; en Salta, Juan Manuel Urtubey; en Santa Cruz, Daniel Peralta; en Formosa, el eterno Gildo Insfrán; en Chaco triunfó el ex funcionario de Menem y Duhalde, Jorge Capitanich; en Tucumán se impuso José Alperovich —que de haber sabido que existiría la "concertación", no habría abandonado la UCR tan rápido—; en San Juan, José Luis Gioja; en La Rioja, Luis Beder Herrera, y en Entre Ríos, Sergio Urribarri. En Neuquén se impuso Jorge Sapag del Movimiento Popular local; en San Luis volvió a triunfar un Rodríguez Saá; en Santa Fe, el socialista Hermes Binner, y, finalmente, en la Ciudad de Buenos Aires ganó Mauricio Macri.

Así, con excepciones dudosas que hacen sobrar los dedos de una mano, Argentina se volvía K. Desde los inicios de Néstor hasta la asunción de Cristina, en el camino quedaron muchos heridos que supieron ocupar sus cargos, cobrar sus buenos sueldos y manejar sus jugosos presupuestos. Hoy intentan despegar a Néstor de Cristina y pululan por los medios a la búsqueda de un voto que nunca tuvieron ni tendrán. Deberían crear la "Agrupación Viudas de Néstor", dado que, en lo particular, no encuentro la diferencia fundamental: esto es la cosecha de lo sembrado.

La crisis desatada en el conflicto con el sector agropecuario tras la Resolución 125 del Ministerio de Economía en manos de Martín Lousteau a principios de 2008 —ya durante el primer mandato de Cristina Fernández de Kirchner— tiraría la concertación al tacho y desataría el surgimiento de dos fenómenos extraños: una oposición creciente y torpe, y la vuelta al refugio del PJ de Néstor Kirchner. Estas dos movidas derivaron en una apertura temprana en el mercado de pases que tuvo su pináculo en la figura de un vicepresidente opositor al Gobierno y que llevó al tercer período del oficialismo: 2008-2010.

Con Cristina los pibes están cubiertos
Con Cristina tenemos la ley de medios, oh oh oh
Con Cristina hay un gobierno diferente
Y este Proyecto a vos te duele
Acá está el pueblo y Kirchner vuelve.[4]

["Soneto para tabla Ouija", *Canciones para el más allá*, La Cámpora Music.]

Este tercer período se caracterizó por la volatilidad de los cargos y marcó la temprana partida de Martín Lousteau y su reemplazo por un enigmático y aún hoy desconocido Carlos Fernández en el Palacio de Hacienda, y la renuncia del Jefe de Gabinete Alberto Fernández, quien fue reemplazado por un muy joven Sergio Massa. Lousteau había asumido en su cargo junto con Cristina, al igual que Graciela Ocaña, quien venía de desempeñarse al frente del PAMI durante la gestión de Néstor Kirchner. Las elecciones legislativas de 2009, en las que el santacruceño se presentó como candidato a diputado por la provincia de Buenos Aires amparado en sus cuatro años de residencia en la Quinta de Olivos, nos trajeron la falta de respeto al electorado más marcada de las últimas décadas, en la que los propios candidatos reconocían que sólo se presentaban en calidad testimonial. Así, los primeros tres puestos de la lista del oficialismo para la Provincia estaba encabezado por Néstor Kirchner, seguido del gobernador en ejercicio de Buenos Aires, Daniel Scioli, y el Jefe de Gabinete de la Nación, Sergio Massa.

La derrota electoral llevó a la salida de Sergio Massa, Graciela Ocaña y Carlos Fernández, quienes fueron reemplazados por Aníbal Fernández, Juan Manzur y Amado Boudou,

---

[4] Que sí, hombre, que se lo digo en serio…

respectivamente. A esta movida de nombres, se sumaba la creación de cargos que Cristina había encarado durante 2008, cuando puso a Débora Giorgi al frente del flamante Ministerio de la Industria. Giorgi ya tenía experiencia en el cargo: había ocupado la Secretaría de Industria entre 1999 y 2001, durante el mandato de Fernando de la Rúa.

La muerte de Néstor Kirchner, el 27 de octubre de 2010, marcaría el inicio de una etapa que se prolongó hasta el final: la de los funcionarios a los que Néstor no les daba bola, la de la llegada al poder de tipos sin antecedentes para el cargo que ocuparon y la de los kirchneristas tardíos, esos que fueron medianamente críticos del ex presidente, pero que en realidad se tomaron su tiempo para darse cuenta de que se sentían "representados por el movimiento nacional y popular comandado por la Presidenta Cristina Fernández de Kirchner".

Con la fecha de las elecciones presidenciales a la vuelta de la esquina, Cristina eligió a Amado Boudou como su compañero de fórmula, en un acto en el que la correntada de aire abrió una ventana y ella lo tomó como una bendición de su difunto esposo a la elección del ex militante de la Unión para la Apertura Universitaria y economista formado en la cuna del pensamiento económico de los noventa, el Centro de Estudios Macroeconómicos de Argentina. El CEMA, para los amigos.

Tras la aplastante victoria de la fórmula Fernández-Boudou, Cristina nombró Jefe de Gabinete a Juan Manuel Abal Medina, que si bien es hijo de quien fuera secretario de Juan Perón y sobrino de Fernando, miembro fundador de Montoneros, hizo sus primeros pasos en la gestión estatal como presidente del Instituto Nacional para la Administración Pública durante la presidencia de De la Rúa. El caso de Abal Medina sorprendería a todos si no estuviéramos hablando de esa larga concatenación de incoherencia a la que hemos dado en llamar "kirchnerismo": durante su gestión como Jefe de

Gabinete ha utilizado el latiguillo del temor a volver al pasado —como el resto de sus colegas— pero no se privó de mencionar a la Alianza como parte de ese pretérito horroroso.

Ya por ese entonces, Martín Sabbatella había abandonado su postura de cuestionamiento tibio hacia el kirchnerismo. A quien fue intendente de Morón, provincia de Buenos Aires, y que recibió hasta un elogio en la portada del prestigioso *The Wall Street Journal* por sus políticas transparentes, el kirchnerismo no siempre le cayó bien. En una entrevista que le hizo la periodista Laura Di Marco para el diario *La Nación* del domingo 10 de octubre de 2004, Sabbatella afirmó que "hay en Kirchner una profunda contradicción entre la voluntad de cambiar y la estructura que lo sostiene". Puntualmente, el entonces intendente del conurbano dijo que no se imaginaba "la posibilidad de construir lo nuevo en la Argentina a través de la estructura del PJ o del radicalismo". Su postura la sustentaba en que "el poder de los partidos tradicionales se base, mayoritariamente, en la degradación: el toma y daca, el clientelismo y la prebenda". Sabbatella decía coincidir en muchas cosas con Kirchner, pero al mismo tiempo repetía que no estaba dispuesto "a formar parte de un dispositivo que tenga como una de sus patas al aparato del PJ". Su apreciación guardaba un sentido premonitorio: "Tienen una lógica perversa, terminan comiendo a todo aquel que se meta en ellas".

Sabbatella, al igual que aquellos progres que juraron *never in the puta life* votar al peronismo —todos conocemos al menos a un ejemplar—, terminó acercándose tanto al fogón que se carbonizó políticamente. Quien fuera la joven promesa de la política transparente con repercusiones desde Estados Unidos hasta Inglaterra era el mismo que llegó a los 30 años a la intendencia de uno de los municipios más grandes del temible conurbano bonaerense de la mano de la Alianza. Es el mismo que terminó cumpliendo el rol de cadete de Cristina en la cuestión de la Ley de Medios.

Y todavía restan sumar más nombres de la Alianza que se reconvirtieron en kirchneristas acérrimos. Diana Conti, que inició su militancia en el Partido Comunista Revolucionario en los ochenta, fue una de las oradoras más notablemente visibles y torpes que ha tenido el kirchnerismo. Incluso más que Cristina. Su defensa de las políticas de Derechos Humanos del kirchnerismo en contraposición con las abordadas durante el resto de la democracia chocan de frente y se hacen torta con el pequeñísimo detalle de que ella misma fue la subsecretaria de Derechos Humanos de la gestión De la Rúa, que terminó con una matanza de manifestantes antes de la renuncia.

Conti y Débora Giorgi no estaban solas: Nilda Garré y María José Lubertino también formaron parte del Gobierno, la primera de ellas como viceministro del Interior y la segunda ocupó cargos en la jefatura de Gabinete de Rodolfo Terragno y en el Ministerio de Trabajo de Patricia Bullrich.

Pingüino soy
Y vos sos de la Patria la Liberación
Más allá de toda explicación
Desde el Cielo con Eva y Perón
Y a mí no me interesa
Qué escribe Clarín
Cristina donde vayas te vamo' a seguir
Ni la muerte nos va a separar
Desde el cielo Néstor va a bancar.[5]

[*Canciones para el más allá*, La Cámpora Music.]

---

[5] Bueno, si no me va a creer, búsquelo en la página de La Cámpora.

Supuestamente refugiada —según sus propias palabras— en los consejos de sus hijos, Cristina encaró los tiempos posteriores a la muerte de su marido sometiendo la opinión de todos los que la rodeaban a la revisión de un bachiller sin experiencia laboral y a su medidor de lealtad. Los amigos del nene empezaron a copar cuanto lugar de poder —preferentemente con caja— encontraran: Mariano Recalde a Aerolíneas Argentinas, Julián Álvarez como secretario de Justicia bajo el ala de Julio Alak —el más menemista de los menemistas, el que organizó movilizaciones para pedir la libertad del "preso político" alojado en la quinta de Armando Gostanián— y Axel Kicillof como artículo multifunción, fueron los primeros y más visibles ejemplos del avance de La Cámpora en el poder.

A todo ese mejunje de función pública hay que agregarle otros ingredientes para poder dimensionar de qué se nutre el kirchnerista promedio. La intelectualidad argentina confluyó, en gran parte, en Carta Abierta. Según obra en su propia presentación: "Carta Abierta es un espacio no partidario ni confesional conformado por personas de la cultura, la educación, el periodismo, las ciencias, el cine, las artes, la poesía y la literatura, entre otras disciplinas. Surgió en marzo de 2008, en defensa del gobierno democrático amenazado por el conflicto suscitado por las patronales agropecuarias, y distinguiéndose siempre por la preservación de la libertad de crítica. Se trata, pues, de una iniciativa ciudadana, plural, democrática, horizontal y participativa, que se expresa por medio de su Asamblea y por sus escritos públicos conocidos como Cartas Abiertas. Sus reflexiones, debates y elaboraciones sugieren un novedoso modo de intervención política que también se materializa en Comisiones de Trabajo sobre diversos temas que hacen al interés público". Traducido: una agrupación destinada a emitir comunicados eternos, soporíferos y nutridos de lugares comunes decorados con ostentación de vocabulario para demostrar que están intelectual y moralmente por encima de la media, y destinado a dar un soporte ideológico a cualquier burrada que llevara a cabo el Gobierno, o a llamar a la defensa del mismo con el contratiempo de que nadie entiende de qué hablan y, los que llegan a aproximarse, sufren al ver que la Universidad entrega títulos, pero no coherencia ni cosmovisión.

A fuerza de somníferos en forma de comunicados, Carta Abierta se convirtió en un punto de referencia para la comunicación kirchnerista casi tan fundamental como los discursos de Cristina o las columnas de Horacio Verbitsky en *Página/12*. Por debajo de ellos se fortalecieron aquellos que se consideran periodistas militantes, un binomio de definición que ellos consideran único, pero que el sencillo análisis semiológico de la expresión anula de antemano: o se es periodista o se es oficialista. Desde el mismo momento en que se acepta ser oficialista, la condición de periodista gira hacia prensero, comunicador oficial o lo que corno fuera, pero nunca más periodista.

La crisis interna del kirchnerismo de 2009 trajo consigo la aparición de Diego Gvirtz y su batallón de productos al servicio del oficialismo. *Duro de domar* empezó siendo un programa de televisión sobre la televisión, pero inclinado a la farándula. De hecho, en sus inicios y con otro nombre, era conducido por el periodista de espectáculos Lucho Avilés, luego reemplazado por Roberto Pettinato. Con su pase al Canal 13 del Grupo Clarín, nació *Duro de domar*, homenajeando en cierta medida al mítico "late night show" que condujera Pettinato en los noventa en la pantalla de Telefé, *Duro de acostar*. A Canal 13, Diego Gvirtz llevó *Televisión Registrada*, otro programa de periodismo sobre la televisión, pero basado en material de archivo utilizado para revelar contradicciones. Desde sus primeros tiempos en América, y también durante su estadía en el canal de aire de Clarín, *TVR* no tuvo piedad con la gestión kirchnerista. Esos hermosos contrastes en blanco y negro con voz con eco que le ponen a los informes de las figuras opositoras para pegarles con el archivo, los sufrió el propio kirchnerismo. Hasta 2009.

Gvirtz hizo un desembarco doble: *Duro de domar* y *Televisión Registrada* se mudaron a Canal 9 y, por si fuera poco, sumó un nuevo proyecto para la televisión pública. El giro estaba completo y a Roberto Pettinato lo reemplazó Daniel Tognetti, mientras que *Televisión Registrada* sufriría más cambios de conductores: los originales Fabián Gianola —de pensamiento contrario al kirchnerismo— y Claudio Morgado —tan afín que se convirtió en fugaz funcionario— ya habían sido reemplazados por Sebastián Wainraich y Gabriel Schultz. Finalmente, Wainraich también daría un paso al costado siendo reemplazado por el actor Pablo Rago.

El producto creado para Canal 7, en cambio, se presentó como una suerte de análisis de la coyuntura diaria debatida por cinco personas, moderadas por un conductor. El formato era como una mezcla de *Duro de domar* y *Televisión Registrada*, pero político. Sólo que justo cuando nació "6 en el 7 a las 8" (*678*, bah), la diferencia entre el contenido de los tres programas sólo radicaba en los integrantes.

El andamiaje comunicacional del Gobierno se cimentó en la creencia estúpida de Néstor Kirchner de que los medios condicionan la mentalidad de la gente. La realidad dicta que, básicamente, nos pueden decir en qué pensar, nunca cómo. O sea, un diario puede decirme que mi vecino se patinó el sueldo en el casino. Luego, si quiere —y probablemente lo haga, sólo para rellenar o estirar el tema— me dirá que lo hizo porque es un ludópata o porque es un forro que no piensa en la familia. Sin embargo, la noticia cruda es lo único que lograron meterme en la cabeza. El juicio que yo haga después, se someterá a mi escala de valores formada por mi educación, mis vivencias y mi propia historia. Me hicieron pensar en mi vecino, pero el juicio será el mío.

Un sujeto va a contramano por la autopista. Como ve que todos vienen en dirección contraria, piensa que la verdad está en la cantidad y llama a sus amigos para hacer más número. El sentido del tránsito no cambió, culpa a los conductores que vienen de frente, llama a su familia y le dice que no lo dejan avanzar porque son muchos. La familia, lejos de detenerse a pensar que el hombre está equivocado, putea a los que vienen en lo que ellos creen que es el sentido contrario y alienta a los héroes que acompañan al hombre en su travesía a contramano. Esto, a grandes rasgos, es lo que ha hecho el Gobierno con los medios de comunicación. Un periodista dice que los números del Indec no son reales, el oficialismo le pone en frente a cinco de los propios para recordarle que el 14 de agosto de 1996 pasó por la puerta de la Quinta de Olivos y que eso lo convierte en cómplice de las políticas neoliberales del menemismo impartidas por el Consenso de Washington que llevaron a la ruina al país. Quince periodistas prestan atención y se dan cuenta de que decir que los números del Indec no son reales es una obviedad tan fácil de comprobar como comparar dos tickets de supermercado con 30 días de diferencia. El oficialismo dedica tres programas diferentes para que sus periodistas pagos digan que los otros periodistas no piensan por sí mismos, sino que dicen lo que la corporación monopólica les obliga decir. Buena parte de la población se da cuenta de que los números del Indec son, al menos, sospechosos. El Gobierno colapsa emocionalmente y encara una campaña a través de todos sus programas de radio y TV, diarios y demás vías de comunicación para que "la gente sepa la verdad", la cual consiste en que, si el secretario de Comercio envía un camión con carne subsidiada a un barrio de Lomas de Zamora, el carnicero de su barrio lo está estafando instigado por la prensa hegemónica.

Néstor no se murió, Néstor no se murió
Néstor vive en el pueblo, la puta madre que los parió.[6]

["Invocando a Néstor", *Insultos Populares*, La Cámpora Music.]

Construyeron y coparon el "Juzgado en lo Moral y Emocional" (de única instancia) desde el cual juzgaron sin derecho a defensa a cualquier ciudadano que osara emitir una opinión contraria, por más tibia que fuera. No diferenciaron ni siquiera a los que fueron propios y los trataron de traidores. Los que todavía quedaron del lado del kirchnerismo, adhirieron a todas y cada una de las verdades absolutas reveladas desde sus medios de comunicación y jamás se detuvieron a pensar que la mayoría de los que sostenían dichas verdades formaron parte de manera voluntaria de los mismos medios hegemónicos que luego criticaron y acusaron de tener las manos manchadas con sangre.

El periodismo se dividió en tres: los abiertamente kirchneristas, los opositores y los tibios. Cabe destacar que, entre los opositores, algunos realmente lo son y el resto sólo cumplen con su rol objetivo, siendo considerados opositores por cometer pecados tales como encontrar inconsistencias en el estado patrimonial de una mujer multimillonaria cuyo único empleo registrado fue en la función pública desde 1989, o

---

[6] Al menos ésa la tiene que conocer, vamos, admítalo (como para que vea que hablo en serio).

por sostener que las estadísticas son truchas, o por quejarse de la inseguridad. Básicamente, son opositores por decir que el cielo es celeste, cuando el oficialismo asegura que es verde.

Como corresponde a todo lo que rodea al kirchnerismo, las varas para medir los cambios no es la misma en todos los casos. O sea, si un periodista se iba del kirchnerismo por hartazgo, desilusión o porque el kirchnerismo había cambiado, era considerado traidor. Tal fue el caso de Lucas Carrasco, que pasó de ser el ídolo de los jóvenes que se acercaban al oficialismo a ser considerado un traidor a la Patria. En la otra vereda, Víctor Hugo Morales pasó de ser un furibundo crítico de El Modelo que lo dejó sin laburo en el noticiero de la primera mañana de Canal 7, a convertirse años más tarde en alguien más kirchnerista que Néstor. En su caso, se lo consideró un ser que encontró la luz de la verdad revelada. Sin embargo, Víctor Hugo no fue ningún pionero. Antes que él ya habían pegado el salto Orlando Barone —periodista de *Clarín* durante parte de la última Dictadura—, Daniel Tognetti y Luciano Gallende, quien formó parte del equipo de *Mañanas Informales* conducido por Jorge Guinzburg en Canal 13.

El caso de Lucas Carrasco fue paradigmático en todo sentido. En medio del quilombo con el campo, al Gobierno le pareció una buena idea salir a dar la lucha en las bases de los medios de comunicación informales: Internet. Los blogs proliferaron a favor y en contra del Gobierno, con una clara ventaja a favor del primer grupo: se conocían entre todos, tenían una organización mediana y, muchos de ellos, cobraban de la nuestra. No fue el caso puntual de Carrasco, dado que gracias a su blog comenzó a tener laburos periodísticos, a fuerza de un estilo ácido y siempre fronterizo con el extremo ilegal, una frontera que cruzó de ida y de vuelta numerosas veces. Sin embargo, un día Carrasco rompió tan intempestivamente, que muchos tardaron un tiempazo en darse cuenta de que no era irónico, que realmente estaba enojado. A pesar de ello, el kirchnerismo buscó retenerlo a toda costa y fue paciente ante cada arremetida de Lucas, algo que obedecía a la teoría de Pablo Sirvén de que "dejarlo librado a su suerte equivale a dejarlo envuelto en papel de regalo y con moño en las puertas de 'la corpo'". Ése era realmente el miedo de los muchachos. Puntualmente, de Máximo.

"A fines de 2012, para Navidad, Máximo me llama y me plantea hacer un programa de televisión diario en Telefé y dirigir la Rock and Pop", cuenta Carrasco. "Le digo que no, porque no es lo mío. Entonces me ofrece Nacional Rock y también digo que no, que no puedo dirigir una radio, que no quería asumir el compromiso. Entonces propongo al actual director de la FM y armamos la programación punto por punto. Yo había escrito antes que, así como en 2009 habíamos revertido desde Internet la derrota cultural con el campo, que ahora nos estaban haciendo mierda. Me preguntó cómo se podía revertirla y se armó la programación con gente que iba a las peñas mías. Llegué con Juan Pablo Varsky un día, me senté con el director y digo 'qué tienen pensado', el programa se llama *A solas contra todo el mundo*, como un poema de Bukowski. Me ofrecen un dinero y un horario. Respondo que quiero cuatro veces más, que pase lo que pase Varsky tiene que quedar en planta permanente, que el horario tiene que ser otro y que el programa se va a llamar *Madrugando al mediodía*, con (el cantautor) Zambayonny. El director me dice 'lo tengo que consultar' y le digo 'consultalo con quien quieras'. Me llamó 'Patucho' Álvarez, fui a Télam, y demoré mucho el programa de tele, que propuse que en vez de Telefé fuera en CN23. Me hice el boludo, básicamente. Cuando me voy de Radio Nacional, que no me echaron, a Zamba le ofrecen de todo para que no crezca el quilombo. Zamba dice que no y renuncia. Le hacen la liquidación. Yo nunca estuve contratado en la radio. Me da la mitad. Jamás olvidaré ese gesto".

A pesar de los esfuerzos del kirchnerismo por retenerlo —controlarlo—, Carrasco utilizó su blog para romper del todo. Y entre muchas otras cosas, afirmó: "La trinchera para insultar a los que denuncian corrupción es un lugar que no me interesa integrar (…) porque implica avalar esas denuncias de corrupción, a mi criterio, demasiado fundadas". Por si no quedaba clara su postura, afirmó que le "resulta ofensivo a la inteligencia la subestimación constante a las denuncias de corrupción". Fue un antes y un después, aunque la relación ya venía en una sintonía de un matrimonio que se quiere divorciar y no se anima. En 2012, se publicó el libro *La Cámpora: historia secreta de los herederos de Néstor y Cristina*, de la periodista del diario *La Nación* Laura Di Marco. Unos meses antes, Di Marco denunció que La Cámpora estaba silenciando el asunto y hasta hizo correr un documento en el que pedían que no se mencionara el tema, que no se hablara ni se criticara, que no existiera. Carrasco contó para este libro que, cuando vio a la periodista en televisión diciendo que la querían censurar, subió el libro entero en su blog. Di Marco derrochó su —entendible— bronca por todos los medios posibles y, en una nota en *La Nación* dedicó párrafos enteros a pegarle a Carrasco por su pasado. "Cuando aparece eso, ninguno de los kirchneristas me llamó", afirma Carrasco.

"Lo llamé a Hernán Reibel y le dije, con mi habitual lenguaje moderado, que era una basura, que no quería hablar con valijeros y que me pase con Máximo, sabiendo que no me iba a pasar, porque Máximo es un gordo boludo, lleno de complejos, incapaz de sostener una discusión, y le terminé diciendo que, de ahora en más, se defiendan ellos", dice Carrasco. Esto que para muchos pasó desapercibido por la cuestión de no ventilar los trapitos al sol, se sumó a otro cuestionamiento que pinta cómo se manejaban estas cuestiones dentro del kirchnerismo. Una pintura que, digámoslo, puede resultar abstracta. Cuenta Carrasco que se juntó con los periodistas Gabriel Levinas, Diego Rojas y Nicolás Wiñazki, que alguien sacó una foto y que, por esas cosas que tienen la velocidad de las comunicaciones en el siglo XXI, minutos después lo estaban llamando para decirle que lo querían ver al día siguiente en el despacho de Juan Manuel Abal Medina, todavía jefe de Gabinete de Cristina. "Llegué tarde, obviamente. Estaban sentados Franco Vitali, futuro viceministro de Cultura, Patucho Álvarez, de Télam, Reibel, y Rodra, de Comunicación. Me pidieron que me sume a la mesa y me terminé sentando en un sillón al lado. Mientras les decía 'qué bien que les quedan los trajes, muchachos', uno me quería pasar una llamada de Máximo Kirchner. Y yo no lo quería atender. Y seguí gastándolos y ellos insistiendo con que Máximo quería hablar conmigo, hasta que les digo: 'Decile que ahora no puedo ¿No ves que estoy en una reunión?'".

Carrasco lo conoce a Máximo y conoce a todos los que hoy ostentan altos cargos gerenciales para fundir cuanta empresa parcialmente estatal se les asigne por el amor de Cristina. "Máximo no se anima a discutir, y menos con uno que tenga la secundaria completa", dispara Lucas y, sin dar tiempo a digerir la frase, agrega: "Es un gordo boludo, en serio te lo digo, lleno de complejos, tratando de justificarse. ¿No lo viste en Ferro? 'Ustedes son mejores que yo'... Gordo boludo, ya lo sabemos, pero sos el hijo de la Presidenta".

Si en algo coincido con Carrasco es que el manejo de la prensa no va a cambiar en el próximo gobierno. Creo que se podrá suavizar, que cambiarán las formas, pero prensa 100% libre y medios estatales comportándose de modo cívico, es imposible. Nunca la hubo, no tenemos por qué pensar que ahora la habrá. Carrasco lo configura en "un gran problema": "¿Qué es lo que sostienen los kirchneristas convencidos que quedan? Que creen que un diario define la vida, el monopolio, etcétera. Va a ser igual. Acá vas y lo tratás de boludo a Santiago del Moro y sos ídolo del kirchnerismo. Lo barato que resulta. Podés ganarte un millón de personas que vayan a bancarte a la calle sólo por decir que Julio Blank es un gran cerebro que dirige una conspiración, o decir que Bonelli es un conspirador. Es re barato. Esto llegó para quedarse".

Al militante promedio le gusta el arreo. No arma actos, participa de los mismos o contribuye —siempre y cuando la plata la ponga otro— en su armado. Cuando fue el conflicto con el sector agropecuario, el Gobierno empezó a copar la Plaza de Mayo de forma orgánica. Lo que voy a repasar a continuación no es mi prejuicio, ni me lo contaron: como ya dije, asistí a muchísimas manifestaciones de aquel entonces…

Me lo dijo una gitana, me lo dijo con fervor,
Patria o muerte es la consigna para la liberación.
Me lo dijo una gitana, yo no le quise creer,
junto Néstor y Cristina la gloriosa JP.
Una gitana hermosa tiró las cartas,
que eran de la doctrina de Juan Perón,
porque al movimiento se lo defiende,
poniéndole el pecho y el corazón.[7]

["Gitana peroncha", *Peronismo y tarot*, La Cámpora Music.]

En tiempos del conflicto con el campo, las oficinas públicas eran liberadas, incluso las del Gobierno de la Ciudad, donde los micros de SUTECBA cargaban a los empleados

---

[7] ¿Otra vez la desconfianza? Sí, es una canción que existe.

para acercarlos a Plaza de Mayo, desde donde la mitad se tomaba el subte para irse a la casa. Los intendentes ponían los micros para llevar gente del conurbano que se retiraba por las calles Balcarce, Defensa y Bolívar ni bien empezaba a hablar Cristina Kirchner. Algunos, con más onda que otros, les daban una vianda con morfi. El promedio de guita gastado por "manifestante" en 2008 era de 350 pesos. A los que venían desde Formosa y Chaco los durmieron feo: les descontaron del dinero el monto de los pasajes de micro que ellos mismos les adquirieron. Todo para que Cristina se emocionara y se abrazara a Néstor en una demostración de poder popular frente a un conflicto meramente tributario.

Luego de la ruptura de Cristina con el moyanismo en 2012, un año después de la reelección, llenar una Plaza se puso complicado. Por suerte, contaban con la militancia pura. Y por suerte, se avivaron de partir la Plaza al medio con un vallado que hace que el escenario a montar ocupe otra buena parte y, con copar los 20 metros restantes, ya se dan por satisfechos. En los últimos años del kirchnerismo, la fuerza de la militancia que no logró ganar un solo centro de estudiantes en ninguna de las facultades de la universidad pública, apenas daba para llenar los patios internos de la Casa Rosada.

Sin embargo, de vez en cuando a Cristina se le da por tener un acto al aire libre y allí van, con los gastos pagos, a donde se lo indiquen, incluso aunque quede lejos. Como ocurrió en Rosario en el Día de la Bandera, cuando en la enorme explanada del monumento se aglomeraron miles de "militantes", al igual que las avenidas se llenaron de miles de micros recién llegados del conurbano bonaerense. Lo mismo pasó cientos de veces, pero pocas superan a la del evento montado para recibir a la Fragata Libertad, en Mar del Plata, cuando Cristina fue a recibir el buque escuela que estuvo varado bajo embargo en el puerto de Ghana. En las semanas que duró la cruzada, nos enteramos de que el canciller Héctor Timerman y el ministro de Defensa Arturo Puricelli, sabían que podía pasar lo que terminó pasando y no lo evitaron. O no le prestaron atención. O se les pasó. La fragata ya se encontraba amarrada, pero no dejaron descender a sus tripulantes hasta que llegó Cristina... dos días después y luego de una campaña en la que empapelaron la ciudad con afiches en los que la Presi aparecía con un sombrero, tras un timón y con la leyenda "Cristina capitana". Luego de saludar a uno por uno, escuchó el himno interpretado por tres cantantes líricos. A continuación, dedicó unas palabras al público presente que, entre churros y choclos con manteca y arena, vitoreaba hasta el éxtasis. Fue una exhibición lisérgica de la alteración conceptual que tiene la Presi. Afirmó que la fragata nos daba una lección histórica, pero no porque demostró que entre Timerman y Puricelli no son capaces de dibujar un círculo con un vaso, sino porque era el triunfo de las convicciones del Gobierno. Al público asistente le contó que otras gestiones muy, muy malas endeudaron al país haciendo cargo al Estado de deudas privadas. Para su loca cabecita, estatizar Aerolíneas no fue hacernos cargo a todos de una empresa reventada, sino un acto de grandeza. Los marinos, después de meses de aislamiento, ya miraban con cariño hasta a Rojkés de Alperovich mientras Cris insistía en tirar numeritos al boleo sobre su exitosa gestión presidencial, anunciaba por séptima vez que se construirá algún día una represa en Santa Cruz, y nos recordaba que en una época tuvimos un montón de papelitos de colores que no valían nada, mientras Amado Boudou aplaudía emocionado. Por último, después de explicarnos qué es un buitre, y luego de asegurar que recibe "presiones internas, externas, subterráneas y planetarias",[8]

---

[8] Literalmente.

retó a los que le recriminaron la frase "podrán quedarse con la Fragata, pero no con la dignidad". Según ella, el Almirante Guillermo Brown dijo algo parecido y nadie se ofendió. La diferencia, quizás, radicó en que el Almirante estaba en medio de una guerra contra el Imperio de Brasil, arriba de un barquito que se podía hundir con él adentro, mientras que Cristina estaba con aire acondicionado, en la comodidad de su sillón en la Casa Rosada, pintando de épica bélica el hecho de que un buque escuela haya sido retenido por las autoridades de un país africano.

Enfervorizada ante el aplauso del público, se cebó y recordó que San Martín había dicho "vamos a pelear, y cuando ya no tengamos nada, pelearemos en pelotas como nuestros hermanos, los indios". Los marinos, en pleno ataque de abstinencia, se dividían entre los que simpatizaban con la imagen de Cristina en tarlipes gritando arriba de una caja, y los que querían embadurnarse en betún, volver a Ghana y pedir la ciudadanía. La gente gritaba, los de la patria contratada cantaban que ahí estaban ellos para la liberación y, en el clímax de la verborragia, la Presi citó también a Belgrano, al recordar que el patriota llamó a prender fuego todas las pertenencias en medio del éxodo jujeño para no dejarle nada al enemigo. Sí, se cebó con el vamos por todo de Belgrano, que tenía por enemigo bélico al ejército más poderoso de su época. Tan mal no estuvo. Después de todo, peor la pasaron los marinos, que tras bancarse meses en alta mar y otros setenta días varados en un puerto africano, tocaron tierra y lo primero que tuvieron que hacer fue fumarse una sesión de terapia de la Presi.

Las tareas de militancia orgánica a veces quedaban tan al desnudo que sus participantes podían llegar a sufrir una neumonía ideológica. Como en abril de 2013, cuando se inundó la ciudad de La Plata y La Cámpora decidió copar el operativo de solidaridad recién el sábado siguiente, tres días después de la tormenta perfecta. Los bolsones de ropa y comida que llegaban de todas partes del país no fueron recolectados por los militantes de la Patria es el otro, pero sí se encargaron de repartirlos. Incluso, hubo algunos camioneros que se quejaron porque en los accesos a La Plata eran interceptados por fuerzas de seguridad para que descargaran la mercadería que traían, la cual era vuelta a cargar en camiones que llevaban los de La Cámpora. Y si esto no alcanzaba, decidieron acopiar las donaciones en lugares donde pudieran escribir "La Cámpora" con fibrón en cada paquete. O sea: te cagaste la vida por culpa de la inacción del Estado, pero más te vale estar agradecido a esta agrupación tan coherente que se chorea hasta lo imposible: la generosidad.

Lo peor: se lo creyeron. En sus cabecitas creen que fueron los solidarios en La Plata por oficiar de pasamanos con pecheras azules que nadie sabe quién pagó, aunque lo intuimos. Y si creyeron en eso, ¿cómo no van a creer en cualquier cosa que salga de la boca de Cristina, así sea algo que contradiga lo que dijo hace un año, una semana, un día o dos oraciones atrás?

La superioridad moral de los paladines del dedito acusador no se toma vacaciones ni permite relajarse por fin de año. Fue notable cómo la exasperación ante la obviedad indisimulable los puso cada vez más tensos a tal punto de pasarse las últimas fiestas en el poder a puteada limpia contra la prensa por dar a conocer algunas cosas inocultables. Sergio Hovaghimian, ex presidente de la joyería más paqueta de la avenida Alvear, dice que la Presi gasta cerca de un palo verde al año en negro para adornarse como arbolito de Navidad, pero es una opereta de la revista *Noticias*. Dos días antes, Cristina puteó a *Clarín* por vincular a su hijo Máximo con el lavado en los hoteles. Fue el mismo día en que la Presi lo pone en el directorio de Hotesur junto a la otra NiNi —ni trabaja, ni estudia— de sus hijos y a la nuera.

Los pibes nos putean a nosotros, pobres boludos que laburamos un 24 de diciembre a la tarde, por tirar mierda, aunque la fuente es el mismísimo Boletín Oficial de la Nación. Esa última semana de 2014, el Indec informó que la deuda externa creció 12 mil millones de dólares en un trimestre. Pero la militancia nos tiró por la cabeza que este gobierno desendeudó al país. En una jornada en la que aprovecharon que todos estábamos en otra, el Indec también dijo que la mitad de los laburantes cobraba menos de 5 mil pesos, cuando la línea de la pobreza estaba en 5,6 mil. Afirmamos que la mitad de los laburantes son pobres, pero somos una mierda porque "no es tan así" dado que el trabajo dignifica. Días después, en las primeras semanas de enero, comenzaron a repetirse casos de muertes por desnutrición infantil. Los muertos de hambre más dignos del planeta.

Cuando Guy Sorman escribió *El mundo es mi tribu*, analizó miles de diferencias en la forma de vivir, pensar, hablar y desarrollarse en sociedad de los habitantes de los distintos lugares que visitó y, algunos, en los que vivió —entre ellos, Argentina— para finalizar en una conclusión maravillosa: la cantidad de similitudes entre pueblos y culturas que nos parecen absolutamente distintas. Obviamente, Sorman se fue del país mucho tiempo antes de que surgiera ese sujeto difícil de dimensionar al que llamamos kirchnerista. Por suerte, porque su increíble labor antropológica social habría sido descartada de plano, o se hubiera revoleado por la ventana ante la aparición del sujeto que cree en la meta final de un país inclusivo en el que todos los que quieran vivir mejor de lo que ellos se imaginan que se puede vivir —o tan sólo como ellos— son considerados sujetos a agredir.

El kirchnerista promedio no tuvo, no tiene ni tendrá humor. Su resentimiento, propio de saberse cornudo y, al mismo tiempo, sentir el deber de negar los cuernos bajo amenaza de ser expulsado de la tribu, le ha anulado la posibilidad de reírse de sí. En cambio, sí puede reírse de un modo socarrón e hiriente del otro. Disfruta momentáneamente al creer que ganó un debate en el que una parte planteó un problema de crisis social y él le devolvió un "cipayo la tenés adentro".

A lo largo de los años del cristinismo —o kirchnerismo tardío— se cagó de risa de cualquier agresión lindante con la violación a varios artículos del Código Penal, pero es incapaz de recordarlo a la hora de señalar al otro. O sea: los mismos que celebraron y aparecen sonrientes tras unos niños que escupían fotos con los rostros de Mirtha Legrand o Jorge Lanata, pusieron el grito en el cielo cada vez que veían a un infante a cocucho de su padre en alguna marcha contra el Gobierno. Los que difunden y se cagan de risa con cada chiste agresivo hacia la clase media que les paga la militancia y, en la mayoría de los casos, sus sueldos, casi arman la revolución de las antorchas porque el caricaturista Hermenegildo Sábat dibujó a Cristina con una cinta en la boca.

Son los mismos que tildaron de nazis a todos los alemanes del siglo XXI porque los campeones del Mundial de Brasil nos gastaron de un modo, supuestamente, despectivo. Los teutones presentaron la copa cantando "así caminan los gauchos" mientras se arrastraban tristes, para luego continuar "así caminan los alemanes", mientras saltaban con el pecho inflado. Esa misma gente que se ofende fácil festejó la ocurrencia de Cristina al decir "aloz y petlóleo" en plena visita protocolar en China. La Presidente bardeó desde el estereotipo a un quinto de la especie humana viviente, pero estuvo todo tan bien que criticar a Cristina por lo dicho era "faltarle el respeto a la investidura presidencial".

La rebeldía desde el Poder y para el Poder no es rebeldía, sino sumisión, castración ideológica voluntaria. ¿Contra qué sistema se rebelaron todos los años que fueron

Gobierno, si fueron "el" sistema? Jugar a la revolución desde el Poder es hacer trampa. No existe rebeldía alguna en defender el statu quo sotenido por las reglas que van creando a su antojo y según sus necesidades.

En ese etéreo estado de comportarse como anarquistas para defender al más poderoso, se enojaron porque no los tomamos en serio, cuando es imposible tomarlos en serio desde el momento en que la referente de una juventud rebelde, soñadora, independiente y laburante es una abuela multimillonaria empleada pública cuyo único trabajo anterior a su entrada a la Cámara de Diputados en 1989 fue ser la recepcionista del estudio jurídico de su marido.

> *Vengo bancando este proyecto*
> *Proyecto, nacional y popular*
> *Te juro que en los malos momentos*
> *Los pibes siempre vamos a estar*
> *Porque Néstor no se fue*
> *lo llevo en el corazón*
> *con la jefa los soldados de Perón.*[9]

["Te banco a vos porque un tercero no murió", *Canciones inexplicables para público ídem*, La Cámpora Music.]

Del mismo modo que la rebeldía, el humor desde el Poder no es humor. Es gastada, tomada de pelo, *bullying*, falta de respeto; es cualquier cosa, menos humor. No causa gracia. Y esto es así porque el humor es rebelde. Podrá ser anárquico, negro, sucio, inocente, exagerado, simple o absurdo, pero es la forma de sobrellevar las desgracias entre las cuales se cuenta al Poder mismo.

---

[9] Ídem anteriores.

A mí me resulta muchísimo más gracioso todo lo que ha dicho o dice Cristina cuando lo hace en serio que cuando se pone chistosa. Porque es un mecanismo de defensa. No puedo tomarme en serio que alguien diga que el crecimiento para arriba de la Villa 31 es una señal del éxito económico de El Modelo, o que la muerte de un fiscal que imputó a la Presidente de la Nación, a su canciller, a un diputado y a dos fanáticos impresentables por encubrir el atentado terrorista más grande que haya sufrido nuestro país, sea un intento desestabilizador, un principio de golpe de Estado, o la construcción de un clima de bronca cuando la sociedad atravesaba con alegría el verano.

Incapaz de sentir empatía por el otro, el militante basa su pirámide de administración ideal en tres estandartes: inclusión social, derechos humanos y trabajo, siempre y cuando sea para otro. La realidad dicta que los pobres fueron las mascotas de El Modelo, a los que se les tiró un hueso a cambio de que sacrifiquen la libertad de disponer de sus vidas, que la mitad de los laburantes no llegan a fin de mes, y que los DD.HH. quedaron embarazados luego de que Cristina obligara a deglutir el sapo del General Milani, pero todo es debatible.

Capaz de abandonar a miembros de la tribu que quedaron en un estrato espiritual que suponen menor —como el hermano que puteaba por la falta de acceso al crédito hipotecario cuando Néstor nos devolvió la dignidad, o el mismísimo padre que lloraba la jubilación de mierda y no se dio cuenta de que lanzamos un satélite—, su aldea se hizo cada vez más pequeña y, por consiguiente, mucho más ínfima su cosmovisión.

La pequeñez de su grupo de referencia ha llevado a la endogamia social. Con el número de partidarios cada vez más chico, el tema de relacionarse con pares se puso más complicado, por lo que, al igual que con la descendencia incestuosa de las cortes imperiales, la capacidad de discernimiento y comprensión de la realidad quedó a la altura de un australopithecus falopeado.

Antes celebraba que se podía comprar un plasma en 50 cuotas para el mundial de Sudáfrica y que le daba para comprarse un autito a pagar a los ponchazos. En 2015, con el auto más barato arriba de las 120 lucas, celebró que podía comprarse una camisa en doce cuotas, sólo de jueves a domingo, en una promoción financiada por todos, incluso los que no tienen acceso a una tarjeta de crédito. Pero la economía no resultó tan mala y, si bien la tecnología ya nos dio televisores Ultra HD 4K y 3D, su plasma de dos mundiales anteriores lo terminó de pagar en septiembre de 2014.

Entrado el último año del kirchnerismo, aún reivindicaba la Patria Grande, pero sin los narcos colombianos, los pungas peruanos, los chorros bolivianos, los estafadores uruguayos y los brasileros que aún no les dijeron qué se siente tener en la casa de un pentacampeón al papá bicampeón. Putea cuando el dólar ilegal sube tres pesos, celebra cuando se "desploma" 20 centavos y lo vuelve a llamar *blue*.

Nunca entendió por qué sigue alquilando o viviendo en la casa paterna, cuando sus viejos, laburantes, fueron dueños de esa misma casa antes de los 30, pero se siente Nobel de Economía al explicarnos que la crisis automotriz fue culpa de los brasileros y que todo va a mejorar porque los chinos nos dieron unos yuanes, que el Central dibujó como dólares, como si alguien regalara algo en el mundo de la política internacional.

Buchón y alcahuete —como corresponde a su naturaleza—, anda de cacería por las redes sociales señalando al enemigo y a los que escriben notas contra Cristina, como si no estuvieran adosadas con nuestras firmas en las denuncias presentadas en Comodoro Py y como si, gracias a los últimos 35 documentos de identidad de Randazzo, no supieran dónde vivimos.

Se pasó once años puteando a Scioli, pero si llega a ser bendecido y gana, será un triunfo del Frente para la Victoria. Que en las encuestas subiera Florencio Randazzo y que Cristina le diera cámara y micrófono en cada acto en el que ninguneó a Scioli, lo enamoró: no es lo mismo un ex secretario de turismo de Duhalde que un ex secretario de Duhalde y Ruckauf.

Los que se avivaron y pudieron, obtuvieron el pase a planta permanente a tiempo. Otros, comenzaron a jugar para otro candidato con chances de garantizarles el reciclaje. Algunos entendieron que cuando prenden las luces se acabó el baile y ahora intentan esa extraña aventura de ganarse el mango en la calle.

Por una cuestión de selección natural, quedaron afuera los peores, los incapaces, los que no se dan cuenta de que sólo el Capitán se hunde con el barco y, en este caso, el Capitán y sus oficiales intentan ponerse a salvo lejos de la tormenta judicial. Tuvieron la chance, la vieron venir y no les importó. Se hicieron kirchneristas por sentir que pertenecían a algo y lo hicieron tarde, cuando los que fundaron el kirchnerismo ya eran parte del grupo de denunciantes.

Se prendió en el juego de Cristina de exigir a los que no comulgan con el kirchnerismo qué pensamos hacer con los logros obtenidos por la mejor gestión de la historia de la Vía Láctea, como si nosotros fuéramos candidatos a algo. Ya no nos recuerdan cómo estaba el país en los noventa para que no lloremos de nostalgia. Prefieren pegarle al 2001 sin detenerse a pensar que la revuelta fue hecha por laburantes de a pie, pobres y jubilados, y no por monotributistas estatales que se quedaron sin contrato.

Nos corrieron con que si no gana el kirchnerismo estaremos todos muertos de sida, sin fútbol, sin aviones y sin industria, como si en este país la plata la pusiera Cristina de su bolsillo. Por eso festeja que nos llevamos "cada vez mejor" con China: porque allí llaman capitalismo a la explotación de los laburantes por parte de una minoría multimillonaria amiga del poder, cuando no forma parte del mismo. Nunca jamás tuvo un lapsus de lucidez que le permitiera razonar que para que el kirchnerismo vuelva a ganar, tiene que tener un candidato.

Prefirieron meternos miedo. Pero es el miedo que tenían y tienen ellos. Nosotros, que podemos decir que sobrevivimos a doce años de kirchnerismo, no podemos temerle a nada. Doce años en los que empezamos gritando en soledad, doce años en los que nos apretaron con carpetazos, mails, amenazas y escraches a nosotros y a terceros inocentes. Doce años en los que no lograron meter un plan de créditos para la vivienda del laburante, en los que el 100% de la población fue víctima de la inseguridad directa o indirectamente, en los que nos sacaron más de la mitad de nuestros ingresos en impuestos suecos para financiar servicios subsaharianos, en los que nos corrieron con el dedito de la moral mientras se afanaban todo.

Pero, como siempre ocurre, el que quiere meter miedo sólo busca contagiarlo. Los que medianamente salimos gateando de la década ganada, lo hacemos a pesar del kirchnerismo, y no gracias a él. No creo que le tengan miedo al poskirchnerismo por no saber de qué van a disfrazarse, porque la capacidad de mimetismo es como andar en bicicleta: nunca se pierde. Si juraron no votar nunca al peronismo y terminaron siendo los últimos kirchneristas tras el apocalipsis, tranquilamente pueden readaptarse.

Pasó con el final de cada fin de ciclo, aunque les hicieran creer que son los únicos militantes desde el retorno de la democracia. Antes les decíamos oficialistas, desempleados o pretenciosos. Sólo cambió el nombre. Pero si todos los que formaron parte del kirchnerismo lo hicieron con algunos o todos los gobiernos que hubo antes, por acción, omisión o decantación, tranquilamente pueden quedar en el absoluto olvido. Y eso, para el que sólo puede reconocerse como parte de una masa y no desde la individualidad maravillosa del ser humano racional, libre y pensante, es una sentencia de suicidio ciudadano.

Y volverá a pasar. Porque el modelo de militancia que impuso el kirchnerismo fue adoptado por la mayoría de los partidos, incluso los frentes medianamente nuevos. No hay nada más lindo cuando se es joven que el clima de fiesta compartido. El campo de un recital, la popular de una cancha, el trencito del carnaval carioca en un casamiento. Es sentirse hermanado con todos por un instante. El tema es que la política no es una banda tocando, ni un partido de fútbol, ni una fiesta, aunque nos hayan hecho creer que son las tres cosas juntas. El militante es el invitado de honor a una fiesta en la que es feliz, pero nadie la pasa mejor que el anfitrión. Y lo digo como ex militante. Lo fui, durante algunos años. Después me dediqué a vivir.

La militancia partidaria históricamente formó parte del folklore de la rivalidad futbolera. El problema es que, al igual que en el fútbol, hubo un período en el que los barras-bravas se fueron a los tiros por el control de la popular. Y al igual que en el fútbol, a los barras les chupaba un huevo el desempeño del equipo, por eso estaban de espaldas al partido. Con lo que costó reconstruir el clima de folklore, el kirchnerismo lo hizo pupa. Todos, absolutamente todos —apuesto plata a que usted también, estimado lector— hemos perdido el contacto con alguna amistad, o hemos empezado a tener una silla vacía en las fiestas. Y no porque haya muerto nadie, sino porque el folklore de la pasión se convirtió en bravuconada patoteril.

El kirchnerismo reflotó conceptos que habían quedado en los manuales de historia: el opositor es gorila. Y eso que en los manuales de historia también refieren que el

90% del gorilaje formaba parte de las fuerzas vivas que conformaron el arco kirchnerista. Increíblemente, reflotaron lo peor de nuestra sociedad, porque seremos muy católicos pero nadie con los patitos en fila puede responder a una agresión poniendo la otra mejilla. El mayor daño se lo han hecho al propio partido al que dijeron pertenecer. Heridas de luchas pretéritas y absolutamente caducas fueron reflotadas y nos llevaron a vivir en un loop constante e incoherente, como si en Argentina hubieramos logrado construir el agujero de gusano de Einstein-Rossen y nos saliera fallado el atajo en el tiempo. Tipos que mezclan la lucha de los setenta contra la burocracia sindical y, en una voltereta en el aire, te tiran en la misma discusión al gorilaje de los cincuenta, cuando los peronistas de aquellos años eran los mismos a los que consideraron burócratas sindicales —y gorilas— en los setenta.

Quisieron curar el sida con penicilina. Lógicamente, no funcionó y la frustración los sobrepasó al ver que el Modelo se va a la casita con default, inflación, desocupación estructural y aumento de la pobreza. Como frutilla del postre, ni siquiera tienen a la vista un candidato que les garantice la continuidad del sentimiento de pertenencia. Huérfanos voluntarios, se sienten a la deriva con la partida inevitable de mamá Cristina.

Pocas veces quedó tan a flor de piel la mentalidad sin fuerza de voluntad de buena parte del padrón. La multiplicidad democrática de voces se convirtió tan sólo en un coro gregoriano que repite sin permitirse siquiera la posibilidad de meter un cánon de vez en cuando. Miles de boludos repitiendo lo que dice el puntero del barrio, que junto con otros cientos se lo escucharon a un cuadrazo que lo dijo por orden del Chino Zannini que dice que se lo escuchó a Cristina cuando se cepillaba los dientes.

También es por eso, por la necesidad de sentirse alguna vez parte de algo con sentido, que no tuvieron problemas en defender a rajatabla cualquier banana que se le ocurrió a Cristina. Si putearon a la Iglesia porque nombraron Papa a un Bergoglio colaboracionista de la Dictadura y, 24 horas después, estaban chupando cirios y colocando al Papa Peronista de fondo de pantalla, tranquilamente podrían bancar un proyecto de ley que habilite al Consejo de la Magistratura a destituir a un juez federal de los Estados Unidos bajo el principio de la soberanía judicial.

Pero, fundamentalmente, apoyan lo que sea porque tienen miedo. Miedo a tener que asumir que la vida vuelve a ser una mierda. Miedo a reconocer que nunca dejó de serlo, pero que durante doce años se sintieron Donald Trump porque pudieron entrar en el Plan Canje de Calefones de 2009.

Obviamente, ya sabían que la culpa del presente continuo es del mercado, de los capitalistas internacionales, del señor que vive en un dúplex en Oslo, del sionismo israelí, de la tía Giuseppina que quiere cobrar la jubilación en euros, del cipayo del portero que putea porque quería armarle la fiesta de quince a la nena, de los agrogarcas, de Héctor Magnetto, de la burocracia sindical —siempre que no sea de los gremios amigos—, de la derecha peronista, de la izquierda troskista, de la clase mierda a la que pertenecen, de Juan José Campanella que los toreó, del imperialismo yanki, del almacenero formador de precios, de la Dra. Pignatta, de Marcelo Tinelli que les hace chistes, de los medios hegemónicos, de las multinacionales, siempre y cuando no se traten de mineras, de los que gobernaron el país hace dos décadas, de los que gobernaron el país hace cuatro décadas, de los que quieren comprar 50 dólares para salvar algo, de los que sueñan con comprarle un juguete decente al hijo, de los que se preguntan por qué tienen que dejar en impuestos el 60% de lo ganado al año, de los que tienen la osadía de reclamar un servicio decente, de la CIA, del Mossad, de Salustriana, de los que quisieron sacar un crédito hipotecario, de los que sencillamente quisieron comprar un libro importado, y de los que no son idiotas y se avivaron de que el kirchnerismo es un modus operandi del choreo sistemático, cuando todos sabemos que Cristina amasó su fortuna siendo una exitosa abogada sin haberse matriculado nunca.

A todo esto se le suma la indefectible cagada de que ya no estará Cristina para señalarles a quién culpar. Desahuciados emocionalmente, razonarán todo su desencanto en que a la Presi no la dejaron hacer lo que quería hacer, aunque ni ellos sepan de qué se trataba.

En vez de pensar en el presente, en el pasado de ayer y construir un futuro sustentable que trascienda a la duda existencial de si habrá luz suficiente el próximo verano, se clavaron con un pie en los setenta, otro en los cincuenta, una mano en los noventa y la otra agitándola para bancar a Cristina para que nadie la toque, como si perder una elección fuera una trompada, como si hubiera una Patria por liberar de algún yugo que no fuera el que impuso la propia clase dirigente y sus eunucos intelectuales adherentes.

Como cada fin de ciclo, la cosa se puso peluda. Y si llegase a existir en el futuro otro gobierno personalista —lamento informarles que, según las estadísticas de los últimos dos siglos, así será—, también habrá temor hacia el final. Un temor que se canalizará buscando culpables por los errores propios. Porque el verdadero miedo es a perder ese espacio de pertenencia, ese club en el que, por una vez, creyeron en algo superior a ellos, del que se sentían parte. Y aunque sabían en el fondo que era camelo, todo termina como cuando esa mina que te volaba la cabeza te dice la verdad. Parece que es preferible una fantasía que hace feliz que hacer el esfuerzo de ser feliz en la realidad.

La derrota cultural

"Cuando te agarran de 20 sos divina, pero te agarran
pasados los 50, viste y bueno, tenés que agarrar lo que venga,
pasados los 50. Claro de 20 es diferente, viste.
No digan que hice un comentario machista, por favor.
Es la verdad, no vengamos tampoco a engañarnos,
asumamos nuestras realidades."

Cristina Fernández de Kirchner, la mejor oradora

Quizá la derrota más notable de los últimos años haya sido la cultural. Perdimos por goleada y ni nos enteramos en qué momento pasó. El discurso de asunción de Néstor Kirchner cumplió con todas las normas de protocolo: aburrido, largo, plagado de lugares comunes y pasajes tan inocentes que hay que agradecer que exista versión taquigráfica para poder apreciarlo en su conjunto y no quedar con narcolepsia a los cinco minutos de una dicción que hacía más insufrible el tono de voz monocorde. He allí la primera exageración de la monada kirchnerista: Néstor no era un orador encendido. Era aburrido, básico y no tenía forma de enamorar a nadie que tuviera sus cinco sentidos medianamente en forma.

Tras ese manto monótono, Néstor deslizó como quien no quiere la cosa que provenía de una generación diezmada por la última Dictadura. Ello fue visto a la luz de los revisionistas posmortem como el primer indicio de la reivindicación setentosa por venir. Sin embargo, la reinvención a todo trapo se inauguró oficialmente diez meses después, cuando Kirchner "bajó los cuadros que formaron miles". En la que fuera la sede de la Escuela de Mecánica de la Armada, el Presidente habló para un espectro de público históricamente antiperonista por ideología, o por resentimiento de expulsión, y se los metió en el bolsillo.

La larga lista de gestos en favor de los movimientos de Derechos Humanos retroactivos tenía como eje dos objetivos principales. Uno, cooptar a un sector que, a pesar de no mover el amperímetro en cuestiones electorales, históricamente rompió las guindas a cuanto gobierno se le cruzara y, en la proximidad, era eje de la opinión pública luego de los asesinatos de Maximiliano Kosteki y Darío Santillán. Y en segundo lugar, la idea de legitimarse frente a la historia no era para dejarla pasar, más si se pensaba utilizar como escudo a futuro. Así fue que, de a poquito, nos empezaron a señalar a todos los que pensábamos de forma distinta —o sencillamente pensábamos— como defensores de algo tan extremo como la Dictadura. Esta exageración conllevaba partir la realidad en dos: los que vitoreaban las acciones del Gobierno y los que, por decantación, eran socios del Club de Videla.

La oposición, deslegitimizada por propia voluntad —los que no habían apoyado a Kirchner para que venciera a Menem, se fueron sumando a la concertación—, se asustó con los siguientes dos resultados electorales: la paliza de Cristina en las legislativas de 2005, y la paliza de Cristina II, en las presidenciales de 2007.

Temerosos de quedar mal con un electorado que, de haber querido votarlos, lo hubiese hecho, se convirtieron en la oposición ideal para un gobierno sin ideologías: un flan de declaraciones. Así, devenidos en comentaristas televisivos, los Macaya empezaron a criticar formas, no hechos. O sea, Guillermo Moreno era *el* violento, no así el presidente que lo nombró por decreto, ni la presidente que lo mantuvo en su cargo durante otros seis años. Y esto es, tal vez, uno de los elementos más serios que pintan de cuerpo entero lo que se ha vivido en la última década larga, y lo que todavía queda por vivir. No molestó la Asignación Universal por Hijo en un país con supuesta bonanza económica sostenida durante once años, molestó que la utilizaran para fines clientelares. Del mismo modo, no jodió que nacionalizaran YPF los mismos que la privatizaron 15 años antes —de hecho, muchos opositores acompañaron "por el deber patriótico"— sino que irritó que se "adueñaran" de la empresa. Obviamente, tampoco generó demasiado problema que también nacionalizaran Aerolíneas Argentinas, pero molesta el déficit de la empresa. ¿Qué esperaban? ¿Que los mismos que frente al aumento inflacionario dibujaban números, de pronto pudieran administrar una aerolínea quebrada?

Entre tantos eufemismos de quienes se dedicaron a comentar el partido en lugar de jugarlo, lo único que pareció quedar claro es que no molestaba el kirchnerismo, molestaban los kirchneristas. Y el paso del tiempo aumentó esa tendencia. Desde 2007, ningún político con algo de peso electoral se manifiesta radicalmente en contra de las políticas del Gobierno, sólo hablan de las formas. Y si alguna vez hubo uno, se arrepintió cuando vio las encuestas. La lógica indica que es en base a que "algo bien hicieron". Increíblemente, no existen registros no oficiales que puedan decir lo mismo.

Sin embargo, lo que me genera pánico es que el daño ideológico y cultural que dejaron no abarca sólo a las filas de sus acólitos. Todavía hay mamertos en el Congreso que piensan en términos de patriotismo frente a cada proyecto enviado por el Poder Ejecutivo y otro número asombroso de opositores que se quejan sólo de los modales del Gobierno.

La unidad de pensamiento es casi hegemónica en los grandes dirigentes y, frente a un gobierno que dijo ser peronista, progresista y de izquierda, se plantean las opciones del verdadero peronismo, verdadero progresismo y verdadera izquierda. Algunos afirman que están en contra del kirchnerismo pero no de sus estandartes, dado que muchas de las grandes banderas del kirchnerismo fueron ideas que les copiaron, y cuestionan una y otra vez las formas, dejando bien en claro que no les jode el kirchnerismo, sino los kirchneristas.

Otros, mucho más vagos de discurso, sostienen como todo argumento "el debate y el diálogo". No importa lo que se plantee, la respuesta sera igual de esquiva y ambivalente. ¿Qué piensan hacer para arreglar la economía? Un diálogo que incluya a todos los sectores para la reconciliación de los argentinos. ¿Qué planes tienen para el desastre de la inseguridad? Un amplio diálogo que abarque a todos los actores de la sociedad. ¿Qué opinan de que el Diego siga trayendo vástagos al mundo? Es algo que debe salir de una mesa en la que todas las voces puedan expresarse.

Y no quiero olvidarme de los que piensan que más es mejor y que con mucha fuerza alcanza cuando no se tiene dirección. Dirigentes que no logran un acuerdo entre cinco gatos locos y quiere unidades más grandes, que van a un pacto y sólo cuidan su quintita, otros que hablan de renovación de colores y los que prometen tantas cosas que se contradicen y no prometen nada. Frente Renovador, Frente para la Victoria, Frente Amplio con balcón y contrafrente muy luminoso con bajas expensas. Es cierto que Argentina es frentista hace añares pero últimamente nos fuimos al carajo. Los debates ideológicos los dirimimos en elecciones aunque no estemos afiliados, y los partidos políticos nacionales los podemos encontrar en el arcón de los recuerdos, al lado del teléfono naranja de Entel, el bondi 1114 y la maqueta del tren bala a Rosario, y eso que la Constitución Nacional sostiene el sistema partidario como base de nuestra democracia.

Los que estuvimos señalando esto desde los comienzos, nos bancamos sistemáticamente insultos, amenazas de todos los colores para propios y familiares, problemas laborales, ninguneos, persecutas de la SIDE y, fundamentalmente, no poder tener nunca más una cena de navidad sin peleas. Nos bancamos de todo pero los políticos son los que mantienen la prudencia de los modales frente a la cofradía de los barrabravas de saco y corbata. Máquinas de hablar, veneradores del *merchandising* sin contenido que se dividen entre los que quieren la presidencia como si se tratara de la Copa Intercontinental, y los que se sienten tan, pero tan cómodos en su lugar de eternos opositores que arman todo para ver qué tan bien parados quedan para ser oposición en el próximo gobierno.

A veces tengo la seria sospecha de que soy testigo de la peor clase dirigente que ha visto la democracia argentina. Tuvieron enfrente a una secta de engendros ideológicos que venera a una mujer que se ahoga en sus propias palabras y llega a quejarse, entre aplausos, porque cuando salió del quirófano la recibieron con saqueos. Se enfrentan a un grupo de personas que ha hecho todo lo que tuvo a su alcance para destruir al enemigo en un juego político en el que no hubo adversarios, sino gorilas, cipayos y vendedores de una Patria que nadie querría comprar.

Dentro del divorcio de la sociedad reflejado en la política, no tuvimos suerte. Un menor de edad agradece que al menos uno de los padres se maneje dentro de los límites de la cordura; nosotros ni esa suerte tuvimos, y todas las partes se dedicaron a navegar en un barco sin timón por el océano de la incoherencia de los hechos y con el ocultamiento de las ideologías como bitácora de viaje.

El kirchnerismo ha convencido a tantos —con discurso, plata o carpetazos— que no quedó nadie afuera. Cualquiera puede ser kirchnerista. Son tantas las corrientes que se sumaron a la transversalidad y tantos los cargos a regalar, que todos, en algún momento de los últimos años, vimos cómo un referente del espacio político que nos simpatizaba se sumó a la joda. Tras buena parte del peronismo más berreta —los que se quedaron afuera de todo en la década anterior—, aparecieron los progres, un lindo subgrupo social del que todos conocemos algún integrante. Son los que en los noventa cerraban la agenda del fin de semana los domingos a la noche para sentarse a ver *Día D* de Jorge Lanata y juraron *never in the puta life* votar al peronismo. Son los que nos tildaron de gorilas por no acompañar a Cristina. Coherentes, siguen renegando de la burocracia sindical-pejotista, sólo que ahora los llaman "la derecha peronista", aunque la mitad de los sindicatos se quedaron del lado de CFK. Sus representantes más notables también cayeron en la volteada, como Martín Sabbatella, que pasó de afirmar que nunca podría apoyar ciegamente a un proyecto que se apoye en el Partido Justicialista, a ser el pibe de los mandados de Cristina en tan sólo un lustro.

Este punto demuestra que el horóscopo previsto por Néstor no falló: más allá de los radicales, los peronistas y los socialistas, nada contribuyó más a la derrota cultural que haber domado al progresismo vernáculo y a sus figuras mediáticas. Fue tanta la repetición de conceptos de aceptación de las medidas adoptadas por el Gobierno que, en menos tiempo de lo imaginado, casi nadie se animó ya a plantarse en contra del kirchnerismo como forma de vida. O sea, tras la pornográfica corrupción, tras la agresión perpetua al opositor, tras la represión a los pueblos originarios del norte, tras el crecimiento exponencial de las villas y tras una realidad que nos cagaba a trompadas cada vez que salíamos a la calle, estaba el mantra relajante de "los logros sociales de este Gobierno lo convierten en el mejor de los últimos 50 años". Un latiguillo superador del utilizado entre 2003 y 2009: "De los gobiernos que tuvo la democracia, éste es el menos peor".

Frente a un gobierno que se ha autodenominado "de izquierda", "peronista" o "nacional y popular" dependiendo del clima, la presión atmosférica y el biorritmo de Cristina, la máxima antinomia que se le ha marcado es de un tibio centroizquierdismo encarnado —supuesta e increíbemente— por Mauricio Macri, a quien tildaron de ser la derecha menemista neoliberal, un páramo ideológico impuesto al que pronto sumarían a Sergio Massa, el mismo que tuvieron de funcionario hasta las elecciones de 2009.

Todos se prendieron en un juego en el cual el oficialismo puso las reglas. Dentro de ese concepto de la nada que llaman "Nacional y Popular", ellos mismos eligieron a sus enemigos y los clasificaron ideológicamente. Y como un daltónico no puede ordenar por colores, un eunuco intelectual no puede concebir ideologías ajenas, dado que carece de las propias.

Esa misma carencia es lo que los lleva a ensalzar la autodefinición. Por eso cada simple acto se convierte en una "Marcha del Orgullo K". El esperpento militante no sabe bien qué piensa y el gobierno no ayuda mucho que digamos. De cenar con Magnetto al "Clarín Miente" y "Devuelvan a los nietos" hubo tan sólo una resolución ministerial en el primer trimestre de 2008. Es complicado, no es moco de pavo. Apoyar al Gobierno que reprime a corchazos a los indígenas del noreste por su "revalorización de los pueblos originarios", no es para cualquiera. Tampoco es sencillo hablar de las bondades de nacionalizar el petróleo "para que el imperialismo deje de robar nuestros recursos no renovables", mientras se entrega hasta la virginidad a la petrolera heredera de Rockefeller, luego de años de regalar el oro a las mineras de la Corona Británica, Canadá mediante. De hecho, el brochette de sapos sólo pueden tragarlo tres clases de personas: los que están prendidos en la joda, los que no pueden discernir entre una casilla de cartón y el Palacio de Versalles, y los que tienen un bloqueo emocional sólo comparable con la incapacidad de aceptar que mamá se acostó con papá para que podamos venir al mundo.

Como cualquiera de los otros grandes gobiernos de la nueva democracia, el kirchnerismo planteó un cambio de paradigma, sólo que esta vez será muy difícil de revertir, por no decir imposible. En los noventa se había roto por primera vez en mucho tiempo el modelo de financiamiento de las aspiraciones. La estabilidad cambiaria, la libre disposición de divisa extranjera y la facilidad en el acceso al crédito hicieron que más de uno se planteara la idea de mandar a la mierda al negrero del jefe para probar suerte por su cuenta, sea con un kiosco, sea con una PyME. La crisis del 2001/2002 fue aprovechada discursivamente por el mismo gobierno. La culpa de la pérdida del poder adquisitivo, del colapso de los sistemas bancarios y de todo lo que tuviera que ver con nuestro estilo de vida se debió a "un Estado ausente". Como contraposición, el flamante despegue argentino —como si no hubiera otro lugar para ir al estar en el suelo que no sea arriba— se lo debemos agradecer a un modelo de Estado tan presente que regula hasta cuánto debo pagar por un kilo de papas y en qué orden deben estar los canales de televisión. La inculcación del temor sólo fue la frutilla del postre para un pueblo tan agobiado por los malabares que debió hacer para no caer en la pobreza, que la balanza volvió al rumbo de siempre: la mayoría prefiere trabajar en relación de dependencia. Preferentemente en el Estado.

En octubre de 2013, conocí a Martín y su familia en Buzios. Parábamos en la misma posada en Ferradura. Martín me contó que viajaba por negocios a Río de Janeiro y aprovechó para llevar a la familia unos días al paraíso terrenal. Intrigado por ver a un tipo sólo cinco años mayor que yo y con un pasar económico más que aceptable, le pregunté a qué se dedicaba. "Empresario", respondió. En mis parámetros mentales alterados por una década de Modelo de Redistribución de Asistencialismo Social, supuse que había heredado. Pero no. Martín tenía 21 años en 1998 y no tenía ganas de seguir con el negocio familiar. Su padre tenía un lubricentro en el conurbano. Martín se enteró de que la fábrica de a tres cuadras de su casa estaba en venta tras el fallecimiento de su dueño. Fue al Banco Provincia y sacó un crédito a diez años. Compró la fábrica de un modo un tanto extraño: "No sabía qué fabricaban". Hoy provee insumos para la fabricación de los sistemas de frenos a automotrices brasileras.

Historias como éstas se multiplican por mil. El sector comercial, siempre presente a lo largo de la segunda mitad del siglo XX como algo no excluyente para la clase media, entró en colapso durante la crisis de 2001, intentó recuperarse en 2002 y fue entrando en un estado de coma inducido por el kirchnerismo a lo largo de la siguiente década.

Lamentablemente, no queda otra que reconocer que ganaron y hace bastante tiempo. Festejamos que un policía no nos corte boleto, agradecemos al borde del llanto cuando un auto frena para cedernos el paso en la senda peatonal, destacamos que no todo está perdido cuando un sujeto devuelve una billetera. Tan bajo hemos caído que se considera desagradecido no celebrar que alguien haga lo que le corresponde hacer, porque podría no haberlo hecho. La normalidad es tan anormal que debería llamarnos la atención, mientras que lo absurdo pasa desapercibido.

En lo particular, no creo que esta derrota total haya sido mérito exclusivo del kirchnerismo. Lo más probable es que esta sucesión de atentados administrativos y choreo sistemático al que hemos denominado "Gobierno", haya sido tolerado porque quedamos con el tujes mirando para el norte en 2001 y el hecho de no cambiar cinco presidentes en diez días ya fue motivo más que suficiente para sentirnos tranquilos. Néstor no inventó nada en esta materia, se aprovechó de lo que había. Cristina lo maximizó. Y así, diez años después, nos reímos del debate venezolano entre tener Patria o limpiarse el culo sin papel higiénico, mientras nos mordemos la lengua para no criticar demasiado fuerte, por temor a quedar como golpistas, porque está claro que habrá muchas cosas para corregir, pero tenemos democracia, y con eso debería bastarnos y sobrar, cuando en verdad democracia sin República no es democracia.

Perdimos todos y por goleada. Tan penosa es la derrota que el pensamiento y la opinión han dejado sus lugares de privilegio para ser reemplazados por la imagen y el preconcepto. Ya no importan las ideas, importa quién lo dice o, en una muestra de pedantería barrial, desde dónde se dice, frase de la factoría forsteriana difundida por los medios oficialistas y repetida por sujetos que carecen de GPS ideológico, pero que cuestionan nuestras quejas en base a quiénes se quejan y no a por qué se quejan. Y cuando no se puede identificar al mensajero, se estereotipa.

Van probando. Usted tira que Cristina gasta un millón de dólares al año en joyas y primero lo tratan de idiota por informarse a través de un medio hegemónico y monopólico con las manos manchadas de sangre. Se toma la molestia de aclarar que lo leyó en otro diario y le exigirán que le pida a Macri que explique los despidos en Sevel en 1990. Ahí usted comenta que no tiene el placer de conocer al ingeniero, que no forma parte de su familia y que siquiera lo ha votado. "Ah, entonces pedile a tu candidato Binner." Van tirando fruta hasta que: a) la emboquen o b) colapsen emocionalmente y lo tilden de vendepatria con toda la carga semántica que el concepto implica (lo dicho: que haya alguien dispuesto a comprarla).

El delirio llegó al paroxismo cuando Cristina decidió encomendarle al filósofo Ricardo Forster, comandar la flamante Secretaría para la Coordinación del Pensamiento Nacional. Tan al pedo fue la misión que le encargaron, que la responsabilidad primaria fue la de "diseñar, coordinar e instrumentar una usina de pensamiento nacional, ajustado a los lineamientos que se fijen". Traducido: gastar plata (de la nuestra) en sueldos, café y computadoras para que un grupo de trasnochados aburridos investigue por qué un porcentaje del padrón nunca los quiso y otro porcentaje dejó de quererlos. La idea idiota de que puede imponerse o generar un pensamiento nacional sólo puede caber en la cabecita de personas con traumas de inferioridad arrastrados a lo largo de una vida de ser marginados por aburridos, lo que decanta en una lógica de superioridad moral autoimpuesta. O sea, creen que no los entendemos por mejores, cuando en realidad los despreciamos por infelices que intentan imponernos qué pensar, cómo pensar y cuándo hacerlo.

El título y cargo para Forster llegó tarde. La lucha ideológica por el triunfo cultural ya fue y pasó por otro lado. Y la ganó el kirchnerismo, aunque no se den cuenta y supongan que la derrota en las urnas en 2013 está vinculada a no haber sabido imponer la lógica del pensamiento. Casualmente, perdieron porque primó esa forma de pensar. Si durante años repitieron hasta el infinito y más allá que estábamos bien porque el Estado creció, es lógico que, aquellos que lo creyeron, busquen otras opciones cuando el Gobierno ya no logra garantizar el bienestar individual a fuerza de más Estado. Propio de brutos que creen que cuanto más grande, mejor, nos convencieron de que un Estado gigante es sinónimo de eficiencia. Asimismo, nos aseguraron que izquierda y derecha no son corrientes ideológicas extranjeras y mal trasculturalizadas, sino que conforman los dos lados de la fuerza en la cual, por decantación, la izquierda es buena, muy buena; y la derecha es mala, muy mala.

Cada hombre que habita estas tierras tiene una forma de pensar que obedece a su crianza, a sus antepasados, a las tradiciones familiares, a la formación escolar, al entorno barrial, a su profesión, a las experiencias que tuvo a lo largo de su vida y a cómo afrontó las mismas. Del mismo modo que todavía hay gente que se casa, funda una PyME con dos socios o arma un equipo de fútbol con los amigos, las diferencias no impiden la planificación y concreción de un proyecto realizado desde la riqueza de las individualidades. Lo que no tiene parámetros para medir su grado de estupidez, es la creencia de un pensamiento colectivo y uniforme. Suponer que pensar igual que el otro es productivo, es confundir masturbación con coito. Ansiar una sociedad en la que haya un pensamiento unificado es pretender un mundo de estereotipos, casualmente el motivo de la mayor crítica seria a la hegemonía de un grupo mediático concentrado.

El daño cultural producto de abrazar a un progresismo que nunca representó más del 1,2% del padrón electoral, pero que siempre gozó de buena prensa, también fue a parar a la corrección política y en ésta caímos casi todos. La campaña que inició María José Lubertino en 2006 al empapelar los colectivos con todas las cosas que está mal decir caló hondo en la sociedad. Y no es que ya no se piense de determinada manera, sino que muchos se autocensuran.

En enero de 2014, entrevisté a Lubertino y hablamos de cientos de cosas. Sin embargo, no pude evitar preguntarle cómo puteaba cuando se enojaba. Su respuesta fue honesta; afirmó que es de carajear bastante y que alguna que otra vez se le escapó algo incorrecto y despectivo por "herencia cultural". O sea, si a usted se le escapó un "negro de mierda" en un momento de calentura contra un sujeto que no nació en Uganda y terminó con una denuncia en el Inadi, sepa que a todos nos puede pasar. Menos lo de la denuncia, claro.

La derrota cultural lastimosa, por goleada y —literalmente— por afano es el mayor daño a futuro. La cantidad de verdades que nos han grabado a fuego no se borrarán por varias generaciones de argentinos que crecerán y vivirán bajo el paradigma de que sin la teta del Estado estaríamos sin vivienda, sin progreso y sin posibilidades de ascenso social. Ninguna de estas tres cosas le han ocurrido a la inmensa mayoría de los argentinos en los últimos años, pero la creencia se impuso.

A este estado de dependencia permanente del Estado o de las grandes corporaciones favorecidas por El Modelo, el kirchnerismo lo ha dado a llamar "círculo virtuoso" y lo han planteado como la verdadera tierra prometida. Las políticas del Gobierno han alentado esta tendencia, a pesar de la siempre ambivalente postura de decir una cosa, hacer otra, decir una segunda cosa, hacer otra, y así hasta el infinito y más allá. Impositivamente, cualquier comerciante es socio a medias con el Estado en razón de la presión impositiva ejercida, una de las mayores de la historia del país y sólo comparable con los estados escandinavos. Obviamente, las contraprestaciones no son las mismas. Por ello es que, al igual que el grueso de los asalariados, el sujeto de clase media promedio destina más del 50% de sus ingresos anuales al pago de impuestos. Por si no queda claro, más de la mitad de todo lo que se ganó en el año, se lo lleva el Estado.

Con los impuestos se sustentan la educación pública, la seguridad, el sistema de salud, la red vial y, gracias a la orgía pornográfica que hemos dado en llamar "subsidios", el sistema de transporte, los planes sociales, la comodidad de ver Patronato vs. Argentinos Juniors amenizados con propaganda oficialista, el salario de Orlando Barone, el departamento de Víctor Hugo y un largo etcétera. Como era de esperar, la contraprestación de los impuestos alcanza para todo, pero con una calidad que, a la luz de los resultados obtenidos, se muestra como un tanto dudosa. Como la frazada no alcanza, se la cortó en pedacitos. Básicamente, tenemos impuestos noruegos para servicios subsaharianos que intentamos compensar con el otro 50% que nos queda de nuestros ingresos. Lo único que no se puede abonar dos veces es por las fuerzas de seguridad. Y así nos va en ese aspecto.

Pretender conservar el fruto del esfuerzo personal no es materialismo. Sin embargo, esto no deja de ser un desenlace lógico del retraimiento del Estado, que nos recuerda que existe sólo a través de la Administración Federal de Ingresos Públicos, los discursos y las propagandas institucionales. El Gobierno, que mantiene su aparato gigante gracias a nuestra subsistencia dentro del mundo legal, no ha hecho nada para cumplir con su parte del contrato social constituido tácitamente para la existencia del país. Además de nuestros impuestos, el Estado nos cobra para que puedan comprobar que estamos en condiciones de conducir y nos cobra para darnos un comprobante de que no tenemos antecedentes penales para ser presentado ante el mismo Estado. Las arcas públicas también se nutren del dinero que nos sacan por casarnos, por divorciarnos y hasta nos cobran para iniciar cualquier tipo de demanda. Para variar un poco, el Estado nos cobra para sacar un documento que acredite identidad y otro que nos permita viajar al extranjero.

Como dan por sentado que todos tenemos una fábrica de billetes escondida en el cuarto del fondo, el Estado se toma el permiso de sacarnos un porcentaje de lo que ganamos, además de aplicarnos un impuesto a la riqueza por una choza y un kárting a pedal que lejos están de hacernos sentir millonarios. Nos cobran por estacionar en la vía pública, por usar cheques, por no barrer, no alumbrar y no limpiar la vereda de nuestras casas. Además, pagamos tributo a la corona por ocupar un pedazo de terreno de su majestad, así como le regalamos un porcentaje del valor de nuestra vivienda y de nuestro auto al Estado en concepto de nada, como si nos hubieran ayudado a comprarlos. Sin consultarnos ni dejarnos chance a moratoria alguna, le pagamos al Estado un 21% extra cada vez que compramos alimentos o ropa de productores y fabricantes privados.

No uso los servicios de salud públicos, dado que tuve medicina paga desde que nací. Fui a colegios privados durante toda mi escolaridad y, si bien hice uso de la universidad pública, los años que trabajé de meritorio en un juzgado, pagaron de sobra el servicio del Estado (y hasta me quedó debiendo guita). No se de qué va la televisión digital terrestre y la tarjeta magnética para el transporte público la compré antes que empezaran a regalarlas. Nunca pude sacar pasaje escolar por no usar delantal blanco. No me regalaron una casa y no califico para ningún plan social. Por no estar jubilado, no puedo comprar una computadora a precio diferencial y todos los santos meses me quitan dinero en concepto de aportes jubilatorios de los cuales cobraré, con toda seguridad, el haber mínimo. Como todo lo pagado parece que no alcanza para mantener las camperas radiactivas de los uniformados urbanos, aboné de nuevo el valor de mi auto en cuotas en concepto de seguro contra robo. Si hay una paradoja que se destaque entre las paradojas, es que cualquiera de nosotros sea un ciudadano que casi no molesta y que para el balance del Estado sólo figura en ingresos fiscales, y cuando necesitamos de las fuerzas de seguridad, único servicio público que hemos pretendido utilizar en todos estos años, éstas no funcionan. Ese monopolio del Estado, base de cualquier territorio organizado administrativamente que pretenda llamarse "País", no existe, no está, se nos fue de gira, lo despiden los famosos por Twitter.

Como van las cosas, no veo que vaya a mejorar el panorama si quienes deberían solucionar el problema ni siquiera lo reconocen como tal. Funcionarios que se mueven en coches prestados y helicópteros, con custodia hasta para ir al telo, difícilmente puedan saber de la violencia que se respira en la calle. Mucho menos creo que dibujen otra teoría que no sea la de disfrazar de cordero al lobo y ponerlos en el escaño de pobres marginados de la sociedad que merecen nuestra comprensión y ayuda cuando nada hemos hecho para que estén en esa situación. Tuve más fe en que le llegara mi inversión al niño somalí que tocaba el piano con las costillas mediante los 0,003 centavos de australes que donaba AOL por cada mail reenviado, que esperanza de que alguna vez mis impuestos vuelvan en obras, servicios y protección.

Del mismo modo que los casos de inseguridad no son hechos aislados, hay que reconocer que no es el único sector en el que han fracasado. Y no se pueden desentender del tema ni echarles la culpa a gobiernos anteriores. Miles y miles de adolescentes que iniciaron su escolaridad en de 2003 para acá son la expresión más palpable de que el "modelo" tuvo grietas del tamaño de la quebrada de Humahuaca. Que se ha destinado el mayor porcentaje del PBI de la historia en educación, Cristina lo ha repetido tantas veces que, si fuera una cinta, se habría gastado. Se pueden pintar mil escuelas y construir dos mil más, que si el sistema no funciona, es lo mismo que armar una Chevy preciosa por fuera, con el motor de un Fiat 600, y pretender que corra en Turismo Carretera.

Durante años nos taladraron la cabeza con que la delincuencia es producto de la falta de inclusión, la carencia de oportunidades, la marginalización, la pauperización. Y al mismo tiempo nos llenaron los gobelinos con cifras dibujadas o borroneadas en las que la pobreza casi no existe, la inclusión es una realidad por obra y gracia de la oratoria de Cristina, las oportunidades ahora son para todos, porque sí, porque así lo dice algún spot de Canal 7. Sin embargo, ante el notorio aumento de la inseguridad que el kirchnerismo recién abordó en 2012 al poner a un médico militar como secretario de Seguridad, se disparó una alarma que nadie quiere escuchar: o los fundamentos progres de la delincuencia eran truchos o los números de El Modelo no cerraron. O la delincuencia no es producto de la falta de educación y carencia de oportunidades, o la marginalidad se expandió a niveles nunca vistos por culpa de un Estado gigante pero idiota. Curiosamente, todos los candidatos que se presentaron para suceder a CFK sostienen el mismo argumento contra la inseguridad que el kirchnerismo, variando apenas matices.

La verborragia del ala progresista del kirchnerismo se ha sostenido sobre dos pilares: derechos y obligaciones. El problema es que no entendieron que ambas son potestades de cada sujeto y dividieron a la sociedad en dos partes. O sea, los que cumplen con sus obligaciones y los que satisfacen derechos que el Gobierno se ha encargado de "ampliar" y festejar cada vez que pudo. Obviamente, esta división no es tan tajante, dado que el gobierno no cumple con buena parte de sus obligaciones y una porción enorme de la sociedad no logra satisfacer sus derechos. En el medio se ha justificado la aplicación de los derechos de un modo difícil de abordar. En el kirchnerismo, cada acto administrativo que alguien pagará es presentado como una conquista social, la reivindicación de una anomalía histórica que no sabíamos que existía. Para los laburantes, cada conquista social que presenta el kirchnerismo es un agujero más lleno de dudas en el futuro.

"Donde hay una necesidad, hay un derecho" es, quizás, uno de los latiguillos más repetidos por los peronistas que no leyeron a Perón. Es una frase de Eva y, si nos sinceramos, debe ser una de las mayores mentiras doctrinarias de nuestra política. No, no siempre que hay una necesidad, nace un derecho, porque puedo tener la necesidad de disfrutar de una orgía con treinta y dos mujeres, doscientas botellas de Dom Pérignon y medio kilo de cocaína, pero el resto de los argentinos no tiene por qué financiar lo que la lógica de mi necesidad diría que es mi derecho.

La imposición cultural de la confusión entre justicia social e igualitarismo, entre Estado de bienestar y omnipotente, son elementos que no se borrarán fácilmente. Chicos de clase media que en 2002 tenían 9 o 10 años crecieron bajo estos paradigmas en el que la aspiración de la vivienda propia consiste en esperar a que sus viejos mueran. Algunos se detienen a pensar cómo es que hicieron sus padres para tener vivienda, si ni siquiera eran profesionales y ellos ya terminaron la universidad. El resto ve con normalidad y una irritante pasividad que el 60% de sus impuestos se vaya a un Estado que no logra ni siquiera garantizar una línea de créditos hipotecarios en la que no se tenga que demostrar que no se necesita el crédito para que el mismo sea otorgado.

Buena parte del delirio discursivo del kirchnerismo se le ha vuelto en contra desde las elecciones legislativas de 2013. La gestión que se jactó de no reprimir la protesta social —aunque en los primeros años de la gestión de Néstor los bastones policiales tenían más actividad que los abogados laboralistas— vio cómo era calificada de represora por la sencilla razón de querer garantizar la libre circulación en una ruta nacional. La misma gestión que hizo una bandera de la no discriminación a los ciudadanos de la Patria Grande nuestroamericana tuvo que agachar la cabeza después de sugerir que el Estado no tiene por qué hacerse cargo de los gastos que genera la manutención de un preso extranjero.

Por si fuera poco, en la recta final de su gestión, Cristina optó por profundizar el daño cultural y anunció el otorgamiento de títulos de propiedad a quienes ocupan terrenos fiscales, lo cual genera cierto problema: sólo en el área metropolitana comprendida por la ciudad de Buenos Aires y su conurbano bonaerense existen mil villas.

Hablar de los asentamientos precarios es un tema no sólo complejo, sino además peligroso de abordar sin herir susceptibilidades. De todos modos, si empezamos por reconocer que ya no añadimos el complemento "de emergencia" al sujeto "villa", tenemos más de la mitad del camino transitado. El problema de los asentamientos es que los gobiernos no los reconocen como un problema y, los que sí lo hacen, lo enfocan desde la lástima de la superioridad. Ven al pobre como a un tipo al que hay que cuidar y no enseñarle a cuidarse, al que hay que mejorarle las condiciones de vida sólo si el presupuesto lo permite, más nunca generar las herramientas para que sientan el deseo de progresar, porque eso es peligroso.

La existencia de villas es un buen negocio para cualquier gestión, por eso nadie se calienta en abordarlo. Si las villas resultaran un problema real para la subsistencia de un gobierno, ya habrían sido ordenadas. Por el lugar que ocupan, la inmensa mayoría de los asentamientos son inofensivos para los funcionarios que, por lo general, viven en barrios con algunas comodidades que en las villas no existen. Los que se trasladan en helicóptero para ir de Olivos a la Rosada ni sienten la intranquilidad moral de ver las construcciones que asoman a pocos metros de la 9 de Julio.

Una de las grandes paradojas del sistema de recaudación impositiva deriva de que a nadie con poder de decisión real le importe la existencia de una villa, ni siquiera para el cobro de impuestos. Las provincias no recaudan los impuestos municipales y, lo que correspondería al impuesto a la propiedad inmueble, no merece el esfuerzo de convertir el asentamiento en una zona residencial. Asfaltar calles, construir escuelas en proporción a la cantidad de alumnos, establecer una comisaría y su dotación, no son costos que puedan recuperarse con recaudación de impuestos en lo que dura una gestión. Por su parte, al Estado Nacional le da exactamente igual: los habitantes de las villas pagan el mismo impuesto al consumo que los vecinos de Puerto Madero, cada vez que dejan el 21% de impuesto al valor agregado en la compra de un jabón de tocador.

Los asentamientos precarios no siempre tuvieron inicios de ocupación ilegal. El primero que se recuerde existió en la década del 30 y fue creado por el mismísimo gobierno nacional, quien no sólo permitió la permanencia de inmigrantes que huían del hambre de Polonia, sino que cedió treinta vagones de tren para que vivieran como pudieran. Para darle un tinte menos trágico, el asentamiento se llamó "Villa Esperanza". Si bien fue demolido unos años después, el terreno ya era tentador. Hoy es la Villa 31, en Retiro.

La denominación "Villa Miseria" se la debemos al escritor Bernardo Verbitsky —padre del periodista Horacio—, quien a principios de los años cincuenta escribió unos textos sobre los asentamientos en el desaparecido diario *Noticias Gráficas*. Tiempo más tarde, se ocuparía en extenso del tema en su libro *Villa Miseria también es América*. Algunos ensayaron un dejo de esperanza al denominarlas "villas de emergencia", con lo que intentaban no cerrar la ventana a una chance de mejora social: era una situación de emergencia, se estaba allí de paso, hasta que la cosa mejorara. De hecho, para muchos funcionó así y, al igual que los que nacieron en conventillos y formaron familias en casas o departarmentos dignos, muchos lograron salir de la villa para ascender socialmente. Lamentablemente, en las últimas décadas los únicos que logran movilidad social ascendente habiendo nacido en una villa son los futbolistas que llegaron a jugar en primera, los punteros y los narcos.

Históricamente, el villero buscó zafar de la villa. Por instinto de supervivencia y aspiracional de deseo, buscó salir del rancherío para vivir en un barrio en el que sus hijos no pasaran las penurias que él pasó. Con el paso de los años, el umbral de supervivencia se hizo cada vez más bajo: la sucesión de realidades cada vez más paupérrimas generación tras generación lo obligaron a que busque sobrevivir físicamente y muy poco más. La marginalidad como norma dentro de las villas es más bien moderna: creció con la hiperinflación, se perfeccionó durante los noventa, se convirtió en heróica en la crisis de 2001, y pasó a ser parte de la cultura popular con el kirchnerismo, llevando más de dos décadas de éxito ininterrumpido en la creación de generaciones que ya no recuerdan cuáles de sus ancestros fueron los últimos en tener un sueño de ascendencia social gracias a poseer un empleo digno y estable. El término *villero* dejó de ser despectivo y se convirtió en orgullo gracias al cambio de siglo. Las tribus urbanas de clases bajas, por años se identificaron con la cultura rockera suburbana y consumían la música que surgió en Estados Unidos y se perfeccionó en el Reino Unido. Sin embargo, a fines de los noventa y con la cumbia animando las fiestas de la *high society* en plena Quinta de Olivos, la villa empezó a cobrar protagonismo más allá del paisaje urbano. La llegada de la cumbia villera hizo el resto. De pronto, fue normal cruzarse con un adolescente con uniforme de colegio privado tarareando "Colate un dedo" de Pibes Chorros en alguna calle de Barrio Norte.

A mi humilde entender, el surgimiento de la cultura villera fue de las peores cosas que le pudo pasar a los habitantes de las urbes argentinas en cuanto a conciencia social se refiere. Y esto incluye a los propios villeros. Es la aceptación de la existencia de un otro radicalmente distinto, al que se teme y desprecia, pero del que se consume su cultura por moda; un extraterrestre que habita en el Área 51 que se encuentra tras la terminal de micros en Retiro, o en Villa La Antena de La Matanza. El sentimiento de temor y desprecio es recíproco: así como muchos piensan que el villero no es un tipo que nació y creció en una realidad de mierda, sino un humanoide prescindible, muchos de ellos no logran comprender de manera lógica la relación herencia-trabajo-poder adquisitivo de otros estratos sociales.

La aceptación de la cultura villera como un elemento colorido del gen argentino también acarrea políticas deshumanizantes, propulsadas y defendidas por gente que se define progresista, que a la villa va para sentirse mejor persona, de vez en cuando y siempre que haya un prensero a mano para que envíe las gacetillas a todos los medios. La mayoría de las medidas aplicadas son para mantener a los villeros bien en el fondo de sus barrios. Si nos sacan la posibilidad del afuera, todos creeremos que nuestra realidad es inmodificable.

Tanto que se habla de la movilidad social ascendente, nadie tiene en cuenta el deseo de querer otra realidad para nosotros y nuestros hijos. Nadie cambiaría su realidad si no deseara otra. Obviamente, para desearla primero hay que conocerla. Y para no mandarnos cagadas, hay que saber cómo alcanzar esa realidad deseada. ¿O acaso todavía debemos creer que nuestros abuelos vinieron a la Argentina sólo porque huían del hambre? Si no hubieran sabido que acá podían estar mejor, ni se habrían acercado al puerto o habrían buscado otro destino.

De lo que no se dan cuenta las luminarias que administran temporariamente el Estado es que un nutrido grupo de padres de familia residentes en las villas buscan colocar a sus hijos en escuelas que se encuentren fuera de la villa, a pesar de existir varios establecimientos de educación inicial, primaria, media, y hasta escuelas de formación laboral dentro de los asentamientos. Son las ganas del afuera, el deseo de que los hijos tengan una vida mejor que aquella que les tocó, el mismo deseo que tenemos todos los que somos padres. Para ello, tienen que saber que existe una vida mejor, para que el deseo los movilice. En sus televisores ven los mismos comerciales que cualquiera de nosotros, y al no ser marcianos, quieren comprar las mismas cosas que nosotros. Y también al igual que nosotros, el deseo del consumo no es igual al del progreso. Nosotros podemos llegar a hipotecar la casa y el futuro de nuestros hijos sólo porque se nos antojó algo que no podemos pagar. El que no tiene qué hipotecar, igualmente buscará la forma de satisfacer su deseo y ahí nace otra rama de la miseria social que nutre el fatal entramado actual.

Una villa se puede urbanizar. Pero si se mantiene el culto a la marginalidad misógina y delincuente, en la que el cuánto valés se mide con la escala Motomel, y donde ser madre a los 14 y abuela a los 28 es la única contribución a la sociedad que se tiene al alcance de la mano, será en vano. El problema no es sólo la villa, sino la marginalidad. Y si esto no fuera así, el complejo habitacional Ejército de los

Andes no sería conocido como Fuerte Apache. La historia reciente demuestra que todas aquellas políticas que se venden como inclusivas, en su mayoría son discriminatorias. Para muchos está bien que sea de ese modo, en una actitud ligada a un trauma emocional que genera la necesidad de sobreproteger al otro sin enseñarle a protegerse solo. No vaya a ser cosa que la movilidad social ascendente derive en que los necesitados dejen de necesitarlos y terminen compitiendo por sus puestos de trabajo.

Puede resultar chocante, pero sin cambio de paradigmas culturales, la realidad social será idéntica, sólo que tendrá paredes con revoque y techo con cieloraso. Pero la prueba de que la marginalidad llegó para quedarse continuó con más actos de Cristina en torno a tres temáticas que en su cabeza forman parte del mismo conjunto: villeros, humildes y trabajo social como sinónimo de asistencialismo. Con el fin del kirchnerismo decretado tras el sepelio de los intentos de reforma constitucional en las legislativas de 2013, a los oficialistas les pintó cultivar algo que denominaron "valores villeros".

Los usaron en cada discurso en los que había que justificar algo, los arrastraron desde sus casillas en micros que no pasarían una verificación técnica ni en Afganistán, sólo para llenar huecos en plazas en las que les hablaban de cosas que no los afectan, se sacaron fotos con ellos durante las campañas, les dijeron que todo lo hacían por ellos y hasta los pusieron de escudo cuando se les preguntó si el "todo" incluía llevarse los bidones vacíos de los dispensadores de agua. Frente a cada hecho que podría resultar cuestionable, el Gobierno reaccionó siempre con los mismos dos argumentos: a los opositores, se los emparentó con algún molino de viento ideológico, preferentemente distante en el tiempo y en el espacio; a los propios, se les recordó siempre que todo lo hacen por los pobres. La mayor fábrica de marginales de los últimos tiempos debía rendir homenaje a su legado para el futuro y decidió encarar el proyecto de ley para que el 7 de octubre de cada año se conmemore el Día de los Valores Villeros, por ser la fecha de nacimiento de Carlos Francisco Sergio Mugica Echagüe.

Según la ley que impulsaron los cráneos galácticos Andrés Larroque y Juan Cabandié, los valores que detentan el grupo de subciudadanos que goza de la mitad de los derechos y garantías constitucionales son "solidaridad, optimismo, generosidad, esperanza, humildad y valor por lo colectivo". Básicamente, los analfabestias encargados de crear las leyes que nos rigen, presentaron una idea salida de un trabajo práctico de tercer grado para elegir el lema de un viaje misional: no deja de ser una mera expresión de deseo y una ratificación hacia la discriminación abierta que implica el hecho de reconocer a la marginalidad como cultura. No los integramos, no los reconocemos como parte de la comunidad organizada, los relegamos a una realidad que nadie se calienta en cambiar. Al menos les reconocemos que tienen sus valores. Deseo y cinismo puro. A nadie que viva privado de agua potable, cloacas, paredes y techos de verdad, o un empleo que alcance para sacarlos de la mierda de vidas que tienen, se lo puede considerar un tipo con optimismo, esperanza y humildad.

A personas que tienen más hambre que dientes, cuyos sueños consisten en que los hijos lleguen vivos a los 18 años, y donde la vida es eso que pasa mientras intentan sobrevivir en una jungla de cartón, chapa y tierra, no se las puede considerar "humildes" en el sentido de rasgo de la personalidad. No tienen la posibilidad de ser humildes porque no tienen nada de qué presumir. No son humildes, son pobres. Tampoco son héroes, sino las víctimas de un Estado tan, pero tan grande que le cuesta agacharse para levantarlos. Por definición, el optimismo forma parte de la esperanza, y ésta tampoco es un valor para infundir a quien se le desea una mejor vida. El término "esperanza" como es entendido por el cristianismo es una falta de respeto total hacia la condición humana de quien vive en una villa, dado que, como decía Tomás de Aquino, la esperanza es la virtud que capacita al hombre para tener confianza y plena certeza de conseguir la vida eterna. O sea, acá no les dimos otra cosa que militancia y un "Día de los Valores Villeros", pero mantengan viva la esperanza, que alguna vez les llegará. Una especie de contraprestación sádica en la cual el pobre le da al César lo que es del César pagando el mismo IVA que abona un ABC1, pero el que le devolverá los impuestos en obras y calidad de vida, será Dios. Tampoco se los puede considerar esperanzados por no estar desesperados: no lo están porque nada esperan, lo cual tampoco creo que sea una virtud.

No hay nada maravilloso en ser pobre y el mensaje católico de ser feliz con lo que se tiene no camina mucho en una sociedad en la que se necesita tener un mínimo de dinero para sobrevivir. Tampoco hay nada romántico en la miseria y la marginalidad. Mucho menos hay heroísmo en "hacer militancia en barrios carenciados" si se lo utiliza como un accesorio más, como una pulsera o una pechera azul, como una excusa para subir fotos a la página de La Cámpora o al muro de Facebook.

Cualquier sentimiento de amor o rechazo se realiza sobre cosas que se conocen y, por ende, se las desea o se les teme. Lo que se desea, se busca; lo que se teme, se lo repele o combate. Nadie en su sano juicio puede amar en serio a la pobreza, porque eso significaría aceptar la posibilidad de alguna vez ser pobre, algo que genera temor en algún momento de la vida del 100% de los seres humanos que no nacieron en condiciones de indigencia. Y una persona con los patitos en fila no puede amar lo que teme, a pesar de 35 siglos de religiones monoteístas en las que nos enseñaron que Dios nos ama aunque nos castigue con un diluvio universal, siete plagas y una amenaza apocalíptica que incluye a cuatro jinetes.

En un comportamiento masificado, luego de sufrir una crisis económica, política y social a principios de siglo, nos hemos refugiado en el padre bueno y bondadoso que nos dio un poco de estabilidad. A la crisis social nos hemos acostumbrado. No nos sacaron de ella ni la solucionaron.

Nos acostumbramos a que un pibe descalzo te dé la mano en el subte, en pleno horario escolar, para manguearte unos centavos para comer y que luego el Gobierno nos diga que hay plena escolaridad. Nos acostumbramos a esquivar bultos humanos durmiendo en las calles del centro y que, por TV, la Presidente anuncie quiénes tendrán casa gracias a un sorteo por Lotería Nacional. Nos acostumbramos a que revienten de un corchazo a nuestros seres queridos para sacarles lo poco que pudieron comprar con el esfuerzo del laburo, y luego nos dijeron que todo se trata de una sensación. Nos acostumbramos a no saber cuánto vamos a gastar en el supermercado mañana, para después no tener ningún tipo de reacción frente al anuncio de una inflación oficial ridícula.

Nos acostumbramos a saber cuándo salimos de casa, pero no cuándo llegaremos a nuestro destino, si es que llegamos. Nos acostumbramos a que los funcionarios se forren en guita de la que no pueden justificar ni el primer centavo, pero guarda de no rendir en tiempo y forma cada centavo tributario. Nos acostumbramos a que empresarios millonarios enquistados en el Estado nos acusen de miserables en nombre de los pobres. Nos acostumbramos a no poder opinar sin que nos tilden de gorilas, golpistas, destituyentes, oligarcas, cipayos, vendepatrias, derechosos, fachos, corporativistas, anti democráticos, egoístas, ricachones, clase mierda, inconformistas, blanquitos, bienvestidos, señoras de Recoleta, clarinistas y procesistas.

Nos acostumbramos a que haya trabajadores con necesidades de pobres. Nos acostumbramos a pedirle permiso al Gobierno hasta para ahorrar y a que nos digan cuánto podemos. Nos acostumbramos a que los impuestos no vuelvan a quienes los pagan. Nos acostumbramos a la desnutrición. Nos acostumbramos a la aniquilación silenciosa de los aborígenes. Nos acostumbramos a que los jubilados tengan que pagar un abogado para ver algún mango de la que aportaron toda la vida. También nos acostumbramos a que se mueran sin que el Poder Ejecutivo cumpla con la sentencia favorable, así lo pida la Corte Suprema de Justicia de la Nación.

Nos acostumbramos a los escándalos. Nos acostumbramos a la corrupción. Nos acostumbramos a la violencia física y verbal. Nos acostumbramos a que mueran cincuenta y un personas en un choque ferroviario. Nos acostumbramos a la detención de veteranos de guerra. Nos acostumbramos a la represión de los que protestan hasta por un ambiente saludable. Nos acostumbramos a que nos digan con quién tenemos que marchar y con quién no, mientras ellos no tienen drama en tener funcionarios y aliados que cubren todo el espectro del procesismo, menemismo y aliancismo. Nos acostumbramos a que nos invadan la intimidad de una cena dominical con una cadena nacional. Nos acostumbramos al cinismo de Boudou, a la violencia de Moreno, a los ataques de Aníbal Fernández, al forreo permanente de Abal Medina. Nos acostumbramos a tantas cosas que ya no deberíamos temer a ningún cambio.

Nos acostumbramos, pésimamente, a que un mocoso camine descalzo por Constitución aspirando pegamento. Nos acostumbramos, patéticamente, a la muerte inútil, sin sentido y ridícula, cotidiana y siempre violenta, venga de la pistola de algún fumapaco, o de la inanición de un pibe.

De la crisis económica, nunca salimos, sólo nos acostumbramos al consumo de productos financiados, al reviente de tarjetas de compra y a cualquier gasto superfluo que nos quite la angustia ante la imposibilidad de ahorro. Y la crisis política nunca terminó. Si en cada elección vemos internas partidarias, la crisis no se acabó. Si no existe una homogeneidad de criterios —no digo de ideologías, no pretendo tanto de la clase dirigente argentina, hablo tan sólo de criterios— a la hora de ir a las urnas, la crisis política nunca aminoró. Si las únicas posibilidades de enfrentar al poder viene de herederos de apellidos o personas que en cualquier otra profesión ya se encontrarían jubiladas, estamos en una crisis cada vez más profunda debido a la ausencia de cuadros

También nos arruinaron en los valores del mérito y el esfuerzo. En enero de 2014, para terminar de reventar cualquier resorte que dejara alguna esperanza para que las futuras generaciones no conciban al Estado como la única forma de poder vivir, Cristina anunció el Programa de Respaldo a Estudiantes de Argentina, el Progresar. No había diferencia con las becas de la década de los noventa. Bueno, sí, la había: con los seiscientos dólares que entregaba el Estado Nacional en 1999 se podía hacer mucho más que con los seiscientos pesos que otorgó Cristina a partir de 2014. La otra diferencia fue la presentación, que en el primero de los casos pasó desapercibida, y en el segundo fue anunciado como una forma de "igualitarismo". Meritocracia, nunca. Igualdad por derecho, nunca de obligaciones.

La incógnita no aclarada por la Presidente en aquel entonces, fue cuál era el sentido de una asignación de estudios, en un país en el que la educación es pública, gratuita e irrestricta y en el que existe la suficiente variedad de turnos y becas para que cualquiera pueda cursar sus estudios y trabajar a la vez, en la medida que lo desee o necesite. Salvo que el acceso al empleo también haya sido una fantasía. Todos hemos conocido a alguien o fuimos parte de esa enorme masa de pibes con tres laburos, cursando una carrera universitaria, rindiendo las materias libres, estudiando en el bondi, en el horario del almuerzo y en el baño. Para justificar la idea de los planes estudiantiles, Cris señaló que los chicos "ni-ni" (que ni trabajan, ni estudian) son producto del neoliberalismo que dejó sin empleo a sus padres. En cierta medida, tenía razón: Néstor y Cristina son producto de la bonanza económica de los noventa que les permitió hacer lo que quisieron en Santa Cruz; sus hijos tampoco trabajaron ni estudiaron y se dedicaron a tener más vástagos.

Hay miles de motivos para que alguien no estudie ni labure y no siempre es pasar necesidades. La falta de estudios superiores no anula la posibilidad de acceder a un empleo y cualquiera que sepa escribir su nombre y sumar de a tres dígitos califica para cajero de supermercado. Estudiar se hace por ganas, por voluntad. Las ganas de estudiar las desencadena un modelo de vida, una aspiración a seguir. Y las aspiraciones van de la mano de la realidad. En un país en el que se puede ser propietario sólo si se es hijo único y los padres se mueren, la aspiración personal se ve limitada a lo que se puede alcanzar: un alquiler, pilcha, salir de joda, un autito.

Antes admiraba a los que se pasaban la vida estudiando, metiendo posgrados, doctorados y aprendiendo tres idiomas mientras trabajaban en empleos que no tenían nada que ver con lo que estudiaban. Ahora los miro con ternura. Es envidiable la fe que tienen en que algún día podrán ser grosos en lo que hacen, cuando hace tiempo que la meritocracia se convirtió en un concepto atacable, maligno y sinónimo de garca.

Varios miles de pesos para empezar a alquilar un dos ambientes apto profesional por el que pagaran otros varios miles de pesos hasta que pinte un ajuste inflacionario.

Fortuna de guita repartida en una computadora medio pelo, un mobiliario que aparente ser presentable y, si se estudió alguna carrera con matrícula, lo que haya que pagar de licencia. El que no puede bancarlo por unos cuantos años, termina rapiñando un puesto de cagatintas en una repartición oficial. ¿Quién en su sano juicio puede apostar a romperse el culo estudiando?

Lograron imponer el imperio de la dialéctica más pedorra que pueda existir, donde no se busca la síntesis y sólo hay luchas de antítesis que no se sabe a qué se oponen. Lo conseguimos de un modo tan brutal que hasta nos da miedo señalar como malas las políticas del Gobierno y criticamos los resultados, el manejo de la política aplicada. Compartimos notas de cráneos que afirman fervientemente que el problema no fue que nos metieron al Estado hasta en las cubeteras del congelador, sino que fueron corruptos.

Desconozco en qué momento pasó —y me da fiaca ponerme a investigar— pero en algún momento de la historia pasamos a conformarnos con migajas o con mucho, pero sin libertad. En los tardíos setenta, entregamos todo porque había orden, luego porque había plata y ahora porque hay democracia, todo depende del mensaje que nos transmita el oficialismo eventual. Cualquier garompa atómica que nos enchufe el Gobierno, tiene valor en el factor etimológico, no en el real. Un negoción propagandístico con la transmisión del fútbol es un acto reparador porque es "para todos", un camión pedorro con tres kilos de carnaza desfilando por la sabana del conurbano es una gran medida porque también es para todos, al igual que la combi con dos cornalitos y un filet de merluza que paseó por el conurbano septentrional.

Ni siquiera considero que hayan reducido la palabra "democracia" a su mínima expresión: la ridiculizaron, la convirtieron en la nada misma, en una fantochada, en una pretensión de que cualquier dádiva o montaje es un acto de democracia y que debemos dar gracias por ello, aunque no sepamos para qué. Por eso veo más factible una resignificación de la palabra democracia, dado que ya no la utilizamos para lo que fue concebida. Nosotros no tenemos un sistema de gobierno indirecto, mediante el cual los ciudadanos eligen políticas públicas representadas por personas que las llevarán a cabo, sino que nos dedicamos a subsistir dando gracias por la buena onda de poder comer de vez en cuando algún menú de esos que nos preparaban cuando éramos pibes y un asadito era algo que podían comer los albañiles en la obra y no un banquete de lujo.

Nos acostumbramos a que hay dictaduras buenas y dictaduras malas. Nos acostumbramos terroríficamente a que se niegue la muerte y se pida defender la democracia de países que no dudan en encarcelar o matar a quien piense distinto, como cuando la jefa espiritual de los monotributistas afirmó que "respetar la paz sumado al respeto a la democracia es respetar la vida" luego de que en Venezuela se cargaran a varios estudiantes. Eterno resplandor de una mente sin conceptos, en los que democracia es sinónimo de vida, incluso si la democracia se lleva puestas a 25 mil personas en muertes violentas durante 2013, las cuales se suman a las 120 mil de la década revolucionaria, una cifra superada sólo por Siria, un país en guerra civil. Los pibes que reclamaban en Venezuela tenían entre 18 y 25 años. O sea, que contaban entre 3 y 10 años cuando arrancó el chavismo. Delirantes con sueldos pagos por todos nosotros los acusaron de ser los golpistas de siempre. Inimputables imputan por la transmisión genética del gen del fascismo a pibes que exigían la libertad de que nadie les diga cómo vivir sus vidas. Es destacable que sólo un imbécil puede acusar por transmisión genética, dejando de lado si tienen razón o no respecto de las cosas que se le imputan a los padres, un argumento que tanto les gusta adjudicar a los militares de la última dictadura argentina.

Lo mismo hicieron en Argentina ante cada protesta masiva en contra del Gobierno. Y si la marcha no era organizada por un sindicato, la reacción los ponía al borde del síncope. Ante cada marcha aseguraron desde el oficialismo que se trataba de movilizaciones impulsadas por la oligarquía, los medios hegemónicos y grupos golpistas que buscaban desestabilizar a un Gobierno que vivió desestabilizándose solo. Nos dijeron cómo está bien protestar, cuándo hacerlo y contra quién. Obviamente, no contra ellos. Son la misma clase de idiotas que se la dan de intelectuales y defienden Estados que pretenden controlar todos los aspectos de la vida a lo largo y ancho de sus territorios por medio de sus instituciones corporativas, sociales y educativas, donde todas las fuerzas políticas y económicas circulan dentro del Estado. Palabras más, palabras menos, la definición de fascismo esbozada por Benito Mussolini en *La dottrina del fascismo* de 1932.

La rebeldía se convirtió en el conformismo de pedir un Estado que regule hasta qué numero tengo que apretar en el control remoto para ver un canal de cable. Más Estado y más militancia es el sinónimo de la rebelión contra la nada. Frente a esta realidad, la opción que se planta como más rebelde es la de los que dicen que son corruptos, pero que el Estado tiene que estar presente hasta para definir si la milanesa lleva provenzal o no. La rebeldía del siglo XXI es el conformismo homogéneo e igualitario en el que quien pretende ser mejor que otro, es tildado de clasista.

"Tenés que comprometerte más", piden muy sueltos de cuerpo gente que está tan al pedo que lo único que tienen para hacer es tratar como mascotas a los demás, en vez de dedicar algo de ese esfuerzo a estar menos al pedo. "En vez de quejarte, participá", afirman los castrados ideológicos que aún no entendieron que el país no es el consorcio de un edificio y que nuestro sistema es representativo por algo: para que los que saben se dediquen a arbitrar los medios necesarios para que los que sabemos de otras cosas nos dediquemos a producir.

¿Cuántos muertos hacen falta para poder quejarse? ¿Cuántos son los necesarios para poder reclamar? ¿Cuántas personas menos son necesarias para que se deje de pelotudear con la ideología y se hable del ser humano? ¿Cuántos cadáveres calientes se necesitan para pedir silencio a los justificadores de lo injustificable y que escuchen a los que ya no tienen otra cosa que palabras? ¿Cuántos cuerpos tibios hacen falta para pedir que hablen sobre ellos, sobre los que alguna vez fueron personas vivas? ¿Fríos, cuentan? ¿Cuántas familias arruinadas son necesarias para que se deje de culpar a los medios, a los sindicatos, a los estudiantes, a los comerciantes, a la oposición, a la derecha extraterrestre, a los gremlins, al que bajó la palanca, al que no sabía nadar, al que iba a laburar un día de semana, al que pedía que dejen de violar minas en las aulas, al que viajaba en el primer vagón, al que no renunció a los subsidios, al que pagó la leche más cara, al que aumentó la nafta, al que cambió dólares, al que compró un calzón en el exterior, al que prendió el aire acondicionado con 49 de térmica, al que utilizó la cocina para preparar la cena, al que prendió la estufa para calefaccionar la casa en invierno?

La gran tragedia argentina desde la vuelta de la democracia no fue ni el choque de Once, ni el avión de LAPA, ni el atentado a la AMIA, ni la voladura de la embajada de Israel, ni la inundación de La Plata, ni la explosión de la fábrica militar de Río Tercero, ni el incendio de Cromañón, ni el copamiento de La Tablada, ni la muerte de un fiscal federal que acababa de denunciar a la Presidente. La gran tragedia de Argentina desde 1983 es habernos creído que cualquier cosa es menos importante que respetar la "voluntad popular", como si la imposición por el número pudiera trastocar la verdad de las cosas, como si quince millones de personas repitiendo que la Tierra es plana lograran que el planeta dejara de ser esférico.

A grandes rasgos, y aplicando la generalidad, se podría afirmar que al argentino promedio le gusta el populismo, aunque nunca se haya puesto a pensar en ello ni sentado en el trono. Y a grandes rasgos, y aplicando la generalidad, se podría afirmar que al gobernante promedio, tarde o temprano, le agarra el delirio fundacionalista, el patriotismo justificador de actos de gobierno, el nacionalismo como escudo frente a los resultados obtenidos, y la terquedad absoluta como para no corregir el camino cuando las cosas empiezan a ir mal.

En la búsqueda de la tranquilidad de saber que hay alguien que nos cuida sin que tengamos que participar mucho, se nos mezclaron los tantos. Cada vez que un kirchnerista sostiene que gracias a ellos volvió la política al debate social y alguien compra el verso, se produce una autolobotomía para remover la memoria completa. Como si putear al presidente no fuera opinar de política, así se tratara de Alfonsín, Menem o el grupo de los cinco que nos animaron las fiestas de 2001. Llenar una plaza o un patio de la Rosada tampoco es ser políticamente activo. Es lo mismo que afirmar que por ir al Teatro Colón se sabe leer una partitura musical.

Sí le reconozco al kirchnerismo que impuso un paradigma insostenible: la participación activa como único camino para el cambio. Y en ésa se prendieron todos, incluyendo a los principales referentes de la oposición que pedían que la gente se sume con propuestas, lo mismo que hacía el kirchnerismo cuando solicitaban que en vez de quejarnos, digamos cómo deberían hacer las cosas, cuando éramos "los que se quejan y no proponen nada" y, cuando alguien levantaba la voz y proponía algo, era tildado de regresionista que quería volver a los años oscuros. Todos, oficialismo y oposición, le pifiaban en lo básico: nadie tiene la obligación de participar en política y eso no le quita ninguno de los derechos fundamentales que la Constitución le garantiza. Es como que nos manden a estudiar abogacía y concursar para un cargo en el Poder Judicial cada vez que puteamos por el funcionamiento de la Justicia. Es el "formá un partido y ganá elecciones", pero aggiornado a un "sumate y decinos qué querés que hagamos". Los votamos para que cumplan sus funciones y pretenden que las ideas sean las nuestras, pero cobrar bien alto por ello.

Como parte de la misma pintura, surge la mala costumbre de esperar que venga un líder salvador que todo lo pueda. También resulta fácil esta postura para los funcionarios opositores, esos que parecieran nunca tener voluntad de poder y siempre estar dispuestos a detonar cualquier resorte que los pudiera colocar a pasitos de la Casa Rosada. Un líder populista es más fácil de criticar sin dar demasiadas explicaciones de cómo fue que se les pasó tanta concentración de poder a cuenta gotas, si desde afuera la veíamos venir de lejos.

Todo presidente que se precie sufre la ambivalencia de querer ser querido por el pueblo y, al mismo tiempo, no tener que reconocer nunca que se equivocaron. La prueba está en la historia económica de este país en el que todos los presidentes —y cuando hablo de todos, me refiero a todos— han llevado hasta el extremo las políticas que le dieron resultado en un principio. Pareciera ser que cualquier arreglo sobre la marcha lo ven como una muestra de debilidad, cuando no están allí para ser queridos, sino para administrar e irse a la casa. La mayoría de los que pasaron por la Casa Rosada cumplen con una extraña paradoja: el que no tuvo dos o tres esposas, contó con varias amantes. Parece extraño, pero ellos mejor que nadie saben que aquello que les daba resultado en un momento determinado de la vida, en otro dejó de proporcionarles el complemento que necesitaban y buscaron otros rumbos sentimentales. Sin embargo, en cuestiones políticas, económicas y sociales, parecieran ser chupacirios que sólo la pusieron una sola vez por hijo, con la luz apagada y la Biblia bajo el brazo: cualquier mueca que pudiera ser percibida como un cambio de rumbo la ven como una metida de cuernos.

Cristina dijo que los que pierden una elección no pueden poner en vilo a un país, algo tan válido como la otra cara de la moneda, esa que dice que los que ganaron no pueden hacer lo que se les canta, pasando por arriba de los que perdieron, ninguneándolos y reduciéndolos a la mínima expresión, privándolos hasta del derecho a quejarse hasta nuevo aviso, o hasta que armen un partido y ganen las elecciones. Pero lo peor es que Cristina no fue la primera en decirlo: lo han dicho todos los Presidentes en algún momento de crisis económica, política, social, sindical o emocional.

No es "respetando la democracia" que se logra la paz social, sino respetando la Constitución Nacional, ese texto escrito que es lo más parecido a un contrato social que podamos ver en nuestras vidas, en el cual la democracia sólo es el método para elegir a quienes deberán cumplir con la Constitución, y que el mandato se cumple no sólo por el mero paso del tiempo, sino por la satisfacción de las obligaciones que el gobernante electo tiene.

¿Dónde están la vivienda digna, la libre disposición e inviolabilidad de la propiedad privada, la igualdad ante la ley, las cárceles sanas y limpias para seguridad y no para castigo, y el derecho a un medio ambiente sano? ¿Nadie recuerda que la Constitución Nacional también dice que los delitos dolosos contra el Estado que conlleven enriquecimiento son un atentado a la Constitución equiparable a un gobierno de facto? ¿Y los que reclamamos que dejen de robar somos los golpistas? Si el mandatario no cumple con lo que el pueblo le mandó, no es el pueblo el que se está cagando en la democracia, sino el mandatario.

Nunca me gustó hablar de "países normales" porque soy de los que se revolearía por la ventana del undécimo piso al tercer día de no escuchar un bocinazo en Zürich. Reconozco que podría pasarme una tarde pisando la senda peatonal sólo para ver cómo frenan todos los autos en una esquina sin semáforo, pero necesito algo de gente con sangre en las venas. No sé, un tachero que putea al del bondi porque frenó a tres millas marinas del cordón, un albañil que perfuma el barrio con fragancia de asado desde las nueve de la matina, algo.

Tampoco sé bien en qué país me gustaría vivir. Sólo sé que no se parece mucho al que me vendieron por Argentina. Algo así como que llegue la caja de una Mac Pro y adentro aparezca una IBM XT 286 —chicos, pueden preguntarle a papá— y el flaco de la entrega me putee por no estar conforme.

Muchos me dicen que es la reina del baile, pero yo le encuentro hasta los bigotes sin depilar. Y todos esos que me gritan por no querer sacarla a bailar, no han puesto ni un mango para pagarle la depilación. A mí me gustaba más como era en mis sueños, cuando no tenía que planificar una salida familiar como si se tratara de un safari al conurbano septentrional. En mis sueños infantiles mi vieja no ansiaba que se inventara algún dispositivo electrónico para que pudiera comunicarse conmigo por si me pasaba algo. Podía salir a andar en bicicleta y volver a casa con las dos ruedas colocadas. En el país de mis sueños, los "chicos de departamento" no éramos introvertidos: no nos quedaba otra que la calle. A mi vieja le salían tres canas nuevas por cada tarde de lluvia conmigo encerrado. La calle era mi mundo y la plaza mi palacio. La única forma de escuchar a nuestras viejas pedirnos que volviéramos a casa era cuando ya había caído la noche. Y sólo si había clases al día siguiente.

La educación escolar que hoy declaran obsoleta me permitía enumerar de memoria los nombres y apellidos de todos y cada uno de los presidentes que tuvimos. Y si hacía un poquito de esfuerzo, hasta la embocaba con los años de mandato. Esa misma educación pedorra fue la que logró que, en la universidad, a lo único que le tuviera miedo fuera a la burocracia administrativa.

En el país que yo soñaba, me enseñaron que el que tenía trabajo no debía tenerle miedo a nada. En ese país soñado, la casa propia era una realidad a fuerza de voluntad y no de la limosna del Estado, algo que ni se mencionaba, se daba por sentado. La aspiración de la clase media en ese país de ensueño era comprar un departamentito en Mar del Plata y ayudar a que los hijos vivan mejor que uno. Debo reconocer que eran sueños bastantes locos, porque en aquel país que yo soñaba había inmigrantes analfabetos que en un lustro tenían una vivienda y en un par de décadas ya poseían doctores entre sus vástagos.

Un día me sacaron de la cama de un sopapo en la nuca y me mostraron que ahora sí el país era el de mis sueños. Y resultó ser tan parecido a mis pesadillas que quise volver a dormirme. Un país en el que los ganadores de la década deambulan por las calles mangueando algo para sobrevivir, para luego armar una improvisada choza en una esquina de la Secretaría de Comercio que durante años dijo que se podía morfar por seis pesos. Un país en el que te pueden matar delante de tus viejos, tus hijos y tu señora en Nochebuena para robarte el auto. Un país en el que los que se confunden son los trenes y en lugar de llevarte a Once, te dejan en Chacarita.

Un país en el que los servicios públicos sudaneses se deben a que tenemos una calidad de vida escandinava con una economía londinense. Un país en el que el Gobierno es el hacedor de todo lo bueno gracias a nuestra guita, y nosotros los culpables de todo lo malo gracias a su inoperancia. Un país en el que los históricos defensores de los derechos humanos se dividen en dos, los que fueron cooptados por el Gobierno y los que se quedaron masturbándose con una porno revolucionaria en blanco y negro: ambos son incapaces de reconocer la violación a un derecho humano en un gobierno socialista y/o democrático ni aunque la vean en videos.

Un país en el que cinco años y medio de alfonsinismo, una década de menemismo, dos años de delarruismo, un año y medio de duhaldismo y doce años de modelo no pudieron solucionar "la pesada herencia recibida", ni tres décadas de democracia lograron superar siete años de dictadura. Un país en el que cualquiera que ose levantar el tono de voz en la cola del banco es tildado de revoltoso. Un país en el que millones de personas en las calles son una oposición minoritaria y un montón de centros de estudiantes en el living de la Rosada son "el pueblo".

El tema de esta confusión onírica es que ya no sé si quiero volver a dormirme para soñar con aquel país, o despertarme y convertirlo en realidad.

Gracias por haber leído.

AGRADECIMIENTOS

A Marcelo Panozzo, por confiar en mí para llevar adelante esta locura. A Inés Medrano por su invalorable colaboración de lectura y relectura. A Stella Hubmayer y su familia por el refugio, a Susana Ghizzardi por la incondicionalidad eterna. A "Tatu" Iglesias por haber sido mi primer y crítico lector, cuando no me leían ni mis padres, y seguir al pie del cañón a pesar de la distancia. A mi eterna profesora Gabriela Carli, por enseñarme desde chico lo maravilloso que es jugar con el castellano a la hora de escribir. A Juan Campanella por haber contribuido generosa y desinteresadamente al alcance de mis textos. A José Luis Espert por hacerse siempre el tiempo para recordarme un dato olvidado. A Guillermo Bertoldi, por sus constantes consejos y enseñanzas. A Susana Peiró, sin cuya insistencia nunca hubiera iniciado, hace ya muchos años, el camino que me llevó a este punto. A Luis Gasulla y Lucas Carrasco, por dedicar tiempo a brindarme sus testimonios. A Ignacio Montes de Oca, guía espiritual y sherpa de la madrugada. A Fabiana León, por su apoyo imposible de dimensionar. A la banda del Abasto, cuando ser opositores al kirchnerismo nos convertía en anarquistas antisistema. A G.M., por estar cuando se lo necesita, incluyendo este libro. A mis compañeros de Perfil.com, por bancarme en el proceso. A Diego Grillo Trubba por las sesiones de terapia literaria. A los que armaron las comilonas en cuyas charlas de sobremesa se dispararon buena parte de las ideas que aquí se plasman: los Ruiz Guiñazú, los Carrier y los Wernicke, sin olvidarme de "la jabonería" de Mechi González y los amigos que frecuentamos "la salita" de los Demaría. A mi familia y amigos, por bancarse las ausencias durante todo este proyecto. A vos —sí, a vos— por aguantarte todo, por aguantarme todo. Y, fundamentalmente, a todos y cada uno de los que leyeron, compartieron, bombardearon a comentarios y recomendaron cada cosa que escribí. Ustedes hicieron que el "boca a boca" sacara del under periodístico esta forma de escribir sobre política. Chagracia. Denserio.

ÍNDICE